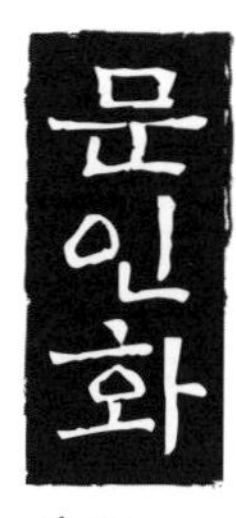

여백을 쓰다

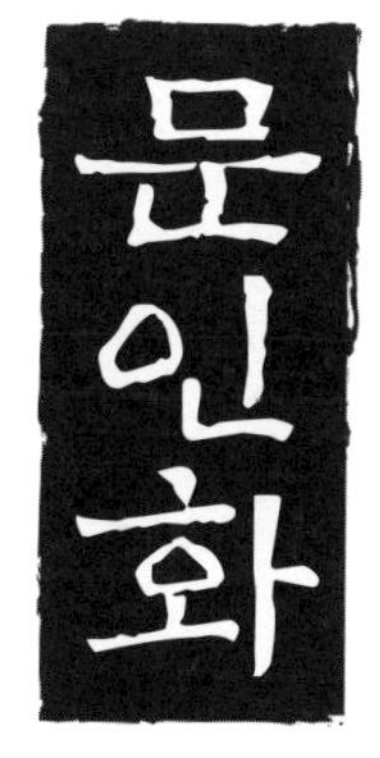

여백을 쓰다

서규리 · 신용산 지음

깊은샘

차례

문인화의 문을 열며 010

첫째 마당
문인화를 말하다

문인화를 말하다 015

1. 문인 _ 누구의 이름인가 015
2. 시·서·화 _ 하나의 예술로 흐르다 017
3. 사의와 문기 _ 그림 너머의 정신을 그리다 019

둘째 마당
문인의 붓, 시대를 그리다

제1절 위진남북조 시대의 산수화론 023

혼란의 시대, 자연을 그리다

1. 서·화·문(書畵文)의 일체를 꿈꾸다 _ 왕익 025
2. 정신을 그리는 예술 _ 고개지 026
3. 불교로 그림을 논하다 _ 종병 030
4. 회화의 기준을 세우다 _ 사혁의 육법(六法) 033

제2절 당·오대의 화론 036

뜻이 붓보다 앞서야 한다

1. 형상 너머를 보다 _ 장회관의 '신·골·육' 038

2. 조화와 심원의 경계에서 _ 장조 040

3. 회화 미학의 기준을 세우다 _ 장언원 043

4. 필묵에 담긴 조형 철학 _ 형호의 육요(六要) 050

제3절 송대의 화론 053

풍경 너머의 정신을 그리다

1. 사격(四格)의 해석과 송대 회화의 두 흐름 057

2. 선(禪) 사상과 문인화의 만남 061

3. 원근법의 정립과 선택의 예술 _ 곽희 065

4. 기운은 배울 수 없다 _ 곽약허 068

5. 균형을 그리고, 여운을 남긴다 _ 유도순 070

6. 시와 그림의 만남 _ 소식의 시정화의론(詩情畫意論) 072

7. 형을 버리고 뜻을 좇다 _ 신사론(神似論) 075

제4절 원대의 화론 078

뜻을 따라 붓을 세우다

1. 옛것을 좇아 새로움을 그리다 _ 조맹부 079

2. 품격을 그린다 _ 전선 083

3. 붓의 흔적과 마음의 기운 _ 예찬 085

4. 마음속의 대나무를 그린다 _ 이간 088

제5절 명대의 화론 093

전통을 바라보는 두 개의 시선

1. 진짜 산을 그린다는 것 _ 왕리 095
2. 절파에 대한 재해석 _ 이개선 098
3. 화법을 흔들고 생기를 그리다 _ 서위 101
4. 남북종론의 빛과 그늘 _ 동기창 104

제6절 청대의 화론 108

정통과 창조 사이에서

1. 전통을 닮아가는 그림 _ 왕원기 110
2. 그림은 감정을 붙잡아야 _ 운격 112
3. 그림이 숨 쉬는 순간 _ 추일계 115
4. 법을 넘어 붓을 들다 _ 석도 118
5. 문인화의 해체와 재정의 _ 김농과 정섭 122
6. 글로 완성된 그림 _ 문인화의 제발론 125
7. 그림의 마지막 숨결 _ 문인화의 인장론 127

셋째 마당
고려 _ 회화의 문을 열다

제1절 문인화 시대의 관문이 되다 131

1. 그림의 시대를 연 군왕 _ 문종 133
2. 인종의 눈, 서궁의 붓 137
3. 제왕의 붓, 고려 회화를 깨우다 140

제2절 문인화 수용의 여적들 143

1. 그림 너머의 교감 _ 만권당 143

2. 이상향을 향한 시선 _ 소상팔경의 미학 145

3. 문인의 붓, 정신을 깨우다 147

넷째 마당
조선 _ 문인화의 꽃을 피우다

제1절 조선 초기(1392-1550) 155

1. 제도를 통해 본 조선 초기 회화의 전개 157

2. 말예(末藝)를 넘어, 천기(天機)로 160

3. 사유의 뜰에서 핀 시화일률론(詩畵一律論) 163

4. 문인화에 대한 두 개의 시선 _ 강희안과 강희맹 165

5. 예술을 수장한 군자 _ 안평대군 169

제2절 조선 중기(1592-1700) 173

1. 외래의 거울, 내면의 미학 175

2. 응시의 거울 _ 윤두서의 자의식과 문기 177

3. 사군자에 담긴 시대정신 181

제3절 조선 후기(1700-1850) 186

1. 붓끝에 깃든 현실 감각 188

2. 형상 너머를 본 사유의 기록들 192

진실을 그린다는 것 _ 이하곤의 사실론 195
형상 속의 정신 _ 남태응의 전신론과 천기론 196
진실을 그리는 눈 _ 조영석의 사실론 199

3. 사의의 시대 _ 조선 후기 화단의 흐름 202

4. 남종의 붓길 위에서 _ 주요 작가들의 경향 204

5. 실경의 미학과 민중 감각의 형성 208

정선, 조선을 보다 209
진경산수, 그 후 213

제4절 조선 말기(1850-1910) 216

1. 여항의 붓, 신분의 문턱을 넘다 218

2. 환(幻)의 산수, 붓끝의 진경 221

3. 예술과 사유의 경계에서 _ 추사 김정희 224

4. 감각을 꿰뚫다 _ 우봉 조희룡 234

5. 주류를 향한 붓의 여정 _ 소치 허련 247

다섯째 마당
문인화의 현대적 전환

제1절 근현대 한국 문인화단의 전개 263

1. 해체된 규범과 새로운 흐름 264

2. 근현대 문인화 유파의 생성 266

1) 신문인화의 흐름 _ 민영익과 해상화풍 267
2) 신남화의 길 _ 김용준 277
3) 전통의 길 위에서 _ 손재형과 허백련 278

제2절 남도 문인화의 태동과 전개 283

예향(藝鄕)의 혼, 붓끝에 피어나다

1. 붓을 건너온 삶의 물결 _ 남농 허건 284

2. 남도 정신을 일구다 _ 의재 허백련 290

3. 남도 화맥의 줄기, 연진회와 그 후 295

제3절 현대 문인화의 흐름과 단면들 300

1. 기법의 재해석 _ 전통을 딛고 서는 붓끝의 감각 302

2. 정신의 재해석 _ 시대를 담은 의경의 변모 303

3. 현대 회화의 언어로 다시 보다 305

다시, 문인화를 묻다 309

참고 문헌 311

문인화의 문을 열며

문인화는 일반적인 회화를 넘어선 예술이다. 문인화는 문인의 사유와 감정, 학식과 품격이 한 화면 안에서 조응하는 정신의 풍경이다. 시와 글씨, 그림이 하나로 어우러진 문인화는 동아시아 지식인의 삶과 철학 그리고 예술을 꿰뚫는 통로였으며, 동시에 시대의 정신을 담아내는 거울이었다.

문인화는 결코 고정된 형식으로 존재해 온 예술이 아니다. 시대의 변화에 따라 문인의 자리는 달라졌고, 그 붓끝이 향하는 대상과 사유 또한 끊임없이 변모해 왔다. 지금 다시 문인화를 이야기하는 것은 과거를 되풀이하기 위함이 아니다. 오늘의 눈으로 그것을 새롭게 읽고, 내일의 감각으로 다시 써 내려가기 위함이다.

문인화의 기원은 고대 중국에 닿아 있다. 한자가 형상을 품은 문자였듯, 글과 그림은 본래 분리되지 않은 예술이었다. 위진남북조(220-589) 시기에 이르러 불교와 도가의 사유가 회화에 깊이 스며들며 자연을 통한 내면의 탐구가 본격화되었다. 산수화는 더 이상 배경이 아니라 정신의 은신처로 그려지기 시작했고 그 속에서 사유하는 문인들이 등장했다.

당나라 왕유는 수묵의 여백을 통해 시적 사유를 형상화한 인물이다. 흔히 문인화의 시조로 불린다. 북송의 소식은 그림을 기술이 아닌 사상의 구현으로 보았고, 사인화(士人畵)의 개념을 정립하며 문인화 이론의 토대를 마련하였다. 이후 원대 조맹부와 황공망, 왕몽, 예찬, 오진 등의 사대가(四大家)에 의해 격조와 옛사람의 뜻(古意)을 중시하는 문인화 형식이 자리 잡았다.

이러한 문인화의 요소들이 우리나라에 처음 유입된 것은 고려시대 중엽이다. 이후 조선조에 들어서면서 본격적인 흐름이 형성되는 듯했으나, 임진왜란 등 전란의 여파로 한동안 정체기를 겪기도 했다.

유교적 품성과 도가적 자연애를 바탕으로 시·서·화의 조화를 지향한 조선 문인화는 정신과 품격을 중시하며, 묘사보다는 뜻을 담은 사의(寫意)적 표현을 더 귀하게 여겼다. 특히 영·정조 시대를 거치며 서권기와 문자향이 깊이 배어든 작품들이 나타나며 조선 문인화의 진면목이 드러난다.

근대에 들어 신분제가 해체되고 서구화의 물결이 밀려들면서 문인화는 때로 취미 미술로 오해받거나, 사군자 중심의 장르로 축소되기도 했다. 그러나 그러한 흐름 속에서도 문인화의 본질을 지키려는 작가들의 내면적 사투는 끊이지 않았다.

그리하여 현대의 한국 문인화는 고요한 서재를 벗어나, 작가 개인의 내면뿐만 아니라 세계와 마주하며 시대를 말하고 있다. 문인의 정신을 간직한 채, 현재를 살아가는 예술로 거듭나고 있는 것이다.

이 글은 지금부터 그 흐름의 자취를 더듬어 보려 한다.

그리고 그들의 붓끝에 담겨 있는 삶의 향기를 찾아보려 한다.

文人畫

첫째 마당

문인화를 말하다

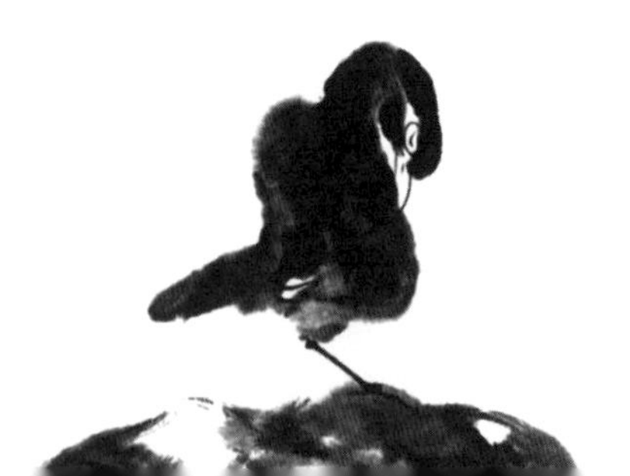

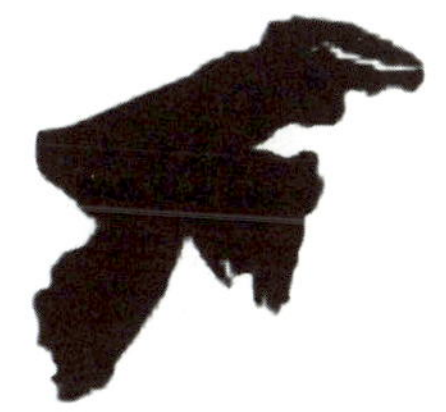

문인화를 말하다

1. 문인_누구의 이름인가

문인화라는 용어에는 '문인'이라는 말이 핵심처럼 놓여 있다. 이 용어는 오늘날 다소 고전적이고 추상적인 느낌을 주지만, 그 의미는 시대에 따라 매우 다양한 얼굴로 바뀌어 왔다. 문인화의 역사와 함께 문인이라는 말도 끊임없이 변주되었다. 문인은 과연 누구였는가? 그리고 오늘날 우리는 누구를 문인이라 부를 수 있을까?

초기의 문인은 분명 '지식인'이자 '사대부'였다. 중국 위진남북조에서 당·송대(唐宋代)를 거치며 문인이란 시를 짓고, 글씨를 쓰며, 고전을 읽고 논하는 사람을 일컫는 말이었다. 이들은 대부분 고위 관료이거나 혹은 은퇴한 사대부였다. 예술은 그들의 여가이자 교양의 일부였다. 그림은 생계를 위한 기술이 아니라 내면의 수양과 정신의 표현이었다. 이 시기 문인화는 신분과 학식, 예술적 품격을 겸비한 자들만이 그릴 수 있는 특권층의 예술이었다.

그러나 원대(元代)에 이르러 '문인'이라는 개념은 뚜렷한 전환을 맞이한다. 몽골의 지배 아래 한족 사대부들이 정치적으로 소외되면서 그들은 자신들의 정체성을 그림으로 표현하기 시작했다. 그림은 더 이상 취미가 아니라 정신의 자유를 드러내는 장르가 되었다. 이로써 문인화는 회화를 넘어 사상과 저항, 인격의 표지가 되었다. 문인은 이제 지식인이기보다, 자신의 세계를 지키는 예술적 자아를 지닌 자였다.

명대(明代)에 들어서면서 '문인'이라는 단어는 다시 한번 정리된다. 동기창은 문인화를 이론적으로 체계화하며 직업 화가와 문인 화가를 명확히 구분했다. 그는 문인의 그림이야말로 고상한 격조를 지닌 진정한 예술이라 보았다. 그러나 역설적으로, 이 시기부터 직업 화가들 또한 문인화 양식을 차용하면서 문인이라는 말의 경계가 서서히 흔들리기 시작했다.

청대(淸代)에 이르면 그 변화는 더욱 두드러진다. 팔대산인이나 석도 같은 승려 출신 화가, 양주화파나 제백석처럼 직업 화가임에도 문인화가로 평가받은 이들이 등장한다. 이제 문인은 단지 신분의 문제가 아니었다. 오히려 그림 속에 문기(文氣)를 담아내는가, 시·서·화의 정신을 이해하고 있는가가 문인을 판별하는 기준이 되었다.

근대 이후 신분제가 해체되면서 문인의 개념은 사실상 전통적인 토대를 잃게 된다. 과거와 같이 예술을 즐기는 사대부는 더 이상 존재하지 않는다. 누구나 글을 쓰고 그림을 그릴 수 있는 시대가 되었고, 문인의 개념 역시 '지식인'이나 '예술가'라는 보다 폭넓은 개념으로 확장되었다.

그렇다면 오늘날 우리는 누구를 문인이라 부를 수 있을까? 이제 문인은 신분을 떠나 있다. 단지 고전을 인용하고 전통 형식을 따르는 것만으로 문인의 자격이 부여되는 것도 아니다. 오늘날의 문인이란 고유한 사유를 지니고 그것을 예술로 표현할 수 있는 자, 정신적 품격을 갖춘 창작자라 할 수 있을 것이다.

문인은 변해 왔다. 처음에는 신분이었지만 이어 정신이 되었으며, 지금은 태도와 인식의 문제로 남아 있다. 그 변화의 흐름 속에서 문인화는 항상 시대정신을 담는 하나의 그릇이었다. 문인의 의미를 묻는 일은 곧, 문인화의 현재와 미래를 묻는 일이기도 하다. 지금에 와서 이 오래된 질문 앞에 다시 서는 것도 그 때문이다.

이 시대, 문인은 누구인가?

2. 시·서·화_하나의 예술로 흐르다

문인화의 세계를 들여다보면 그 가장 깊은 곳에는 언제나 세 가지 예술이 함께 놓여 있다. 시(詩), 서(書), 화(畵). 이 세 가지는 각기 다른 장르처럼 보이지만 문인화 안에서는 따로 떨어질 수 없는 하나의 생명체처럼 조화를 이룬다. 이를 일컬어 '삼절(三絶)'이라 했고, 그것은 문인화의 미학적 뿌리가 되었다.

문인에게 '시'는 자연과 삶을 관조하고 세계를 해석하는 정신의 언어였다. 한 수의 시 속에는 자연의 이치와 인간의 감정, 철학적 사유가 담긴다. 문인의 붓은 산천을 그리는 동시에 그 속에 깃든 정서를 읊는다. 그리하여 문인화는 조용한 한 폭의 그림을 넘어 시심(詩心)이 흐르는 정신의 풍경이 된다.

'서' 또한 단순한 글씨가 아니다. 붓의 움직임 하나하나에 인격이 실리고, 학문이 깃들며, 그 사람의 품격이 드러난다. 문인화에서 글씨는 결코 부수적인 장식이 아니다. 글씨는 그림과 함께 호흡하며 화면을 지탱하는 골격이 된다. 때로는 화제(畵題)로, 때로는 그림과 병렬되는 구조로 글씨는 문인의 정신을 시각적으로 드러내는 또 하나의 그림이 된다.

'화'는 표면적으로는 사물이나 풍경을 묘사하는 것이지만, 문인화의 '그림'은 현실의 재현보다 정신의 표현에 가깝다. 문인화의 붓은 형상을 그리기보다는 기운과 분위기를 그린다. 그래서 산은 곧은 뜻을 말하고 물은 유연한 마음을 나타낸다. 화는 사의(寫意)의 언어이며 그 속에는 시와 서가 담긴다.

이처럼 시·서·화는 따로 존재하는 것이 아니다. 서로가 서로를 보완하고 완성 시키는 관계다. 그림 속 경물은 시가 되고, 시는 글씨로 표현되며, 글씨는 다시 화면의 구도 속에서 그림의 일부가 된다. 이 삼절의 통합이야말로 문인화만의 독특한 미학을 구성하는 핵심 원리이다.

문인화는 기술보다 인격을, 묘사보다 기운을 중시했다. 이것이 삼절의 통합이 가진 미학적 힘이다. 조형은 문기(文氣)를 담는 그릇에 불과하다. 진정한 예술은 그릇이 아닌 그 속에 담긴 정신에 달려 있다는 인식이 문인화 전통의 중심에 있다.

그래서 문인화는 때로는 거칠고 소박하다. 때로는 여백이 너무 많아 완결되지 않은 듯 보이기도 한다. 그러나 바로 그 불완전함 속에 자유와 사유, 자연에 대한 존중이 스며 있다.

문인화는 삼절이 나란히 걸어가는 예술이다. 시는 그 뜻을 열고, 서는 그 기풍을 세우며, 화는 그 감정을 펼친다. 그것 중 어느 하나만 빠져도 모자란 듯 보인다. 문인의 붓 아래에서 이 셋은 서로를 거울처럼 비추며 하나의 화면 안에서 조화를 이룬다.

디지털 이미지가 넘쳐나는 오늘날에도 문인화가 여전히 울림을 주는 이유는, 그 안에 이 세 가지 언어가 온전히 살아 있기 때문이다. 우리는 문인화 앞에서 한 사람의 정신과 언어, 손끝의 온기와 내면의 사유를 함께 읽는다. 그것이 곧, 삼절이 통합된 예술이 가진 진정한 깊이이다.

3. 사의와 문기 _ 그림 너머의 정신을 그리다

'형(形)은 비워도 의(意)는 남겨야 한다.'

문인화는 종종 이렇게 말한다. 눈에 보이는 형상이 완전하지 않아도, 그 안에 남긴 뜻이 충만하다면 그것이야말로 진정한 그림이라는 것이다. 문인화의 세계에서 가장 중요한 표현 방식이 바로 '사의(寫意)'이며, 그 안에 흐르는 정신이 '문기(文氣)'다.

사의란 '뜻(意)을 그린다'는 말로 문인화의 핵심 개념이다. 사의적 그림은 대상의 외형을 사실적으로 재현하는 것보다는 대상에서 느껴지는 기운과 감흥, 그리고 그 안에 비친 작가의 정신세계를 화면 위에 구현하고자 한다. 그래서 사의는 늘 내면을 향해 열려 있다. 눈에 보이는 것보다 그것을 바라보는 이의 마음을 더 중요시한다.

이러한 사의적 표현의 철학적 배경은 도가사상과 깊이 닿아 있다. 도가에서는 인위적 기술보다 자연의 순리와 무위(無爲)를 중시한다. 존재의 본질은 형상이 아닌 기운에 있다고 본다. 문인화가 굳이 정교한 붓놀림이나 사실적 묘사를 거부한 것도 이 때문이다. 그것은 기교를 하찮게 여긴 것이 아니라, 본질을 담기 위한 선택이었다. 한 줄기 선(線), 한 점의 먹이 어떤 형상을 그리느냐보다 그것이 어떤 분위기와 사유를 품느냐가 중요했다.

사의를 가능케 하는 힘, 그 근저에는 언제나 문기가 흐르고 있다. 문기는 글과 학문, 예술과 사유에서 우러나오는 인간적인 품격이며 정신의 기운이다. 문기 없는 그림은 아무리 잘 그려도 문인화가 될 수 없다. 문인화가들은 붓을 들기 전에 먼저 글을 쓰고, 자연 속을 걷고, 시를 읊으며 정신을 가다듬었다. 그림은 정신의 흔적이었다.

문기라는 개념은 유교적 인격 수양과도 맞닿는다. 유학에서는 예술도 인격을 연마하는 수단으로 보았고, 문인은 마땅히 덕을 갖춘 존재여야 했다. 따라서 문인화는 단순한 미적 창작이 아니라 수양과 교양, 철학이 결합된 실천의 결과였다. 그림 한 점에 담긴 풍경 속에는 늘 작가의 학문과 성정, 삶의 태도가 그림자처럼 깃들어 있다.

그림을 통해 의를 드러내고 문기를 머금게 하는 것, 그것이 문인화가 추구한 이상이었다. 바로 그 점에서 직업 화가의 그림과 문인의 그림이 구분되었다. 전자가 시각의 기술이라면 후자는 정신의 예술이었다.

사의는 자유롭지만 방종하지 않았으며 문기는 고결하되 과장됨을 삼갔다. 문인화의 매력은 바로 이 절제와 여백 속에서 우러나는 정신에 있다. 때로는 거칠고 단순한 먹 선 한 줄이, 허공처럼 비워진 여백 하나가 오히려 수많은 말을 대신한다. 그리지 않는 것이 아니라, 담아낼 수 없는 것까지 끌어안으려는 시도의 결과이다.

사의와 문기는 문인화의 뿌리이자 꽃이다. 사의가 그림을 자유롭게 해방시키는 표현의 철학이라면, 문기는 그 자유를 품격 있게 이끄는 정신의 줄기다. 이 둘이 함께하지 않는 문인화는 존재할 수 없다. 그렇기에 문인화는 늘 외형보다는 내면을, 묘사보다는 사유를, 형식보다는 인격을 중시해 왔다.

오늘날에도, 문인화를 다시 생각하게 만드는 것은 화려한 기법이 아니다. 이 사의와 문기의 조화가 주는 고요하고 단단한 울림이다. 그것은 시대가 변해도 결코 바랠 수 없는 예술의 깊이이자 문인의 품격이다.

둘째 마당

문인의 붓, 시대를 그리다

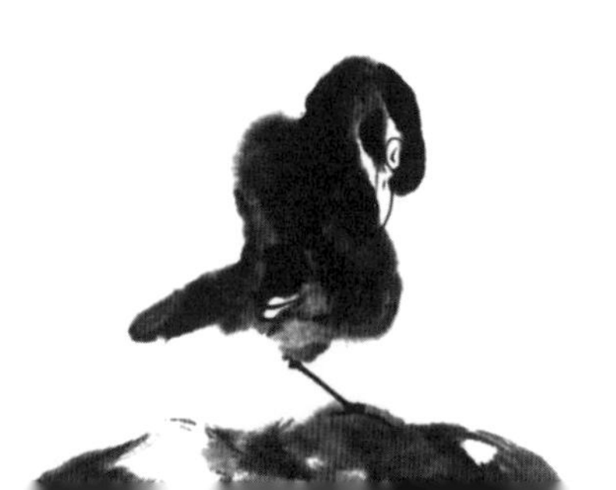

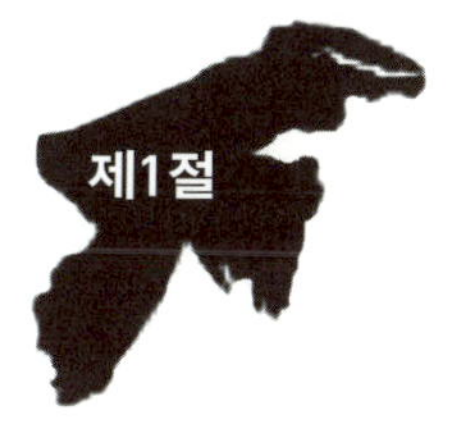

위진남북조 시대의 산수화론

혼란의 시대, 자연을 그리다

—

위진남북조(魏晉南北朝, 220-589). 정치적 질서가 무너지고 이상은 현실에서 밀려나던 이 격동의 시기는 역설적으로 동아시아 미학사의 거대한 물줄기가 싹트던 시대였다. 그것이 바로 '산수화(山水畵)'였고, 이후 문인화라는 정신 예술의 씨앗이 되었다.

이 시기의 산수화는 자연 풍경만을 의미하지 않는다. 인간과 자연의 관계를 다시 묻는 철학적 형상이었고, 불안정한 현실을 벗어나고자 했던 이들의 내면적 은신처였다. 이전 시대의 그림에도 산수는 존재했으나 종교의 배경으로 머무는 것이 대부분이었다. 그러나 남북조에 이르러 산수는 배경에서 주제로 나아가며 독립된 예술의 자리를 확보하기 시작했다.

그 변화의 중심에는 사유의 전환이 있었다. 유교적 질서가 흔들리며 도가(道家)의 청담 사상이 부상하면서 자연 속에서 삶의 답을 찾고자 하는 분위기가 문인 계층 전반에 퍼졌다. 고요한 산, 흐르는 물을 벗 삼아 살아가는 은일자(隱逸者)의 이상은 삶의 태도이자 예술의 원형이 되었다. 산수화는 관조의 도구이자 정신의 또 다른 형상이었다.

당대의 화가들은 자연을 사실적으로 재현하는 데 연연하지 않았다. 중요한 것은 '무엇을 그릴 것인가'가 아니라, '어떻게 바라볼 것인가'였다. 산은 도(道)를 상징하고, 물은 무위자연(無爲自然)의 흐름을 담았다. 이러한 회화적 태도는 문인화의 핵심 미학인 외면보다 내면을, 기술보다 정신을 중시하는 흐름으로 이어진다.

그림은 감상의 대상에서 점차 정신 체험의 장으로 바뀌었다. 현실의 산을 오르지 않고도 그림 속 산수를 통해 천하를 유람할 수 있게 되었다. 그리고 그 유람은 곧 세속을 떠나는 사유의 여정이 되었다.

> "좌우에 두고 조용히 보면 형상이 저절로 생기고, 외출하지 않아도 산수에 유람할 수 있다."

종병(宗炳, 375-443)의 이 말은 당시의 분위기를 그대로 나타낸다. 이러한 미학적 태도는 회화에만 국한되지 않았다. 남북조 시대의 문인들은 자연을 풍경으로 보지 않았고, 그것을 하나의 존재 방식으로 여겼다. 산수화는 삶과 예술, 철학이 만나는 교차점이었다. 도가의 고요함, 불교의 관조, 유교의 도덕적 성찰이 그림 속에 녹아들며 산수화는 형상 이상의 울림을 지닌 예술로 거듭났다.

비록 구체적인 이름이 많이 전해지지는 않지만, 이 시기의 화가들이 남긴 조형 양식과 정신은 후대 문인화의 형성에 깊은 영향을 미쳤다. 절제된 화면 구성, 여백의 미, 간결한 필묵 표현은 이후 수묵 산수화의 전범이 되었다. 형상보다는 사의(寫意)를, 묘사보다는 기운생동(氣韻生動)을 중시하는 태도 또한 이 시기에 뿌리내렸다.

남북조의 산수화는 시대의 반영이자 시대를 초월하고자 한 예술이었다. 붓으로 그린 고요한 풍경은 혼란을 품은 내면의 반영이었고, 세속을 떠나 자연에 깃들고자 한 이상이었다.

산수는 풍경이 아니라 사유의 형상이었다. 그것을 응시하는 화가들의 눈은 시대를 뛰어넘는 철학자의 눈빛을 닮아 있었다. 남북조 시대의 그림 속 산과 물은 어쩌면 그 시대를 살았던 인간들의 흔들리는 마음 그 자체였는지도 모른다.

1. 서·화·문(書·畵·文)의 일체를 꿈꾸다 _ 왕익

문인화의 기원을 더듬다 보면 결국 한 사람의 이름에 이르게 된다. 동진(東晉)의 왕익(王翼, 276-322). 그는 한 시대의 예술가이자 교육자였고, 사유를 붓에 담아 정신의 자취를 남긴 인물이다. 그는 그림을 그리고 글씨를 쓰며, 문장을 통해 자신을 말했다. 왕익이 남긴 회화의 흔적은 예술을 하나의 완전한 인격 수양의 길로 보는 정신 그 자체였다.

중국 회화는 처음부터 '그림'만의 역사가 아니었다. 글씨와 그림, 문장이 한 몸이 되어 조화를 이루는 예술이었다. 왕익은 이러한 전통의 초석을 다진 존재였다. 그는 회화를 단순히 이미지를 재현하여 그리는 기술이 아니라, 쓰고 읽고 성찰하는 정신의 통합체로 격상시켰다.

왕익은 자신이 직접 그린 〈공자십제자도(孔子十弟子圖)〉에 다음과 같은 글을 덧붙였다.

"그림을 곧 내가 스스로 그리고, 글씨도 곧 내가 스스로 썼노라."(畵乃

吾自畵 書乃吾自書)

짧은 이 한마디는 왕익의 예술관을 함축하고 있다. 그는 자신이 그린 그림에 글 또한 자신의 붓으로 써 내려갔다. 이는 자작(自作)의 자랑이 아니다. 하나의 인격이 온전히 예술에 스며들고자 했던 진지한 자세였다.

이러한 예술관은 유가(儒家)의 인격 수양과도 맞닿아 있다. 왕익은 "육예(六藝)를 배우는 외에 글씨와 그림도 한번 보면 곧 능히 해낸다."고 했다. 회화를 단순한 기예가 아닌 교양인의 소양으로 바라본 것이다. 그에게 예술은 장식이 아니라 수양의 도구였으며, 자연과 더불어 마음을 닦는 하나의 길이었다.

무엇보다도 그는 그림과 글씨, 문장이 따로 떨어져 있는 것이 아니라 서로를 완성하며 예술의 경지를 높일 수 있다고 보았다. 이 사유는 훗날 '시·서·화 삼절(三絶)'의 전통으로 이어졌고 문인화의 정수를 이루게 된다. 왕익은 회화를 정신으로 체득하고 사유로 완성하는 길로 이끈 예술인이었다.

그가 남긴 '자화자서(自畵自書)'의 이상은 예술을 통한 자기표현의 전범이 되었다. 그것은 훗날 문인화가 추구하는 예술의 총체성 - 곧 인격과 정신, 문학적 감수성의 통합 - 을 미리 짚은 고전적 이상이었다.

붓을 들면 글이 되고 그림이 되며, 그 속에 삶의 품격이 깃든다. 왕익은 그러한 예술의 가능성을 누구보다 먼저 알았던 사람이다.

2. 정신을 그리는 예술 _ 고개지

회화는 무엇을 담아야 하는가.

고개지(顧愷之, 346-407)의 붓은 언제나 그 질문을 품고 있었다. 그는 동진(東晉)의 문화적 전환기 속에서 그림이라는 매개체에 철학과 인격, 정신을 담고자 했던 사상가이자 예술가였다.

그의 화론은 대상의 재현을 넘어, '정신을 그리는 예술'이라는 새로운 길을 열었다. 그에게 있어 회화란, 단순한 형상의 모사가 아니었다. 그는 말한다.

"회화는 정신을 전하는 것이다."(傳神)

이 말의 무게는 결코 가볍지 않다. 형상을 닮았는가보다 더 중요한 것은 그 인물의 성품과 기운, 삶의 이념이 화면 속에 살아 숨 쉬는가였다. 고개지가 신화 속 인물인 복희씨와 신농씨의 초상화를 평하며 "정신이 그윽하고 아득한 데 속해 있어, 뚜렷이 하나의 도(道)를 얻은 듯하다."고 말했을 때, 그는 이미 회화를 하나의 사상적 표현으로 승화시키고 있었다.

고개지 화론의 핵심은 이른바 '이형사신(以形寫神)' - 형상으로 정신을 그린다 - 이다.

"사지의 생김새는 본래 묘처(妙處)와 관계없고, 정신을 전하는 길은 바로 눈동자에 있다."

고개지에게 정신(神)의 중심은 눈동자였다. 인물화의 완성은 그 눈빛이 살아날 때 이루어진다고 믿었다. 실제로 그는 그림을 그릴 때 오랜 시간 동안 인물의 눈을 비워둔 채 고민했고, 마지막 순간에야 붓을 들어 정신을 담았다고 한다. 그것은 마음의 울림이 일어날 때까지 기다리는 예술가의 고요

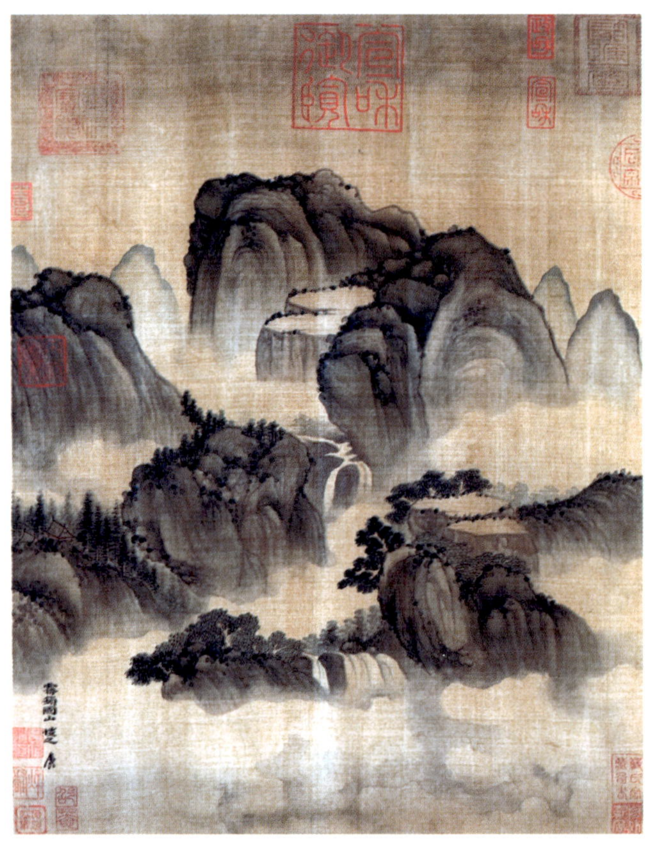

전(傳) 동진(東晉) 고개지(顧愷之),
무쇄국산도(霧鎖國山圖),
53.6×40.2cm,
국립고궁박물원(國立故宮博物院, 臺北),
@www.npm.gov.tw
후대의 모작으로 추정.

한 단련이었다.

그가, "목 위를 그릴 때는 차라리 천천히 그릴지언정, 급히 서둘러서는 안 된다."고 충고했던 것도 이 때문이다. 얼굴은 육체의 표면이기 이전에 정신이 깃드는 자리였다. 형상은 정신을 끌어내는 매개여야 했다. 고개지에게 회화는 눈으로 보는 것이 아니었다. 마음으로 느끼고 사유함으로써 완성되는 정신의 산물이었다.

그의 화론을 관통하는 또 하나의 개념은 '천상묘득(遷想妙得)' - 생각을 옮겨 묘를 얻는다 - 이다.

'생각을 옮기는' 것은 단순한 상상의 환기가 아니다. 그것은 대상을 바라보는 데서 그치지 않고, 그 대상의 내면으로 자신을 이동시키는 과정이다. 감각을 넘어서 사유가 작동하고, 그 깊은 응시 끝에서야 비로소 '묘득', 곧 예술적 통찰에 도달할 수 있다는 뜻이다.

이러한 사유는 종병(宗炳)이 말한 "성인은 사의(寫意)로써 형상을 나타낸다."는 구절과도 맥을 같이한다. 대상의 의미를 따라가는 것이 아니라 뜻(意)으로부터 형상을 끌어오는 이 방식은, 눈에 보이는 세계 너머의 진실을 탐색하는 예술가의 태도이자 철학이었다. 회화는 더 이상 모사(模寫)가 아니라 표현이었으며, 감각이 아니라 사유였다. 고개지는 말한다.

> "사람을 그리는 일이 가장 어렵고, 그다음이 산수이며, 그다음이 개와 말이다."

이유는 간단하다. 인물화는 정신을 담아야 하기 때문이다. 그 사람의 삶과 생각, 시대와 이상까지 담아내야 비로소 그림이 된다. 그가 눈동자에 유독 집착했던 이유도 여기에 있었다. 눈은 정신이 깃든 창이었고, 화가는 그 창을 열 수 있어야 했다.

산수화에 대한 시각도 다르지 않았다. 고개지는 산수화를 자연의 기운과 화가 자신의 감정을 함께 담아내는 일로 여겼다. 그는 회화를 '자연에 대한 감정의 투사'로 보았고, 그것은 이후 문인 화가들이 추구하게 되는 사의(寫意) 산수, 의경(意境)* 의 전통으로 이어진다. 그의 이론은 장식물에 머물던 회화를 정신과 조응하는 지점으로 끌어올렸다.

---

* **의경** 화가의 정신(意)과 객관적인 대상(境)이 어우러져 형성된 심미적 경지.

그가 남긴 전신론(傳神論), 이형사신론(以形寫神論), 천상묘득론(遷想妙得論)은 후대 문인화의 사상적 기초가 되었다. 당대의 장언원, 송대의 곽희, 소식, 미불에 이르기까지 회화를 사유의 예술로 인식한 이들의 정신은 모두 고개지의 사유에서 그 첫발을 내디뎠다.

3. 불교로 그림을 논하다 _ 종병

남북조의 격동기, 세속의 질서는 무너졌고 인간은 더 이상 바깥에서 평안을 찾을 수 없게 되었다. 그러나 혼란의 시대에도 더욱 단단하게 빛나는 사유가 있었다. 종병(宗炳, 375-443), 그는 산과 물에 정신의 길을 그려 넣었다.

종병은 유가(儒家)가 붕괴하고 도가가 유행하는 속에서 불교사상을 바탕으로 회화를 사유한 승려 화가였다. 그의 저작 『화산수서(畵山水序)』는 그림을 불법의 자취로 본 한 수행자의 고백이자, 산수화를 법신(法身)*의 감응이 담긴 도상(圖像)으로 이해한 불교 미학의 정수로 남아 있다.

종병은 회화를 통해 관상(觀想)**을 행했고, 산수를 통해 도를 체현하고자 하였다. 그는 노년에 이르러 더 이상 명산대천을 찾을 수 없게 되자, 한 폭의 그림을 펼쳐 놓고 그 속으로 들어갔다.

"앉은 채 사방을 유람하고, 정신을 맑게 하여 마음을 펼친다."(暢神)

---

* **법신** 궁극적이고 절대적인 진리를 인격화한 부처의 몸. 형상으로 드러나지 않지만 존재의 근원으로 작용하는 본질적 차원의 부처를 의미.

** **관상** 불교 수행에서 불·보살이나 정토와 같은 특정한 형상을 마음속에 그리고, 그 의미를 통찰하여 깨달음에 이르는 수행법.

이 한 줄 속에는 종병이 회화에 부여한 의미가 다 담겨 있다. 종병이 말한 회화의 궁극은 '창신(暢神)'에 있다. 그것은 단순히 유쾌하거나 평온한 감상 경험이 아니다. 정신이 형상을 따라 흘러 들어가 마침내 본래의 명징함에 이르는 과정을 의미한다. 그는 말한다.

> "형상(形)은 도(道)를 설하고, 정신(神)은 형상에 깃들며, 그림의 자취에도 감응이 스민다."

이로써 산수화는 관상(觀想)의 도구가 되었고, 감상은 곧 수행 과정이 되었다. 이처럼 종병은 회화가 불교적 직관과 체득의 통로가 될 수 있다고 보았다.

종병의 화론은 그의 형신관(形神觀)에 깊이 뿌리를 두고 있다. 중국불교 정토종의 개창조 여산 혜원의 제자이기도 한 그는 자신의 저작인 『명불론(明佛論)』에서 '형(몸)은 사라져도 정신은 남는다'는 불교의 신불멸(神不滅) 사상을 적극적으로 해석하고 수용했다. 그는 정신이 본래 몸과 결합된 것이 아니라고 보았다. 몸이라는 물질적 형상의 존재 여부와 관계없이 지속하는 본래의 정신이 있으며 그것이 법신(法身)이라고 해석했다.

이러한 형신이원론은 산수에 대한 이해로 이어진다. 그는 산수를 형상을 갖추고 있는 정신이 깃든 공간으로 보았다. 그리하여 산수화를 산수의 형상을 그리되 감응이 가능한 공간으로 재현하는 행위로 보았다. 여기서 산수화는 형상 너머의 정신과 도를 드러내는 매개체이자 구현물이 된다.

그림을 통해 정신에 감응하고, 그 감응을 통해 자신의 정신도 명징하게 된다. 이 과정은 불교의 관상(觀想)과 유사한 수행 방식으로 이해할 수 있으며, 산수화는 곧 관경(觀境)의 대상으로 기능한다.

또한 종병은 "경물(景物)을 떠나 정신을 논하지 말라."고 말한다. 회화가 형상 없는 추상적 개념으로는 완성될 수 없으며, 실제 세계의 사물과 그 형상이 정신의 통로가 되어야 한다는 뜻이다.

이러한 주장은 이후 중국 회화이론의 핵심인 '사의(寫意)'와 '문기(文氣)' 개념과도 밀접하게 연결된다.

감응(感應)의 구조 _ 산수와 산수화의 이중 기능

『화산수서』에서 종병은 산수 자체를 '감응의 장'이라 보았다. 화가는 그 감응의 형상을 화폭에 옮겨 놓음으로써 '화상이 법신(法身)의 그림자(佛影)'와 같은 역할을 한다고 말한다. 실제의 산수를 도가 깃든 공간으로, 산수화는 그 형상의 재현을 통해 동일한 감응과 체득을 가능케 하는 대체물로 본 것이다.

> "정신은 본래 형상이 없으나, 감응하여 형상에 깃든다. 그 감응은 그림의 자취에도 깃들 수 있다. 정묘하게 이를 그려낸다면 최고의 경지에 이를 수 있다."

산수화가 감응을 이끌어 내는 정신의 형사(形寫)적 표현이어야 한다는 것이다. 감응은 산수화에 담긴 정신의 흔적을 통해 이루어지며, 이는 감상자가 예술을 통해 도에 접근하는 체험을 가능하게 한다. 종병에게 산수화는 정교한 형사를 통해 정신을 드러내는 감응의 형상이다.

"정묘하게 그려낸다면 최고의 경지에 이른다."는 것은 정신의 감응이 깃들 수 있도록 진정성 있게 그려야 한다는 것이다. 이는 곧 회화의 정수가 기교가 아니라 도에 도달하는 진정성에 있다는 선언이 아닐 수 없다.

종병의 사유는 불교에 국한되지 않는다. 그는 도가의 무위(無爲)와 자연 순응의 미학도 함께 흡수하여 독자적인 화론을 구축했다. 도가에서는 인위적인 장식과 과잉을 경계하고, 자연스러운 흐름과 조화를 최고의 미로 여긴다. 종병은 이를 회화에 적용했다. 화가는 기교나 규범에 얽매이기보다 자연에 귀 기울이며 마음으로 그려야 한다고 강조했다.

그리고 이는 후대 문인화의 보편적인 미학이 되었다. 산수화가 점차 기교보다 정신을 강조하고 여백의 운용을 통해 작가의 인격과 사유를 드러내는 양식으로 발전한 것이다.

종병이 『화산수서』에서 밝힌 이러한 인식은 뒷세대인 사혁(謝赫)의 '기운생동(氣韻生動)'이나 당·송대 문인화 이론가들의 '사의화(寫意畵)' 개념에도 많은 영향을 주었다. 특히 소식이 말한 "시와 서가 없는 그림은 그림이 아니다."(詩中有畫 畫中有詩)라는 주장은 종병이 말한 '마음과 물상이 교감하는 그림'의 정신적 계승이라 할 수 있다.

4. 회화의 기준을 세우다 _ 사혁의 육법(六法)

예술은 본디 감응에서 시작되지만 그 감응을 가늠하기 위해서는 무언가의 기준이 필요하다. 그 기준이 처음으로 뚜렷한 체계를 갖춘 것은 남조(南朝)의 사혁(謝赫, 6c. 초)에 의해서였다.

그는 회화를 보는 눈에 뼈대를 세우고, 예술을 평가하는 마음에 기틀을 놓았다. 그가 남긴 『고화품록(古畵品錄)』은 중국회화비평의 체계를 세운 기념비적 저작이다. 비록 짧은 글이지만 그는 여섯 가지 법칙 - 육법(六法) - 을 제시하며, 회화란 무엇인가에 대해 묵직한 대답을 남겼다.

가장 먼저 등장하는 것은 '기운생동(氣韻生動)'이다.

그림이 살아 있는가? 그림 속 형상 너머로 어떤 기운이 흐르고 있는가? 사혁은 회화의 본질을 물었다. 그리고 그 대답을 단순한 묘사나 구성, 색채 이전에 두었다. 아무리 정밀한 솜씨로 그린다 해도, 그 안에 생동하는 기운이 없으면 그것은 이미 죽은 그림이라 했다.

이 기운이란 고개지가 말한 '신(神)'과 맞닿는 것이며, 종병이 이야기한 '감응'과도 맥을 같이한다. 기운생동이란 마음이 그림에 깃들고, 그림이 다시 감상자의 마음에 울림을 주는 살아 있는 흐름이다.

두 번째는 '골법용필(骨法用筆)'이다.

그림은 가볍게 흘러가는 선의 무리가 아니다. 거기에는 형상의 깊이와 붓의 무게가 함께 있어야 한다. '골법'은 형상의 뼈대를 뜻하고, '용필'은 그 뼈를 세우는 붓의 움직임이다. 선 하나도 허투루 그어져서는 안 된다. 그 선에는 작가의 정신이 실려야 한다. 뼈 없는 몸이 중심을 잃듯, 구조 없는 그림은 기운을 품을 수 없다. 사혁이 말한 붓놀림은 기교가 아닌, 예술가의 마음가짐과 수련의 결과이다.

세 번째는 '응물상형(應物象形)'이다.

자연을 따르고 사물에 응하여 형상을 얻는다는 말이다. 예술이 결코 현실로부터 멀어져서는 안 된다는 뜻이기도 하다. 사혁은 대상의 본질을 꿰뚫는 눈, 그리고 그 본질을 존중하는 태도를 강조했다. 보이는 것을 그대로 옮긴다고 해서 좋은 그림이 되는 것은 아니지만, 그럼에도 그림은 대상을 응시하는 데서 출발해야 한다는 겸허한 시선이 응물상형에 담겨 있다.

네 번째는 '수류부채(隨類賦彩)'이다.

사물이 다르면 색도 달라야 한다. 수류부채는 채색의 기술이 아니라 사물에 대한 감정과 해석, 그리고 그것을 색으로 표현하는 능력을 요구한다. 꽃이라 하여 모두 같은 붉은색일 수는 없다. 어떤 꽃은 차분한 분홍을 입고 있고, 어떤 꽃은 뿌리의 어둠까지 닮아 더 깊은 색을 띤다. 색이란 감각이자 언어이며 화가의 내면이 외면으로 번져 나온 가장 섬세한 흔적이다.

다섯째는 '경영위치(經營位置)'이다.

각각의 요소들을 배치하는 구성을 말한다. 사혁에게 이 설계는 그의 미학의 결정을 이룬다. 구도는 마치 문장의 짜임처럼 그림을 구성하는 정신의 구조다. 무엇이 어디에 놓이는가에 따라 전체의 의미가 달라지고, 보는 이의 시선도 다르게 움직인다. 화가는 그 미묘한 흐름을 오롯이 인지하고 조율해야 한다고 보았다. 이는 눈에 보이는 질서뿐만 아니라, 시선의 흐름과 공간의 호흡까지 헤아리는 연출이다.

그는 마지막으로 '전이모사(傳移模寫)'를 말한다.

배움은 모방에서 시작된다. 훌륭한 그림을 보고 모사하며 그 손끝에 담긴 기운과 사유를 체득하는 것, 사혁은 이를 가장 기초적인 공부이자 창작의 바탕으로 보았다. 그에게 창작은 좋은 전통을 익히고 그 속에서 자신만의 목소리를 키워나가는 과정이었다.

사혁의 육법은 마치 오랜 시간 동안 깎고 다듬은 유리거울(石鏡)처럼, 회화 창작의 원리를 하나하나 비춰주는 틀이다. 그는 회화를 '살피고, 익히고, 묻고, 다듬어 가는 길'이라 여겼다. 그리고 그것은 붓을 든 자가 거쳐야 할 여섯 개의 문으로 남겨졌다. 이 여섯 문은 지금도 여전히 그림을 그리는 이들에게 묻고 있다.

너의 그림에는 기운이 있는가.

너는 진심으로 사물을 응시했는가.

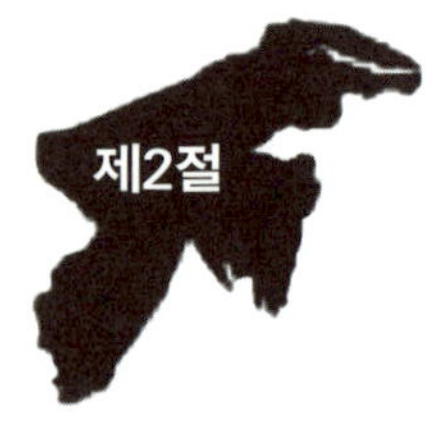

당·오대의 화론

뜻이 붓보다 앞서야 한다

—

예술이 시대의 정신을 담는 그릇이라면, 당대(唐代, 618-907)는 그 그릇이 가장 빛나던 시대였다. 당나라는 경제적 번영과 정치적 안정을 토대로 시가(詩歌)와 회화, 조각, 음악, 무용 등 예술 전반에서 전례 없는 융성을 이루었다.

이 시대, 시는 세상을 감동케 했고 그림은 인간의 마음 가장 깊은 곳까지 물들였다. 시가와 그림은 서로의 거울이 되었고 인간과 자연, 정신과 그림은 새로운 형태로 다시 태어났다. 이백(李白, ?-762)과 두보(杜甫, 712-770)가 언어로 세상의 숨결을 담았다면, 오도자(吳道子, 680-759)는 붓으로 그 숨결에 형상을 입혔다.

불교는 더 이상 깨달음의 세계에만 머물지 않았다. 벽화나 탱화 속 부처와 보살은 이전보다 훨씬 더 인간적인 표정을 지었다. 예술적 표현과 민속 양식이 융합된 '불교 회화의 세속화'는 당대 미술의 특색 중 하나로 자리 잡았다.

당대에 이르러 회화는 비로소 '삶'을 그리기 시작했다.

성현이나 열녀만을 그리던 인물화는 이제 인간의 세속적 풍경을 담았다. 화가는 감정의 결을 그리려 했다. 정적인 교리에서 감각적인 감흥으로, 경직된 도상에서 생동하는 현실로 나아갔다. 이러한 변화는 기법의 확장이 아니라, 예술의 관점 자체가 바뀌었다는 뜻이었다.

무엇보다 눈에 띄는 변화는 산수화와 화조화의 부상이다.

자연은 더 이상 배경이 아니었다. 그것은 감상의 대상이자 사유의 풍경이 되었다. 산수는 신선의 거처가 아니라 인간의 내면을 비추는 거울이 되었다. 화가는 그 거울에 자신의 뜻과 기운을 투사했다. 이렇게 회화는 사상과 감정, 시와 철학이 교차하는 통로가 되었다. 그리고 그 사유의 흔적이 이론으로 정리되기 시작했다.

그 정점에 선 인물이 장언원(張彥遠)이었다.

그는 붓의 운용과 마음의 흐름이 하나가 되어야 함을 역설하며, "뜻이 붓보다 먼저 있어야 한다."(意存筆先)고 선언했다. 이 말은 문인화의 핵심 정신인 사의(寫意)로 이어지는 가장 고전적인 명제가 되었다.

당대의 회화이론은 오대(五代, 907-960)의 형호(荊浩)에게로 이어졌다.

그는 '육요(六要)'와 '이병(二病)'을 제시하며, 산수화의 정신과 형식을 모두 아우르는 체계를 세웠다. 형호는 단순한 기교의 우열을 가르기보다, 그림이 갖추어야 할 내적 기초와 그 결함을 함께 짚었다. 그의 이론은 장언원의 고전적 동찰을 계승하면서도 보다 구체적이고 실천적인 방향으로 회화를 이끌었다.

이렇듯 당과 오대의 회화는 기법의 발전이나 장르의 확장만이 아닌, 예술의 인식 전환을 이루었다. 그림은 '그리는 행위'에서 벗어나 '생각하는 행위'가 되었다. 화가는 마음의 탐구자가 되었고, 회화는 인간의 정신과 시대의 철학이 교차하는 자리로 나아갔다.

그리고 이 모든 흐름은 문인화로 향했다.

시·서·화가 하나로 어우러지는 예술 – 정신이 형상에 깃들고, 형상이 다시 정신을 불러내는 세계 – 로 향하는 문이 열리고 있었다.

1. 형상 너머를 보다 _ 장회관의 '신·골·육'

그림을 오랫동안 바라보다 보면 언젠가 한 번쯤은 묻게 된다.

어떻게 표현된 것이 좋은 그림인가?

이 단순한 물음은 여러 시대를 거치면서 숱한 대답을 낳았다. 그 가운데에서도 당대의 장회관(張懷瓘, 8c 초·중)이 남긴 대답은 유난히 정제되어 있고 또 아름답다.

그는 『화단(畵斷)』이라는 짧은 글 안에서 회화를 보는 하나의 시선을 '신(神)·골(骨)·육(肉)'이라는 세 가지 말로 압축하였다. 이 말은 이후 오랜 세월 동안 동아시아의 회화 정신을 가늠하는 좌표가 되었다.

> "고개지는 신(神)이 있고, 육탐미는 골(骨)이 있으며, 장승요는 육(肉)을 얻었다."

이 짧은 구절은 단순한 비교 이상의 미학적 통찰을 담고 있다.

'신'은 형상을 초월해 내면의 기운을 전달하는 정신적 생명력이다. '골'은 그 정신을 지탱하는 구조적 긴장과 형식의 절제이며, '육'은 감각의 생동과 표면의 풍부함을 가리킨다.

장회관은 이 셋 가운데 어느 하나도 폄하하지 않았다. 오히려 그는 "평하는 자들이 각기 그 하나를 중히 여겼을 뿐, 모두가 타당한 기준"이라 말한다. 그림을 감상하는 시각이 하나로 좁혀지지 않기를 바란 것이다. 그는 또 이렇게 덧붙였다.

> "의식을 지닌 것이라면 뼈와 살이 서로 조화를 이루고, 그 안에 정신(神)이 깃들어야 한다."

형상만으로는 부족하다. 뼈가 있고 살이 있어도 그 안에 생명력이 없으면, 그저 '먹으로 그린 돼지'(墨豬)에 불과하다는 말은 단호하면서도 울림이 깊다. 아무리 뛰어난 그림이라 해도 그 속에 감응할 정신이 없다면 그림이 아니라는 말이다.

장회관의 말은 회화 평론을 넘어서 하나의 미학적 사유를 불러온다. '신'은 가장 깊은 곳에서 감응을 일으키는 울림이요, '골'은 그 울림을 담는 형식의 질서이며, '육'은 그 질서를 감싸는 감각의 표면이다. 이 셋은 몸과 마음, 숨결이 어우러진 존재처럼 각자 고유한 역할을 지니되 궁극적으로는 하나의 그림 안에서 조화를 이루어야 한다.

장회관의 사유는 당대의 다른 예술 장르와도 긴밀히 연결되어 있었다. 두보는 서체를 논하며 '마르고 굳센 것'을 귀히 여겨, '골'의 미덕을 강조했다. 이는 그가 회화를 감상할 때도 적용한 기준이었다. 장회관의 화론이 회화에 국한되지 않고 글씨와 시, 나아가 예술 전반에까지 울림을 주었음을 보여주는 대목이다.

무엇보다 중요한 것은 장회관이 당대 회화의 흐름을 단순히 나열하거나 계보를 정리하는 데 그치지 않았다는 점이다. 그는 2백여 년이나 이어져 온 중국 고대의 3대 화가 - 고개지, 육탐미, 장승요 - 의 위상 논쟁을 정리하며, 각기 다른 화가들의 미학을 하나의 언어로 통합했다.

그리고 이를 통해 예술 감상의 다층성과 융합 가능성을 제시했다. 이전까지 전개되어 온 정신과 기교 논쟁, 형상과 비형상의 대립을 삼각 구도로 수렴하면서, '좋은 그림이란 무엇인가'라는 오래된 물음에 품위 있는 답변을 남긴 것이다.

'신·골·육'의 미학은 당대에만 머물지 않았다.

이후 송대의 문인화는 점차 외형을 벗어나 정신을 강조하는 방향으로 나아갔다. 점(點)과 선(線), 여백과 의경(意境) 속에서 '신'을 드러내고자 했다. 그것은 장회관이 말한 세 요소 가운데 '신'에 더 가까운 길이었지만, 결코 '골'과 '육'을 버린 것이 아니었다. 오히려 그것들을 내면화한 상태에서 '신'을 우선한 것이다.

좋은 그림이란 무엇인가. 장회관은 오래전 그 물음에 명쾌한 답을 남겼다.

신이 있어야 한다.

그리고 그 신은 골과 육 위에 놓여야 한다.

2. 조화와 심원의 경계에서 _ 장조

당대의 회화는 어느덧 형상을 넘어서 정신을 탐구하는 단계로 접어들었다. 이전까지 화면을 채우던 청록의 선연함은 점차 먹빛의 울림으로 바뀌어 갔다. 그 변화의 한가운데에는 장조(張璪, 8c 중·후)의 이름이 있다.

장조는 수묵산수화의 창시자로 널리 알려져 있다. 송대(宋代)의 문인 화가들은 왕유(王維, 699-759)를 수묵화의 시조로 존숭했고 이것이 정설처럼 굳어졌지만, 정작 당대의 시선은 달랐다. 그 시대의 문예가들은 오히려 장조의 성취에 더욱 주목했다.

특히 장조를 직접 목격한 부재(符載, 8c 중-9c 초)는 그의 붓끝에서 뿜어져 나오는 격정과 형상의 자유로움을 "신(神)과 더불어 동류가 되었다."고 묘사했다.

장조의 창작 방식은 독특하고도 파격적이었다. 뭉툭한 붓을 사용하거나 심지어 손으로 비단을 문지르기도 했다. 일종의 '파묵법(破墨法)'* 이라 할 수 있는 이 광경을 보고, 동시대 화가 필굉(筆祁)이 놀라 그 출처를 묻자, 그가 답했다.

> "밖으로는 조화를 배우고, 안으로는 마음의 근원에서 얻는다."(外師造化 中得心源)

이 짧은 말은 이후 수많은 화론의 근본이 되었다. 장조는 자연을 모사하는 것에 머무르지 않고, 그것을 마음속에서 새롭게 가공하고 변용하는 창작의 과정을 강조했다. '조화'를 스승 삼되 '마음'을 원천으로 삼는다는 이 말은 예술가라면 감각과 정신의 두 세계를 아울러야 함을 설파하고 있다.

물론 남조의 요최(姚最)도 일찍이 "마음으로 조화를 배운다."는 견해를 내비친 바 있다. 하지만 장조는 그 개념을 한층 더 밀도 있게 결합함으로써 창

* **파묵법** 이미 놓인 먹 위에 다른 농도의 먹을 덧씌워, 먹빛을 깨뜨리듯 변화시킴으로써 생동하는 느낌을 주는 기법.

※ **적묵법** 먹을 여러 번 쌓아 올려 깊이를 줌으로써 안정적이고 중후한 느낌을 주는 기법.

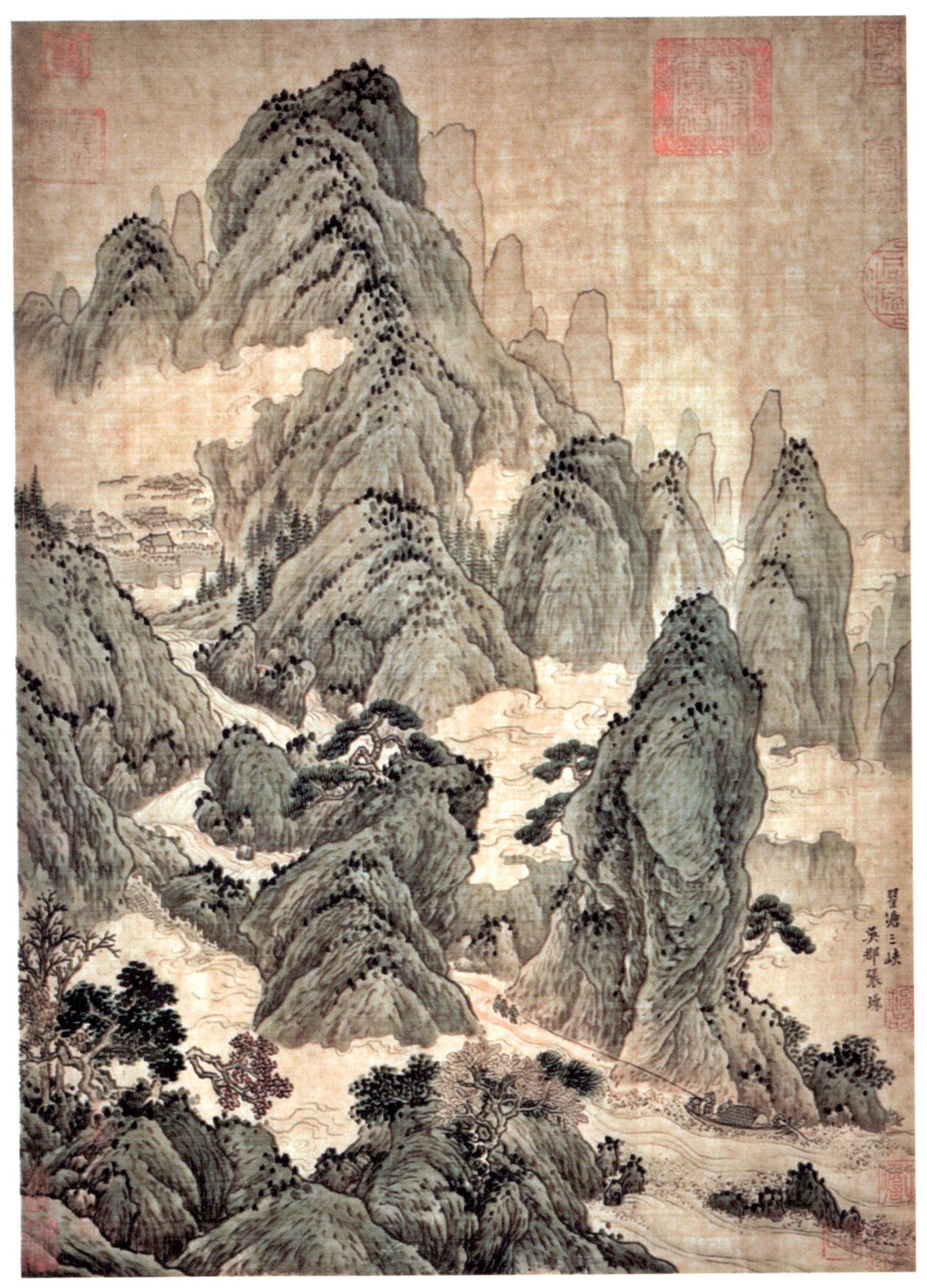

전(傳) 당(唐) 장조(張璪), 〈구당삼협도(瞿唐三峽圖),
비단에 수묵 채색, 57.5×40.8cm, 국립고궁박물원(國立故宮博物院, 臺北), @www.npm.gov.tw

작에 대한 총체적 인식을 제시했다. 자연을 외부의 스승으로 삼고 내면의 감응을 원천으로 삼아야만 비로소 온전한 그림이 탄생한다는 장조의 통찰은, 이후 천여 년 동안 예술가들의 창작을 이끄는 좌표가 되었다.

한편 장조의 '파묵법'은 물로 먹의 농담을 깨뜨려 그 안에 진함과 연함, 마름과 젖음을 아우르는 기법이다. 감각의 해체와 재구성을 통해 표현력을 확장하는 이 기법은 수묵이라는 제한된 재료 안에서 무한한 감성의 변주를 가능하게 한다.

이처럼 장조는 형식과 내용, 자연과 정신을 잇는 고리를 열었다. 그것은 '신·골·육'이라는 미학을 자연과 마음의 경계에서 되새긴 것이며, 당대 회화가 나아갈 수 있는 새로운 방향을 제시한 것이기도 했다.

3. 회화 미학의 기준을 세우다 _ 장언원

그림을 그린다는 것은 곧 뜻을 세우는 일이 되었다.

장언원(張彥遠, 815-879)은 이 사유의 첫걸음을 입의(立意), 즉 '마음속 구상'에서 찾았다. 그의 저서 『역대명화기(歷代名畵記)』는 중국 회화를 역사적, 미학적, 철학적으로 정리한 첫 시도였다.

그에게 회화는 정신이 형상을 빌려 드러나는 예술이었다. 형상이 아닌 '뜻(意)'에서 비롯된다는 이 관점은 『역대명화기』 서문에서 밝힌 말로 요약된다.

"글씨(書)와 그림(畵)은 그 뿌리가 같다."

글씨와 그림은 본디 하나의 붓에서 태어났고 둘 다 뜻을 전하는 매개체이다. 이 관점에서 그는 글씨와 회화를 별개의 장르가 아니라, 정신의 흐름을 담는 하나의 예술로 통합해 바라보았다. 붓 하나로 정신과 형상이 동시에 구현될 수 있다는 그의 믿음은, 이후 '서화동체론(書畵同體論)'으로 자리잡아 동북아시아 예술 전반에 깊은 흔적을 남긴다.

장언원은 사혁의 '육법(六法)'을 당대의 눈으로 다시 읽었다. 그중에서도 특히 첫째 조항인 '기운생동(氣韻生動)'을 으뜸으로 삼았다. 그는 "기운으로 그림을 구하면 형사는 그 사이에 있게 된다."며, 그림의 출발이 '기운'에서 비롯된다고 보았다.

정신의 감응이 먼저 살아 있어야 그 뒤를 따라 형상도 생명을 얻는 것이다. 이런 맥락에서 장언원이 강조한 개념이 바로 '입의'였다. 그림을 시작하기 전에 마음속에 작품 구상이 이뤄져야만 형상의 본질을 꿰뚫고 감정의 결을 따라 화면을 설계할 수 있다. 회화를 보는 그의 시각은 다음의 말에서 분명하게 나타난다.

> "사물을 그리는 데는 반드시 형사(形似)에 이르러야 하고, 형사는 마땅히 골기(骨氣)를 갖추어야 한다. 골기와 형사는 모두 입의에 뿌리를 두고, 다시 용필(用筆)로 돌아간다."

형사의 완성은 단지 외형의 재현이 아니다. 그것은 대상의 내면을 꿰뚫는 골기를 갖춰야 한다. 입의는 이 모든 사유의 기점이자 구조로서 그 마음속 구상이 화면의 구성으로 이어진다. 장언원은 이를 육법의 다섯 번째 항목인 '경영위치(經營位置)'로 보았다.

한편, 입의의 과정에서 일어나는 시선의 흐름과 공간의 운용은 작품 전체의 밀도를 좌우한다. 장언원은 이를 '그림의 총요(總要)'라 하였다.

그러나 이 모든 여건을 다 갖추었다고 해도 기운과 필력이 조화를 이루지 못한다면 어찌 될까? 그는 "기운이 주도면밀하지 않으면 헛되이 형사를 늘어놓는 것이고, 필력이 굳세지 않으면 헛되이 채색을 잘하는 것"이라고 말한다. 그림이 아무리 정교하고 화려해도, 그 안에 정신이 깃들지 않는다면 헛된 일이라는 말이다.

선 하나에도 기운이 서리고, 점 하나에도 필력이 깃들어야 한다. 그는 그런 조화를 완성해 낸 화가로 오도자(吳道子, 685-758)를 꼽았다. 오도자의 그림엔 기운과 필력이 자연스럽게 하나로 엮여 있다고 보았던 것이다.

이렇듯 장언원은 입의와 기운, 필력과 구성, 이 모든 것을 하나의 정신으로 엮었다. 그리고 그림이란 결국 보이는 것을 넘어 '보이게 하는 마음'을 그리는 일임을 역설했다.

'어떻게 그릴 것인가?' 이전에, '무엇을 담아야 하는가?'를 더 깊게 들여다본 것이다.

그림 밖의 정취 _ 용필론

그림을 본다는 것은 선을 따라 마음의 흔적을 더듬는 일이다. 장언원은 이 섬세한 작업의 실마리를 용필(用筆), 즉 '붓의 움직임'에서 찾았다. 회화란 필묵의 흐름 속에 깃든 정신을 따라가는 일이라고 믿었다.

그는 중국 고대 회화를 대표하는 네 인물인 고개지, 육탐미, 장승요, 오도자를 들어서 그들의 용필 차이를 통해 회화의 깊이를 가늠했다. 그는 "글씨와 그림은 용필법이 같다."고 보았다. 서예와 회화는 본디 하나의 붓에서 비롯된 예술이었다. 글씨가 문자를 넘어 정신을 드러내듯, 그림 또한 형상의 재현을 넘어 정신을 형상화하는 일이다.

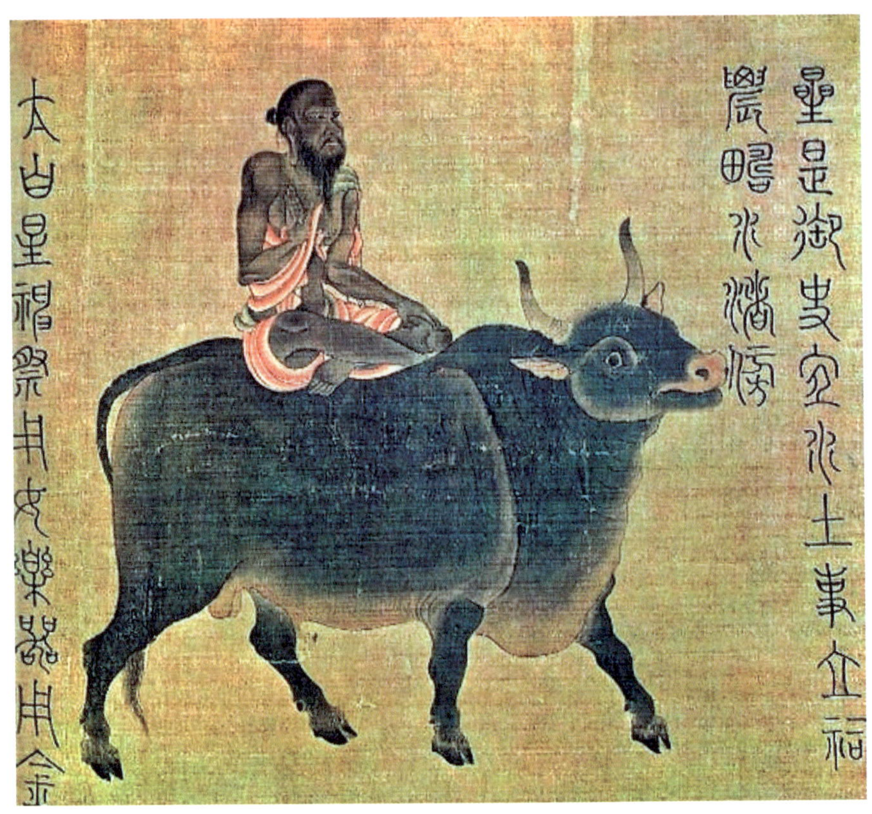

전(傳) 양(梁) 장승요(張僧繇), 〈오성이십팔수신형도(五星二十八宿神形圖)〉(부분),
비단에 채색, 27.5×489.7cm, 오사카시립미술관.

붓 하나로 정신과 형상이 동시에 구현될 수 있다는 이 관점은 앞의 '서화동체론'에서 보여준 철학의 연장선이다. 그는 더 나아가, "필법이 같지 않으면 풍격이 서로 다르다."고 말한다.

장언원은 고개지와 육탐미의 그림에서 촘촘하고 끊기지 않는 선의 밀도를, 장승요와 오도자에게서는 과감하고 생략적인 붓의 기세를 보았다. 전자가 '세밀(細密)'의 세계라면, 후자는 '소략(疏略)'의 세계다. 그는 이 차이를 표현 방식의 문제가 아닌 사유 방식의 차이로 보았다. 그리고 그 둘 모두를

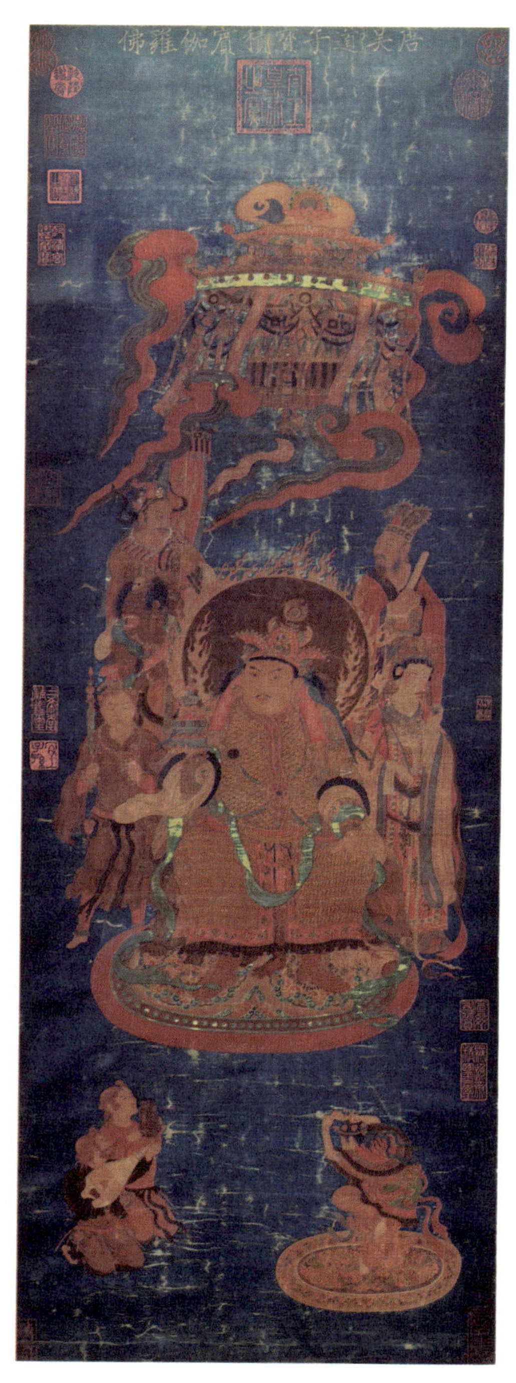

전(傳) 당(唐) 오도자(吳道子),
〈보적빈가라불도(寶積賓伽羅佛圖)〉,
비단에 채색, 114.1×41.1cm,
국립고궁박물원(國立故宮博物院, 臺北),
@www.npm.gov.tw

회화의 양대 미학으로 끌어안았다.

그는 기교의 많고 적음에 집착하지 않았다. 그는 "필은 주도면밀하지 않더라도, 뜻이 주도면밀한 것"이야말로 진정한 그림이라 했다. 붓놀림이 단순하더라도 그 안에 담긴 뜻이 명료하고 단단하다면 그것이 곧 완성된 예술이라는 믿음이다. 그 믿음은 다음의 말로 구체화 된다.

> "뜻이 붓보다 먼저 있으며, 그림이 다했어도 뜻은 그 너머에 남아 있다."(意存筆先 畵盡意在)

그림의 가장 아름다운 순간은 형상이 멈춘 자리에 여운이 흐르는 때라는 것이다. 장언원은 '그림 밖의 정취'(畵外之趣)를 중요하게 보았다. 여백에 남겨진 마음의 결, 보이지 않는 선의 울림, 이들은 모두 함축미의 다른 이름이다.

그는 형상이 가리키는 '의미의 방향'을 주시했다. 한 점의 먹과 한 줄의 붓놀림이 어떻게 마음을 흔들 수 있는가? 그는 무의미한 장식과 번다한 기교를 경계했다. 모든 것을 갖추려는 그림은 오히려 아무것도 전하지 못한다고 여겼다. 필묵의 간결함 속에 정신이 응축되고, 생략의 미학 안에서 뜻이 살아 움직이기를 바랐다.

함축과 여백, 생략과 기운 - 장언원이 말한 '필법의 완성'은 결국 그 자체로 중국 회화가 추구해 온 정신이었다. 그림은 형상의 끝에서 멈추지만, 정신은 멈추지 않는다. 그것은 붓끝 너머, 아직 말해지지 않은 세계를 향한 사유의 시선이었다.

회화 정신의 전환을 읽다

산수화는 회화의 중심에 있던 장르가 아니었다. 중국의 초기 회화는 인물화 중심이었고 자연은 배경에 머물렀다. 그러나 장언원이 그려낸 미술사의 흐름 속에서, 산수화는 점차 독립적인 장르로 성장했고 마침내 인물화와 대등한 위치에 이른다.

동진 이래로 발전한 산수화는 성당기(盛唐期)에 이르러 사원 벽화의 주요 소재로 자리 잡는다. 『역대명화기』에 따르면 장안과 낙양은 물론 지방 사찰에서도 장조, 필굉, 이소도 등의 여러 화가들이 산수화를 그렸으며, 승려와 도사들도 이를 반겼다. "산수와 꽃, 대나무 그림이 설법을 대신할 수 있었다."는 말처럼 자연물이 신성의 상징이자 교화의 수단으로 기능했다.

장언원은 당 이전 산수화의 표현 방식에는 일정한 한계가 있었다고 보았다. 그가 주목한 것은 오도자의 등장이었다. 『역대명화기』는 그의 그림을, "절의 벽에 괴석과 부서지는 여울을 마음대로 그려냈는데 마치 어루만질 수 있는 듯했다."고 극찬하고 있다.

오도자는 서촉(西蜀) 지방을 직접 여행하며 풍경을 사생했다고 한다. 그의 화풍이 산수와의 감응과 사유의 결과였다는 것을 알 수 있다. 장언원은 이 현장 경험이야말로 산수화의 전환점이 되었다고 본 것이다. 이후 이사운·이소도 부자에게 이르면 산수화는 하나의 미학적 양식을 구축한다. 장언원은 이 변화를 단순한 작가 계보를 넘어선 감각의 진화이자 회화 정신의 전환으로 보았다.

이로써 산수화는 더 이상 종교나 장식의 부속물이 아니라, 독립된 조형과 사유의 대상이 되었다. 그리고 그 여운은 북송(北宋) 문인화로 이어져 풍경을 통해 정신을 말하고 자연과 함께 사유하는 예술로 확장되었다.

4. 필묵에 담긴 조형 철학 _ 형호의 육요(六要)

산수를 그린다는 것은 자연과 마주 앉아 마음의 형상을 새롭게 짓는 일이다. 형호(荊浩, 870?-930?)는 이 정신의 승화를 위해 하나의 틀을 세우고자 했다.

그는 『필법기(筆法記)』를 통해 산수 창작의 철학과 기법을 육요(六要)로 정리함으로써, 당말오대(唐末五代)의 혼란 속에서 산수화를 회화의 중심으로 끌어올렸다. 그가 남긴 여섯 글자 - 기(氣), 운(韻), 사(思), 경(景), 필(筆), 묵(墨) - 는 이후 수백 년에 걸쳐 산수화의 바탕이 된다.

여섯 요소 가운데 기와 운은 정신의 문제였다. 그는 그림은 먼저 기운이 살아 있어야 하고, 그 기운이 곧 운치로 드러나야 한다고 보았다. '기'는 그림의 생명력이며, '운'은 그 생명력이 머무는 결이다. 회화가 손으로만 그리는 게 아니라 마음으로부터 시작된다는 뜻이었다.

그다음의 사와 경은 구상과 구성이다. 어떤 대상을 그릴 것인가, 그것을 어떻게 화면 위에 배열할 것인가. 그림이 갖는 공간적 질서이다. 이 역시 깊은 사유에서 분출되는 미적 감각에서 비롯한다.

마지막의 필과 묵은 형호가 특히 강조한 표현의 문제다.

형호는 선의 움직임과 먹의 번짐이 어우러져야만 비로소 하나의 산수가 완성된다고 보았다. 그는 오도자의 선묘와 항용의 묵법을 모두 받아들이되, 어느 한쪽에 치우치지 않고 두 가지를 종합하여 자신만의 체계를 세우려 했다.

"오도자는 필은 있으나 묵이 없고, 항용은 묵은 있으나 필이 없다. 나는 두 사람의 장점을 취해 일가의 체를 이루겠다."

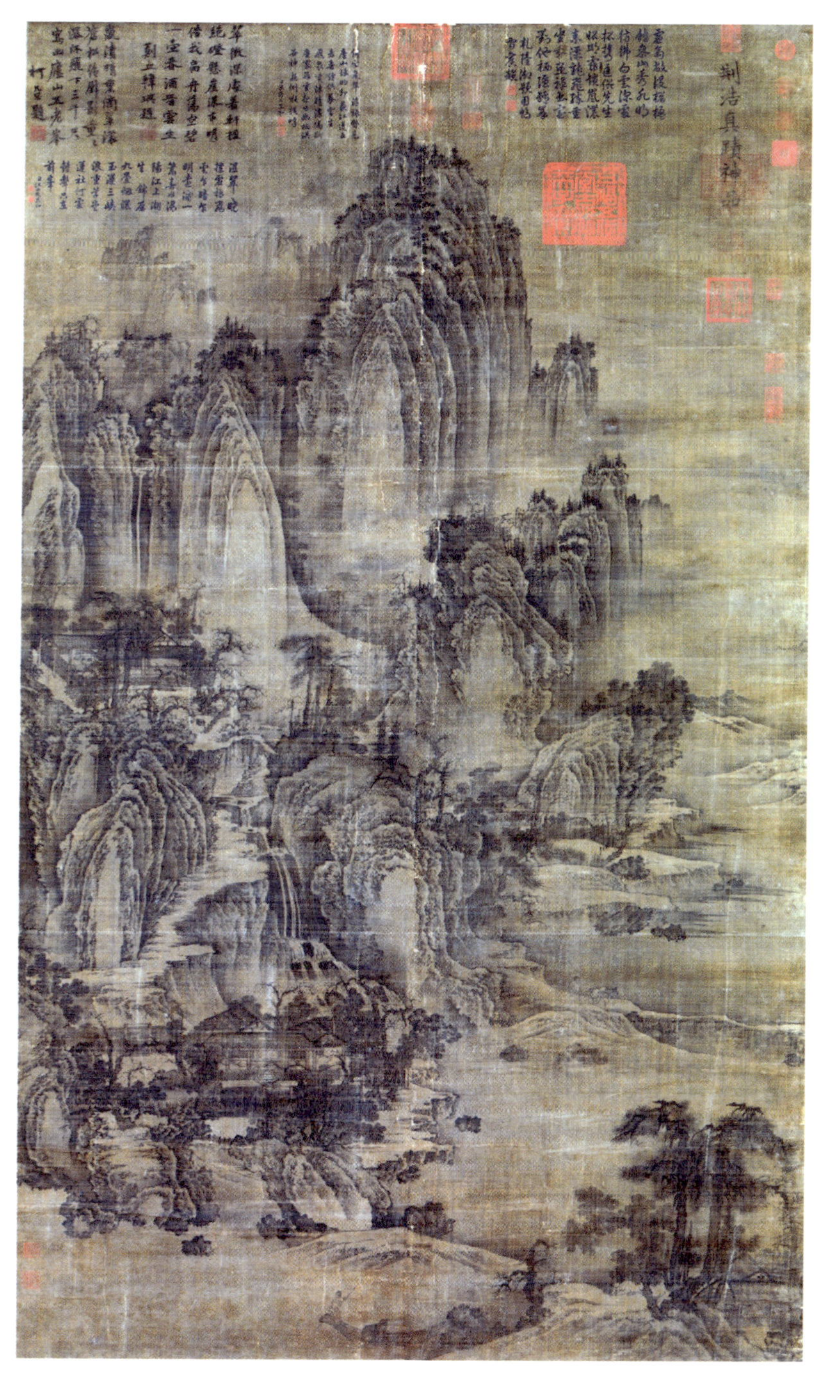

전(傳) 오대(五代) 형호(荊浩),
〈광려도(匡廬圖)〉,
비단에 수묵,
185.8×106.8cm,
국립고궁박물원
(國立故宮博物院, 臺北),
@www.npm.gov.tw

산수화가 지닌 두 표현 수단인 선과 먹, 형과 기운을 모두 품어야 한다는 조형 철학의 선언이었다.

형호는 필법을 더욱 구체적으로 나누어 네 가지 형세로 설명한다.

끊어지지 않는 긴장감을 지닌 선은 근(筋), 굵고 얇은 리듬 속에 실체감을 드러내는 선은 육(肉), 강건하고 굳센 선은 골(骨), 그리고 붓의 자취에 흐트러짐 없는 생명력을 기(氣)라 했다.

붓 길이 이루는 선에는 작가의 시선과 사유가 고스란히 녹아든다. 한 줄의 선에 살아 있는 몸을 세우려는 시도, 그의 선묘법은 새로운 기준이 되었다. 형호의 용필론은 서법(書法)의 전통을 계승하면서도 산수라는 장르에 맞추어 더욱 입체적이고 감각적인 방식으로 발전하였다.

그렇다고 형호가 잘 그리는 방법만을 논한 것이 아니었다.

그는 화가가 범할 수밖에 없는 두 가지 오류인 '이병(二病)'을 지적했다. 고칠 수 있는 병(유형의 병)과 고칠 수 없는 병(무형의 병)이 그것이다. 앞엣것이 계절에 맞지 않는 표현처럼 보완이 가능한 결함이라면, 뒤엣것은 기운이 빠지고 필묵이 죽어 있어 생명력이 없는 그림이다. 그는 그런 그림을 "기와 운이 모두 빠지고 물상이 완전히 어그러졌기에, 죽은 물상과 같아 깎아 고칠 수 없다."고 단언한다.

형호에게 있어 예술은 기교의 총합이 아니었다. 그것은 정신과 기운, 조화와 생명력을 하나의 화면에 구현하는 일이었다. 그에게 산수는 그리는 것이 아니라 마음의 형상으로 새롭게 '짓는' 일이었다. 산수는 보는 것이 아니라 그 속에서 같이 숨 쉬는 것이었다.

형호는 이렇게 산수화를 하나의 독립된 정신 공간으로 위치 시켰다. 그가 남긴 이론은 이후 송·원·명·청을 거쳐 문인화의 근간으로 작용하였고, 지금도 여전히 그윽한 울림으로 남아 있다.

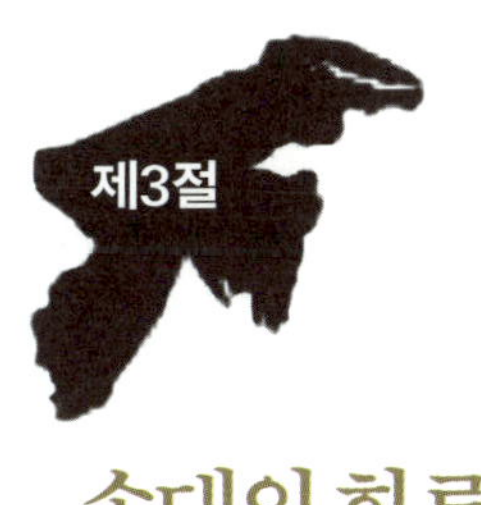

송대의 화론

풍경 너머의 정신을 그리다

—

송대(宋代, 960-1279)는 산수화가 비로소 사유의 깊이를 지니기 시작한 시대였다. 이 시기 회화는 이전 시대의 화려하고 장식적인 청록산수에서 벗어나 간결하면서도 고요한 수묵의 세계로 들어선다. 수묵은 모든 색을 덜어내면서 오히려 마음의 결을 드러냈다. 그 위에 담긴 풍경은 눈앞의 현실이라기보다 그 너머의 정신이었다.

자연을 바라보는 시선은 지역에 따라 서로 다른 감각으로 나타났다. 북방에서는 높은 산과 깊은 골짜기, 웅대한 형세와 묵직한 필법이 화면을 채웠다. 이성(919-967), 관동(10c 경), 범관(10c 중-11c 초), 곽희(11c 중)로 이어지는 북방 화가들은 장엄한 대자연의 힘을 호방하게 그려냈다. 그들의 산수는 외경(畏敬)의 감정으로 충만했고, 인간은 그 풍경 앞에서 작아질 수밖에 없었다.

반면, 강남의 화가들은 습윤하고 흐릿한 풍경 속에 감정이 스며들게 했다. 동원(934-962)과 거연(10c 중-후)의 그림에는 안개 낀 산세와 유려한 필

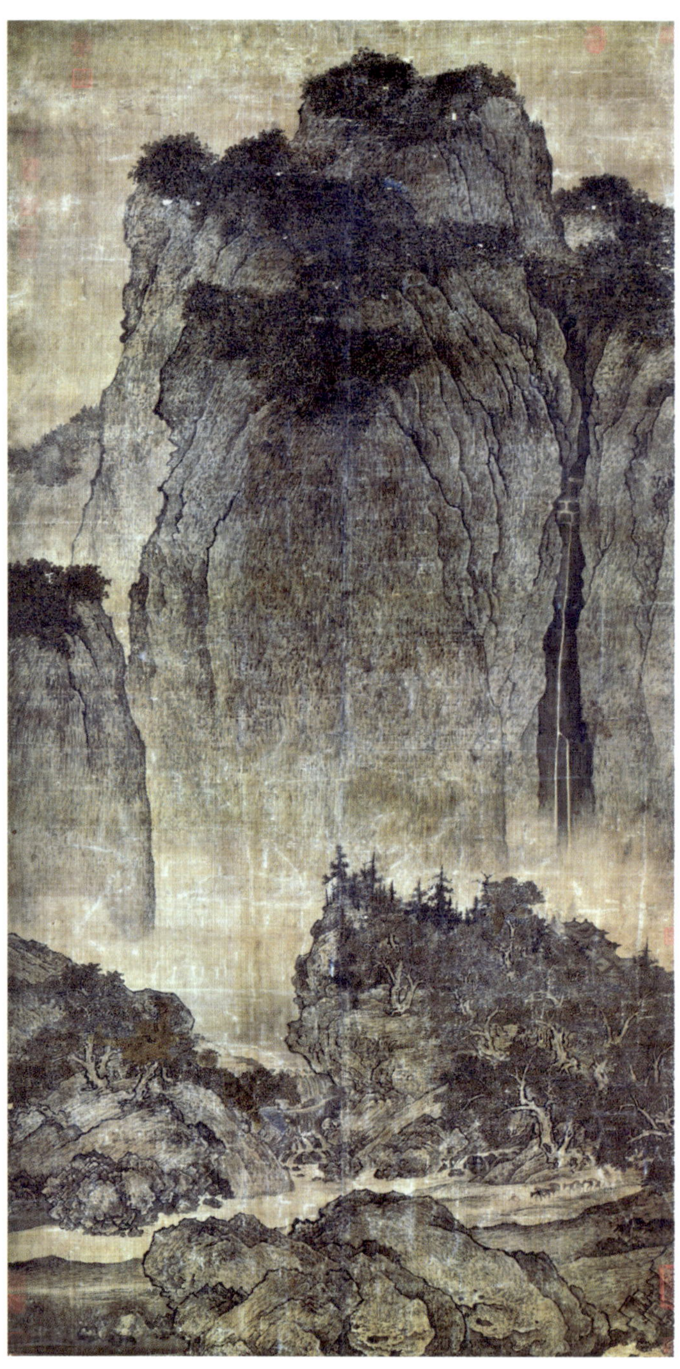

남송(南宋) 범관(范寬),
〈계산행려도(谿山行旅圖)〉,
비단에 담채, 206.8×103.3cm,
국립고궁박물원(國立故宮博物院, 臺北),
@www.npm.gov.tw

치, 부드러운 구도가 어우러졌다. 자연은 거리를 두고 응시할 대상이 아닌, 조용히 거닐며 체온을 나눌 수 있는 존재로 다가왔다. 이들의 작품은 북방의 위엄과는 달리 내면의 여백과 정서적 울림을 품고 있었다.

송대 산수화는 이처럼 지역적 특성과 화가의 기질이 맞물리며 두 계통으로 나뉘었다. 하지만 보다 자유롭고 감각적인 흐름도 함께 형성되었다. 미불(1051-1107)·미우인(1074-1151) 부자는 '미가산수'를 창출하여 동원과 거연의 유파를 계승하면서도 그 형식을 더욱 느슨하게 풀어냈다. 부드러운 먹빛과 추상적인 구성으로 감정의 진폭을 그려냈다. 풍경은 명확한 장소가 아니라 심상의 흔들림이 되었고, 수묵은 어느새 시와 같은 여운을 품기 시작했다.

이처럼 서로 다른 화풍은 평가의 지점에서도 엇갈렸다. 곽약허(11c 후)는 북방 화가들을 '신의 경지에 이른 자들'이라 극찬하며 장중하고 기세 높은 그림을 회화의 정점으로 보았다. 심괄(1031-1095)은 절충하는 시각에서 동원과 거연의 화풍에도 정당한 가치를 부여했다.

그러나 미불은 확고한 문인의 시각을 고수했다. 그는 북방 화풍을 "꾸밈이 많고 진실한 뜻이 적다."고 비판하며, 동원의 그림이야말로 "평담하고 천진하여 교묘한 뜻을 꾸미지 않는다."고 높이 평가했다. 그에게 있어서 산수는 기교보다 마음이 우선이고, 감탄보다는 여운을 남겨야 했다.

이렇듯 북방과 강남의 차이는 기법이나 미감의 차원만으로 해석될 게 아니었다. 그것은 자연을 대하는 인식의 태도이자 세상을 바라보는 관조의 방식이었다. 범관이 그린 북방 산수는 실제로도 산세가 높고 거칠며 인간이 자연에 의해 압도되는 환경을 반영한 것이었다. 이에 비해 동원의 강남 풍경은 짙은 안개와 습기, 부드러운 윤곽으로 구성되어 있었고 그 안에는 정서적 공감이 깃들어 있었다.

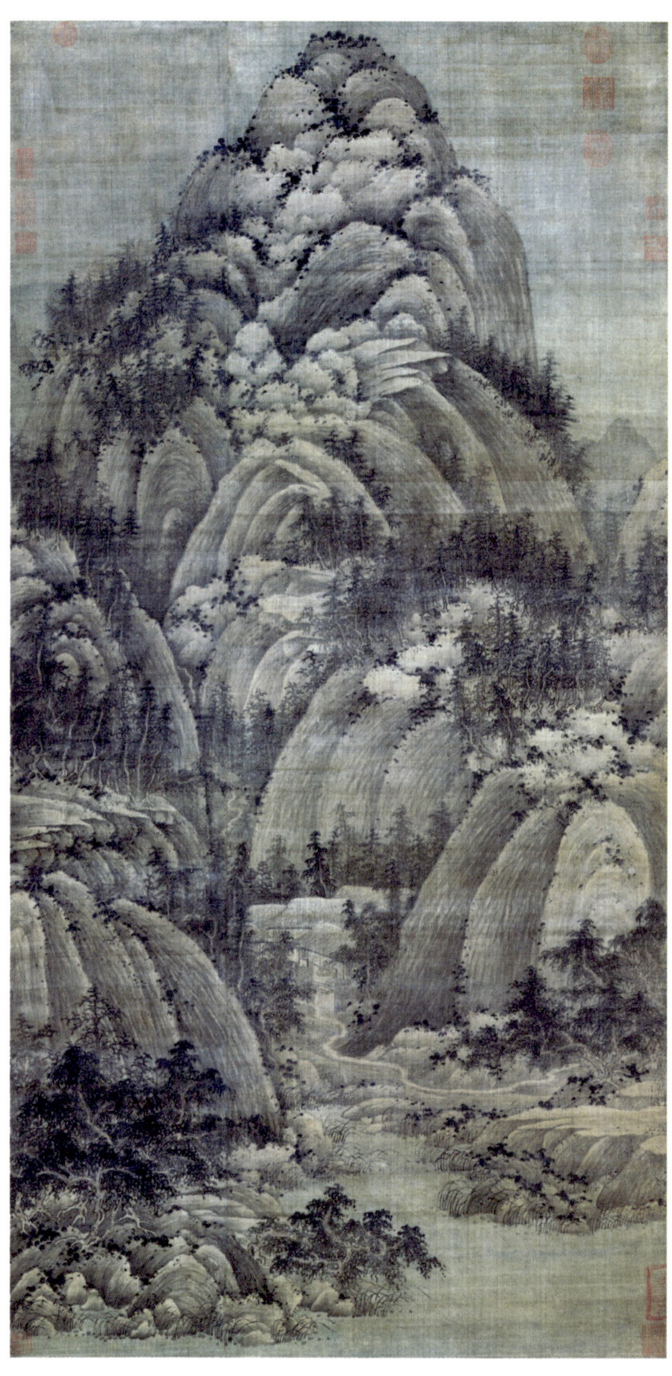

전(傳) 송(宋) 거연(巨然),
〈추산문도도(秋山問道圖)〉,
비단에 담채, 156.2×77.2cm,
국립고궁박물원(國立故宮博物院, 臺北),
@www.npm.gov.tw

두 유파는 각기 다른 환경 속에서 태어났다. 그 안에 담긴 풍격은 화가의 내면이 투영된 한 폭의 정신이었다.

중요한 것은, 송대 산수화에 점차 문인화적 미학이 뚜렷한 윤곽을 드러내기 시작했다는 점이다. 미불이 말한 '평담, 자연스러움, 진솔함, 윤기 있는 필묵'은 그림의 표현만을 의미하지 않았다. 그것을 통해 구현되는 인간의 교양과 인격, 그리고 예술적 정신의 표지였다. 회화는 화가가 세상을 어떻게 느끼고 받아들이며 어떤 방식으로 자신을 드러낼 것인가에 대한 응답이 되고 있었다.

송대의 산수화는 이후 원·명·청으로 이어지는 문인화의 기틀을 닦았다. 자연을 그리는 방식은 달랐지만, 그 너머를 바라보는 시선은 점점 더 내면으로 향했다. 풍경은 있었지만 그것은 더 이상 자연이 아니었다. 그것은 마음이 깃든 형상이며, 한 시대 문인들이 그려낸 또 다른 자화상이었다.

1. 사격(四格)의 해석과 송대 회화의 두 흐름

주경현(朱景玄, 9c 초-중)이 회화의 기준으로 제시한 신(神)·묘(妙)·능(能)·일(逸), 이른바 사격(四格)은 중국 회화 비평사에서 단순한 감상 기준을 넘어선다. 그것은 예술의 본질에 대한 철학적 시각 차이를 드러내는 거울이었다. 사격은 당대(唐代)의 장회관이 회화를 신격·묘격·능격의 세 가지로 구분한 데서 비롯되었다. 여기에 주경현이 일격(逸格)을 덧붙이며 완성된 것이다. 이 네 가지 가운데 특히 일격을 어떻게 해석하느냐에 따라 회화의 진로는 전혀 다른 방향으로 흘러갔다.

송대에 이르러 사격을 해석하는 방식이 달라지면서 회화를 둘러싼 이상과 현실, 정신과 기교 사이의 갈등이 본격적으로 드러난다. 그것은 원체화(院體畵)* 와 문인화가 나뉘는 지점이기도 했다.

송초(宋初)의 황휴복(黃休復, 10c 말-11c 초)은 『익주명화록』에서 사격의 배열을 '일-신-묘-능'으로 재정립하며, 일격을 가장 높은 위치에 두었다.

"법도에 얽매이지 않고, 정밀한 채색을 하찮게 여기며, 필은 간략하되 형태는 갖추어지니 … 자연에서 얻을 뿐 본뜰 수 없고 뜻 밖에서 나온다."

그의 평가는 일격이 솜씨의 문제를 넘어 작가의 개성과 정신, 그리고 자연과의 합일에서 비롯된 경지임을 시사한다. 일격은 형식 너머에서 터져 나오는 정신의 산물이었다.

비슷한 시기, 당말(唐末)의 서예가 두몽(杜蒙)은 서예의 격조를 논하며 "마음 내키는 대로 해 일정함이 없는 것을 일(逸)이라 한다."고 말했다. 그의 말은 문인들이 예술을 대하는 태도, 곧 '형상'보다 '정신'을 앞세우는 심미관과도 맞닿아 있다. 일격은 기법과 관계 없이 마음이 자연스럽게 흘러나오는 상태로 예술과 인격이 만나는 그 접점의 미학이었다.

그러나 이러한 회화관은 북송의 궁정예술과 날카로운 충돌을 빚는다. 송대를 대표할 만한 예술인이기도 했던 휘종(徽宗, 1082-1135)의 반발을 산 것이다. 휘종은 황휴복의 사격을 거부하고, '신-일-묘-능'으로 그 순서를 새롭게 설정했다. 자신이 중시한 회화 정신, 즉 법도의 숭상과 기교의 완성을 앞

---

* **원체화** 송대 도화원을 중심으로 형성된 궁정 회화 양식. 황실의 취향을 반영하여 대상을 정밀하고 화려하게 묘사했다.

세운 것이다.

휘종이 이상으로 삼았던 원체화는 정제된 구도와 세밀한 채색, 규범화된 필법 위에 세워졌다. 그의 회화관에서 개성의 자발성은 질서의 위협이었고, 예술은 제도와 전범을 통해 다듬어야 할 대상이었다. 실제로 휘종이 제시한 사격 기준은 궁정과 화원 체계의 회화, 곧 원체화(院體畵) 중심으로만 통용되었다.

자유로운 예술을 추구하던 문인들은 여전히 일격을 최상의 가치로 삼았다. 그들은 회화란 마음의 흐름과 정신의 발현이어야 한다는 생각을 고수했다.

사격을 둘러싼 해석의 차이는 회화를 기능으로 보느냐, 아니면 정신으로 보느냐? 하는 물음과 연결된다. 전자는 '능'과 '묘'에 머물며 기교를 다듬고, 후자는 '일'에 이르러 뜻을 좇는다. 원체화는 치밀함과 규율을 미덕으로 삼았고, 문인화는 느슨함과 여백 속의 진실함을 길러냈다. 이 두 흐름은 대립했지만 또 하나의 긴장을 통해 송대 회화가 지닌 복합성과 예술적 풍요로움을 낳았다.

사격은 하나의 창 안에 있었지만 그것을 바라보는 눈은 달랐다. 그리고 그 해석의 간극 속에서 송대 회화는 기교에서 정신으로, 규범에서 자유로 나아가는 길을 열었다. 일격이 품은 그 뜻밖의 자유로움은 이후 문인화가 추구한 예술의 가장 깊은 뿌리 중 하나로 자리 잡는다.

한편, 송대는 정치적으로 개봉을 도읍으로 했던 북송(北宋, 960-1127)과 금의 압박을 못 이겨 항주로 도읍을 옮긴 뒤의 남송(南宋, 1127-1279)으로 나눌 수 있는데, 이는 회화 양식의 변화라는 측면에서도 동일하게 적용할 수 있다. 북송의 산수가 원체화 중심이었다면 남송 시대의 산수는 원체화에도 강남의 산수화풍이 스며들기 시작한 것이다.

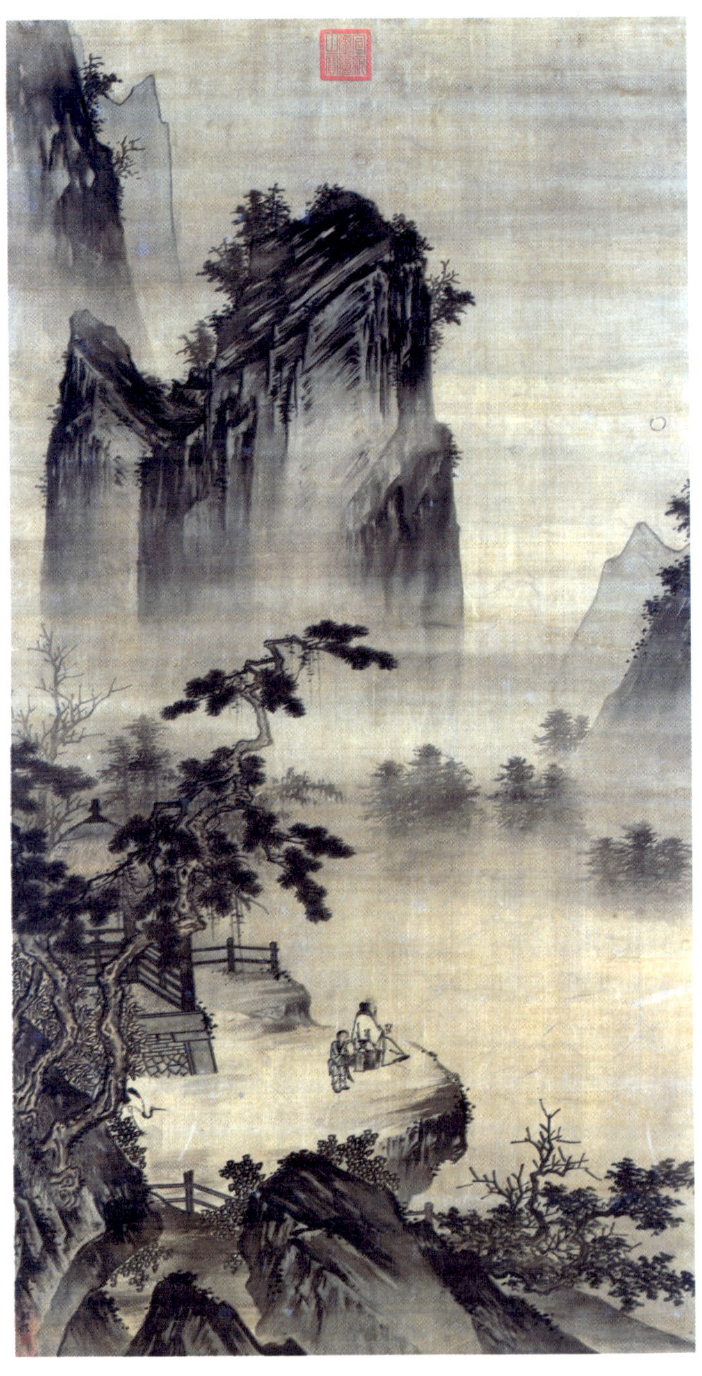

남송(南宋) 마원,
〈거배완월도(擧杯玩月圖)〉,
비단에 수묵, 205.6×104.1cm,
국립고궁박물원(國立故宮博物院, 臺北),
@www.npm.gov.tw

이 중심에는 남송의 대표적인 궁정화가였던 마원(馬遠, 1160-1225)과 하규(夏珪, 1195?-1224?)가 있다. 북송의 산수가 화면의 구도를 전경과 후경으로 나누고 후경에 위압적인 봉우리를 배치했다면, 남송의 산수화는 후경을 여백으로 남겨놓아 생각할 여지를 주었다. 또 북송의 산수에서는 배제되거나 아주 하찮게 표현되던 인물이 화폭의 전면에 등장하여 화가의 내면을 내보이는 파격을 연출하기도 했는데, 그 대표적인 작품이 마원의 〈고사관록도(高士觀鹿圖)〉이다.

2. 선(禪) 사상과 문인화의 만남

북송이 자연의 장대한 질서를 붓끝에 담았다면 남송은 마음속 안개의 결을 그렸다. 자연은 점차 사유와 정서가 깃든 공간으로 다가왔다. 산수화는 거대한 자연의 축소판이 아닌 화가의 내면을 비추는 풍경이 되었다.

이 전환의 자리에 조용히 등장한 이들이 있었으니, 붓을 든 승려 화가가 그들이었다. 목계(牧谿), 옥간(玉間), 양해(梁楷, 1150-?) 등의 화승들이 그린 선화(禪畵)의 출현은 송대 회화사에서 빼놓을 수 없는 사건이다. 불교의 깨달음 혹은 그 과정을 그린 선화는 이성과 곽희(이곽파), 마원과 하규(마하파)로 이어지는 원체화풍과 소식, 미불, 황정견으로 대표되는 문인화풍과는 또 다른 회화 세계를 선보였다.

여기에는 대혜종고(1089-1163) 선사가 확립한 간화선(看話禪)*의 영향도 무시할 수 없다. 선화는 선(禪)적 깨달음을 추구하는 한편 그것을 남에게 전

---

* **간화선** 조사들의 선문답에 나오는 화두(話頭)를 깊이 참구하여 깨달음에 이르는 수행법.

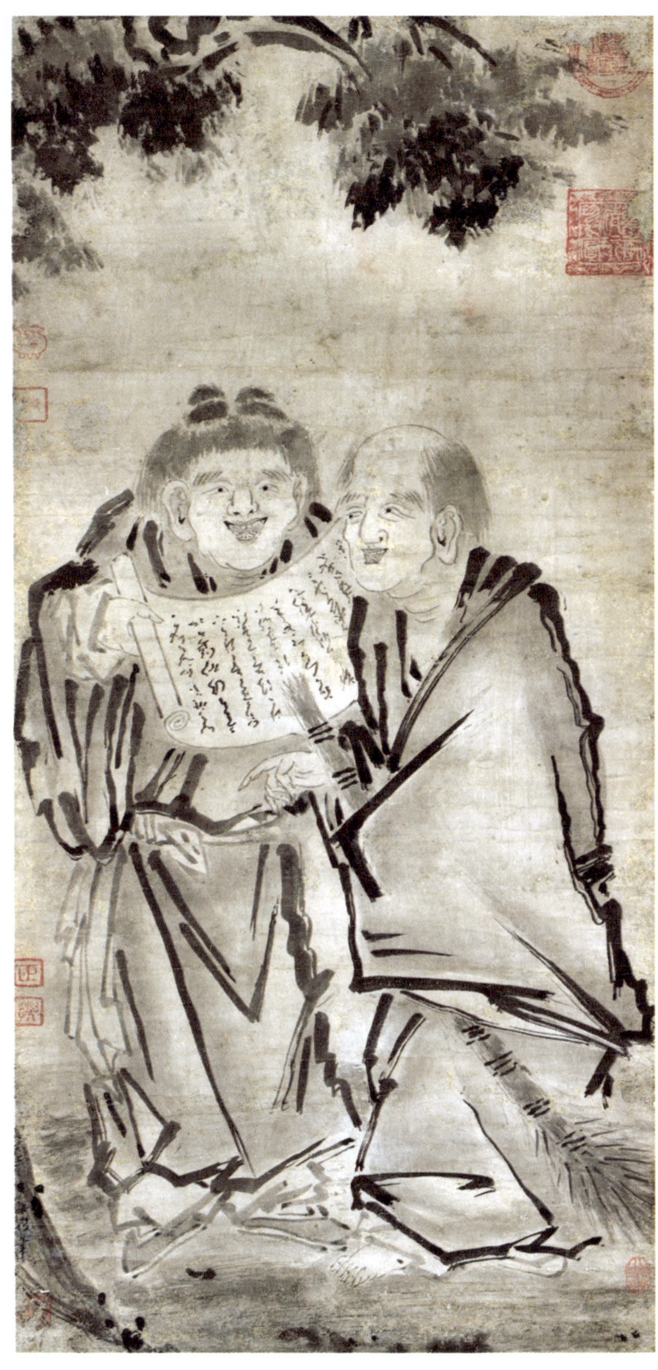

전(傳) 남송(南宋) 양해(梁楷),
〈한산습득도(寒山拾得圖)〉,
종이에 수묵, 102.4×48.8cm,
국립고궁박물원(國立故宮博物院, 臺北),
@www.npm.gov.tw

해주기 위해 그린 그림이다. 따라서 법도에 얽매인 원체화나 자신의 품격과 마음을 표현하는 데 치중했던 문인화와는 다를 수밖에 없었다. 깨달음에 대해, "문자로 말하지 않고 가르침 밖의 마음으로 전한다."(不立文字 教外別傳)는 선 사상은 붓을 운용하는 기법에서도 빠른 붓질(속필)과 생략(감필), 묵의 번짐(발묵)을 활용한 파격적인 화면 구성으로 나타났다.

송대의 대표적인 화승인 양해는 달마(達摩)를 비롯한 선승들의 인물화를 많이 그린 것으로 알려져 있다. 그의 그림은 단 몇 번의 갈필(渴筆)*과 먹의 농담만으로 "깨달음이란 무엇인가?" 혹은 "깨달음의 길은 어떻게 가는가?"에 대해 직관적 응답을 보여준다는 평을 받는다.

논란이 있기는 하지만 그의 작품으로 전해지는 〈이백행음도(李白行吟圖)〉는 속필과 감필로 절제된 아름다움을 보여주는 걸작이다. 시선 이백의 모습이 가볍고 거침없는 붓놀림 아래 재탄생한다. 풍류 시인의 방랑하는 모습은 온데간데없고 마치 속세를 벗어나 유유자적하는 선승의 모습과도 같다.

이러한 선화의 미학은 곧 문인화 정신으로 이어졌다. 소식은 "그림이란 마음에서 나오고, 마음은 곧 도(道)에서 나온다."고 말했고, 문동(文同)은 "그림이란 기세(氣勢)를 그리는 것"이라고 했다. 문동의 〈묵죽도〉는 줄기 하나, 날카롭게 뻗친 댓잎 하나하나에서도 절제된 긴장을 느낄 수 있다.

이렇듯 선화의 거친 붓질은 문인화의 '골기(骨氣)' 있는 필법으로 수용되었으며, '절제된 깨달음의 표현'은 '형상 너머의 뜻(寫意)'으로 환치되었다. 깨달음의 마음을 그린 선화와 정신의 품격을 그린 문인화, 그 둘의 지향점은 결국 '형상 너머의 세계'를 그리는 것이었다. 형상(形) 너머에 있는 정신

---

* **갈필** 붓에 먹을 적게 묻혀 마른 듯한 선을 그려, 갈라지고 거친 질감을 표현하는 기법.
※ **농필** 먹을 가득 머금은 붓으로 진하고 힘찬 선을 긋는 기법.

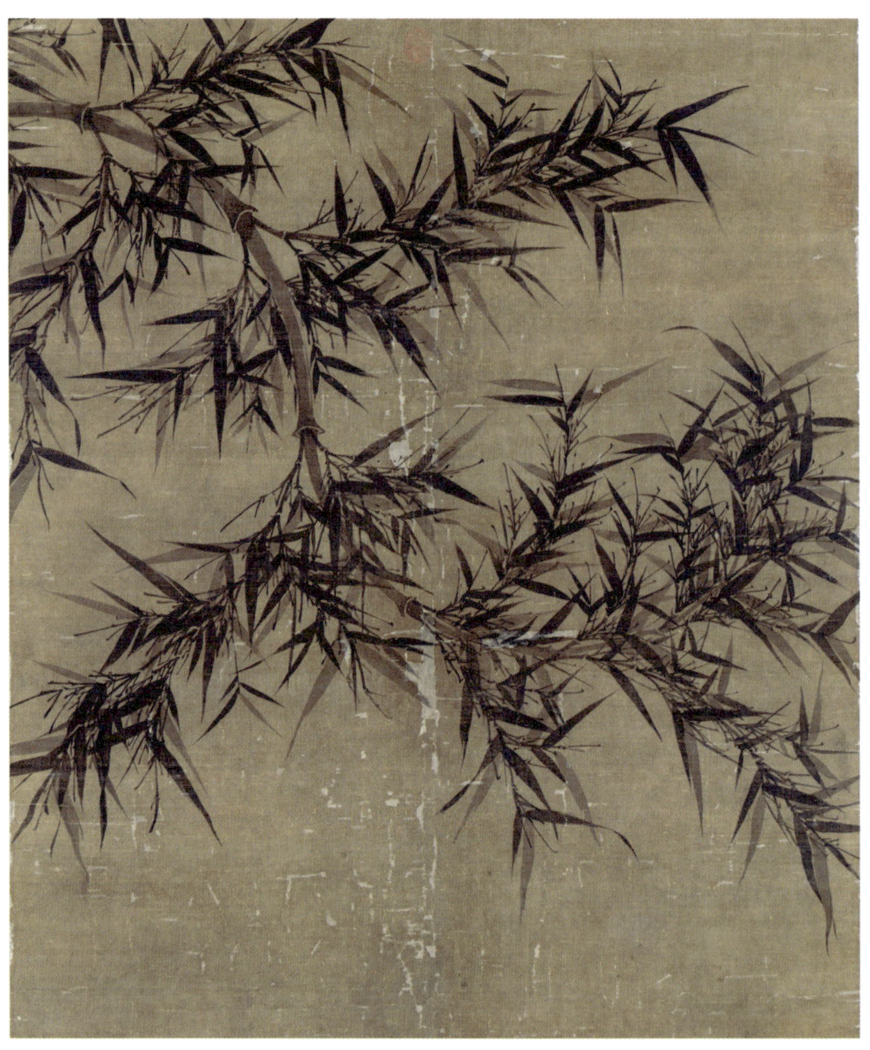

송(宋) 문동(文同), 〈묵죽(墨竹)〉,
비단에 수묵, 131.6×105.4cm, 국립고궁박물원(國立故宮博物院, 臺北), @www.npm.gov.tw

(神)은 선화가 말하고자 한 깨달음의 경계였고, 문인화가 지향한 사의(寫意)의 경지였다.

후일 원대의 문인화가들 - 예찬, 황공망 등 - 이 적막한 산수와 은일의 태도를 그림 속에 담은 것도 이 같은 정신의 공통성 덕분이었다.

선은 깨달음을 그렸고, 문인은 뜻을 그렸다. 그러나 그 둘은 결국 하나의 길 위에서 만난 셈이었다. 형상을 버리고 붓을 따라 나를 비우는 길, 그 길의 끝자락에서 문인화는 새로운 세계를 열기 시작했다.

3. 원근법의 정립과 선택의 예술 _ 곽희

곽희(郭熙, 11c 중)는 자연을 바라보는 시선과 감정을 엮어내는 방식으로 새로운 사유의 지평을 열었다. 그의 『임천고치(林泉高致)』는 송대 산수화론의 정수라 할 만한 기념비적인 저술이다. 그는 이 책에서 화가란 어떤 존재이며, 회화란 어떤 철학 위에 서야 하는가에 대한 깊은 통찰을 보여주고 있다.

곽희는 자연을 고정된 대상으로 존재하는 것이 아니라, 끊임없이 변화하는 유기체로 보았다. 따라서 그려야 할 대상은 자연의 흐름과 생동감, 그리고 그 안에 깃든 감정이었다.

그는 "산의 모습은 걸음걸음마다 바뀐다."며 자연을 입체적으로 바라볼 것을 요구했다. 이는 곧 시선의 유동성과 감각의 이동을 전제로 하는 회화 구성으로 이어지며, 화면 안에 다양한 시점을 병치하는 삼원법(三遠法)의 탄생으로 이어졌다.

> "산 아래에서 산꼭대기를 올려보는 것을 고원(高遠)이라 하고, 산 앞에서 산 뒤를 내려보는 것을 심원(深遠)이라 하며, 가까운 산에서 먼 산을 바라보는 것을 평원(平遠)이라 한다."

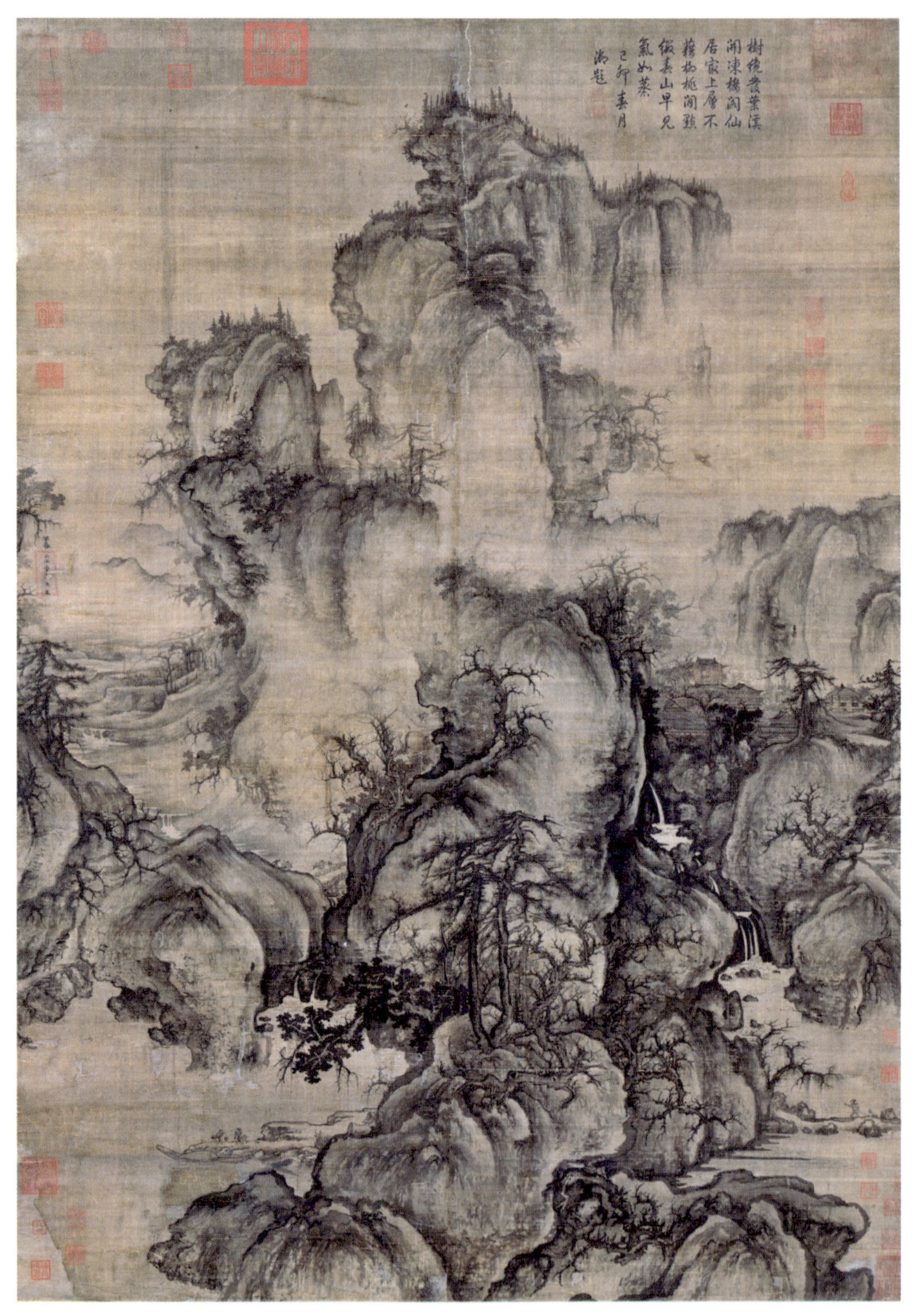

송(宋) 곽희(郭熙), 〈조춘도(早春圖)〉,
비단에 담채, 158.3×108.1cm, 국립고궁박물원(國立故宮博物院, 臺北), @www.npm.gov.tw

서양의 원근법과 다르긴 해도 그가 정립한 앙시(仰視)와 부감시(俯瞰視), 평시(平視)의 원근법은 먹의 농담 조절이 더해지면서 수묵화의 입체적 표현을 가능케 했다.

곽희는 또 "시내와 계곡은 멀리서 바라보아 그 세를 취하고, 가까이에서 관찰해 그 질을 취한다."고 하여, 자연의 '세(勢)'와 '질(質)'을 구분했다. 세는 기세와 흐름이며 질은 물질의 표면과 질감이다. 질감에만 집중해 전체를 보지 못한다면 자연의 생명력은 오히려 손상된다고 본 것이다. 그는 회화를 시각의 기록이 아닌, 감각과 사유의 종합으로 보았다.

그의 이러한 태도는 계절에 따라 변화하는 산의 모습을, "봄 산은 담백하고 부드러워 미소 짓는 듯하고, 여름 산은 푸르러 흠뻑 젖은 듯하며, 가을 산은 맑고 깨끗해 단장한 듯하고, 겨울 산은 어둑하여 잠든 듯하다."는 감정의 전이로 전개된다.

곽희에게 자연은 정서를 비추는 표면이자 인간의 내면이 닿아야 할 공간이었다. 그는 이것을 '의경(意境)'이라 불렀고 그 형성과 완성의 주체를 감정이라 보았다. 자연은 마음이 닿을 때 비로소 의미를 지니는 산수가 된다.

곽희는 자연을 전부 다 그리려는 태도를 경계했다. 그는 많이 보는 것보다 큰 것이 없다며, "정수를 취하고 지엽은 버려야 한다."고 말한다. 여기에는 화가란 수많은 감각의 조각들 속에서 본질을 추려내는 사람이며, 자연을 선택하고 구성하는 창조자라는 생각이 내포되어 있다.

그에게 있이 회화는 곧 '선택의 예술'이었다. 어떤 시선을 남기고 어떤 요소를 생략할 것인가. 그것은 형식의 문제가 아니었다. 화가가 무엇을 중요하게 여기는가, 어떤 감정을 전달하고자 하는가에 대한 태도였다.

이러한 곽희의 관점은 회화가 사실과 다른 것을 그려도 된다는, 예술로서의 자유와 감정의 주체성을 정당화하는 이론적 근거를 제공한다.

"산을 높게 하려면 안개로 허리를 가려야 하고, 물을 멀게 하려면 물결을 다 드러내지 않고 가려야 한다."

투시의 기술을 넘어선 그의 말 속에는 감각을 조절하고 상상력을 불러일으키는 방식으로 화면을 재구성해야 한다는 미학이 깃들어 있다.

곽희의 산수화론은 전통의 맥을 계승하면서도 그 안에 인간의 감정과 주관을 밀도 있게 스며들게 했다. 그는 종병(宗炳), 왕미(王微), 형호(荊浩) 등으로 이어진 사의적 산수화의 계보 위에 서 있었으나, 그 사유를 더욱 체계화하고 실천할 수 있도록 정제했다.

곽희는 자연을 정서의 거울로 보았고 인식과 감정, 철학의 길로 이해하였다. 자연은 그에게 있어 그릴 대상이 아니라 감정을 투사하고 정신을 담아내는 공간이었다. 곽희는 자연을 통해 감정을 그렸고, 그 감정 속에서 자연은 새롭게 태어났다. 그의 그림은 정적인 풍경이 아니라 끊임없이 흐르는 마음의 여울이었다.

4. 기운은 배울 수 없다 _ 곽약허

송대에 들어서면서 회화는 점점 더 깊은 사유의 영역으로 들어갔다. 이 시대 문인들은 그림을 정신의 구현으로 보기 시작했다. 곽약허(郭若虛, 11c 중-후)는 그 중심에 섰던 인물이다.

"기운은 배울 수 없다."(氣韻非師)

그가 저술한 『도화견문지』의 가장 핵심적인 명제는 이 말일 것이다. 그는 사혁이 제시한 육법의 나머지는 배워서 익힐 수 있지만 '기운생동(氣韻生動)'만은 배울 수 없다고 단언했다. 예술의 본질적 속성은 배워서 가질 수 있는 게 아니라고 보았다. 기운생동을 그림 속에 깃든 사람의 인격과 정신, 사유의 깊이를 뜻하는 것으로 받아들였다.

그는 화가의 그림과 화공의 그림, 그 차이점을 기운생동에 찾았다. 기운생동은 '반드시 태어나면서부터 아는 것'이며, '즐기는 마음'(遊心)이 용필로 이어질 때 '신묘한 광채'(神彩)로 나타난다고 보았다.

곽약허는 뛰어난 화가들 대부분이 지식과 교양을 갖춘 사대부 계층이었다는 사실에 주목했다. 그는 "인품이 높으면 기운이 높지 않을 수 없고, 기운이 높으면 생동이 이르지 않을 수 없다."고 말한다. 사유하는 능력에서 비롯되는 기운생동을 사회적 지위나 문화적 교양의 결로 바라본 것이다. 아직은 사회적 신분 질서의 영향에서 벗어나기에는 너무나 이른 시대였다.

곽약허는 또 다른 핵심으로 용필(用筆)의 문제를 거론하며, 필획은 마음에서 비롯되어야 함을 강조했다. "뜻이 붓보다 먼저 있다."(意存筆先)는 장언원의 관점에 동의하면서 거기에서 한 걸음 더 나아가, 형상이 이미 마음속에 자리 잡은 뒤에 붓을 움직여야 한다고 주장했다. 그렇지 못할 때 그림은 병들게 된다며 이를 세 가지의 병으로 정리했다.

> "그림에는 세 가지 병이 있는데 모두 용필과 관계된 것이다. 첫째는 판(版)이요, 둘째는 각(刻)이요, 셋째는 결(結)이다."

'판'은 필력이 얕아 입체감을 잃고 평면적으로 보이는 상태이며, '각'은 마음과 손의 호흡이 어긋나 선이 경직되고 메마른 것을 말한다. 그리고 '결'

은 붓을 거둘 곳에서는 풀고, 풀 곳에서는 막는 운필의 부조화이다. 이 모든 병의 원인을 뜻(意)이 이루어지지 않은 채 붓을 들었기 때문이라고 보았다.

곽약허의 이러한 관점은 회화의 본질을 기법 너머의 정신적 조화로 끌어올린다. 그에게 있어서 그림이란 화가의 사유가 화면 위에 남긴 흔적이었다. 그 흔적 속에 인품과 감정, 그리고 삶의 태도가 배어 있어야 비로소 생동감을 지닌다.

그가 말한 '기운'은 화면에 나타난 형상 아래의 숨결이며 붓끝에서 드러나는 인격의 여운이다. 이것은 문인화가 주장하게 되는 '시·서·화 일치'라는 관념으로 연결되며, 예술을 감상과 표현의 차원을 넘어 자아 수양과 정신의 완성으로 이끄는 사상적 근거가 된다.

아직 문인화라는 개념조차 거론되지 않던 시대였지만 곽약허는 이미 그 바탕을 이루는 정신과 교양, 인격의 미학이라는 씨앗을 뿌렸다. "기운은 배울 수 없다."는 그의 선언은 삶을 대하는 태도와 그림을 둘러싼 근본적인 성찰을 촉구하는 말이었다.

5. 균형을 그리고, 여운을 남긴다 _ 유도순

송대 회화의 흐름 속에서 유도순(劉道純, 11c 중-후)은 정제된 묘사나 자유로운 표현의 어느 한쪽에 서기보다, 그 사이 어딘가에서 예술이 나아가야 할 방향을 조심스럽게 성찰한 인물이다. 그의 『송조명화평』에 담긴 '육요(六要)'와 '육장(六長)'은 그림을 그리고 감상하는 태도 그 자체에 대한 깊은 성찰을 보여준다.

육요는 그림을 바라보는 여섯 가지 핵심 요소이다. 그는 사혁의 육법(六

法)을 염두에 두되, 형호의 이론을 변용하여 자신의 기준을 육요로 정리했다. 그 가운데 가장 눈에 띄는 항목은 마지막 여섯 번째이다.

"스승을 배우되 그 단점은 버려야 한다."(師學捨短)

이 간결한 문장에는 예술가가 갖춰야 할 비판적 수용과 주체적 시선이 담겨 있다. 모름지기 화가라면 전통 속에서 무엇을 지켜야 하고, 무엇을 넘어서야 하는지를 분별할 줄 아는 안목을 갖춰야 한다고 본 것이다.

그러나 유도순의 진정한 미학은 '육장'이란 여섯 조항 속에서 더욱 선명하게 드러난다. 육장은 마치 대립하는 요소들의 나열처럼 보인다.

거칠되 생동감이 있어야 하고
서툴되 법도를 갖춰야 하며
섬세하되 기백이 살아 있어야 하고
괴이하되 이치에 합당해야 하며
필묵이 없어도 형상이 드러나야 하고
평이하고 담백하되 여운이 남아야 한다.

이들 여섯 조항은 하나같이 서로 다른 힘들이 하나의 화면 안에서 어떻게 긴장과 균형을 이루는가를 묻고 있다.

예술은 조화와 충돌의 연속이다. 너무 치밀하면 숨이 막히고 너무 자유로우면 흩어지기 쉽다. 유도순은 그 사이에서 가장 깊은 울림을 줄 수 있는 법을 찾으려 했다. 육장은 형식이나 기법의 차이를 나열한 것이 아니다. 서로 모순되는 힘들이 어떤 방식으로 서로를 견디고 감싸며, 끝내 하나의 아름다움을 만들어 내는지를 탐색한 지침이다.

그는 감정을 지나치게 흘려보내지 않았으며 규범 속에 자신을 가두지도 않았다. 오히려 그림이란 무엇보다도 균형 위에서 피어나야 한다고 믿었다. 그에게 그림이란 눈앞에 그려진 세계인 동시에 그 너머에서 오랫동안 여운으로 남아야 할 예술이었다.

이는 당대의 두 극단적인 회화 경향, 곧 법도와 채색을 숭상하는 궁정 중심의 원체화와 감흥과 개성을 앞세운 문인화의 흐름 속에서 제3의 가능성을 모색한 시도이기도 하다.

육요와 육장은 남송이라는 시대가 필요로 했던 회화에 대한 정제된 윤리였는지도 모른다. 그림은 붓을 운용하는 손의 문제이기 이전에 그림을 바라보는 마음의 문제이고, 결국은 그 시대를 살아가는 사람의 문제이기 때문이다.

6. 시와 그림의 만남 _ 소식의 시정화의론(詩情畵意論)

시와 그림이 서로를 향해 다가간 것은 아주 오래된 일이다.

한대(漢代)에는 초상화를 찬미하는 시, 그림의 주제를 빌려오는 문장이 자연스럽게 병존했다. 당대(唐代)의 시와 그림은 소재의 공유를 넘어 서로의 형식과 감각을 자극하기 시작했다. 송대에 이르면 이 둘은 하나의 여울이 되어 흐르기 시작한다.

그 여울은 소식(蘇軾, 1037-1101)으로부터 시작되었다.

소식은 시·화의 교감을 가장 아름답게 보여준 인물로 당대의 왕유(王維, 699~761)를 꼽으며, 이렇게 말했다.

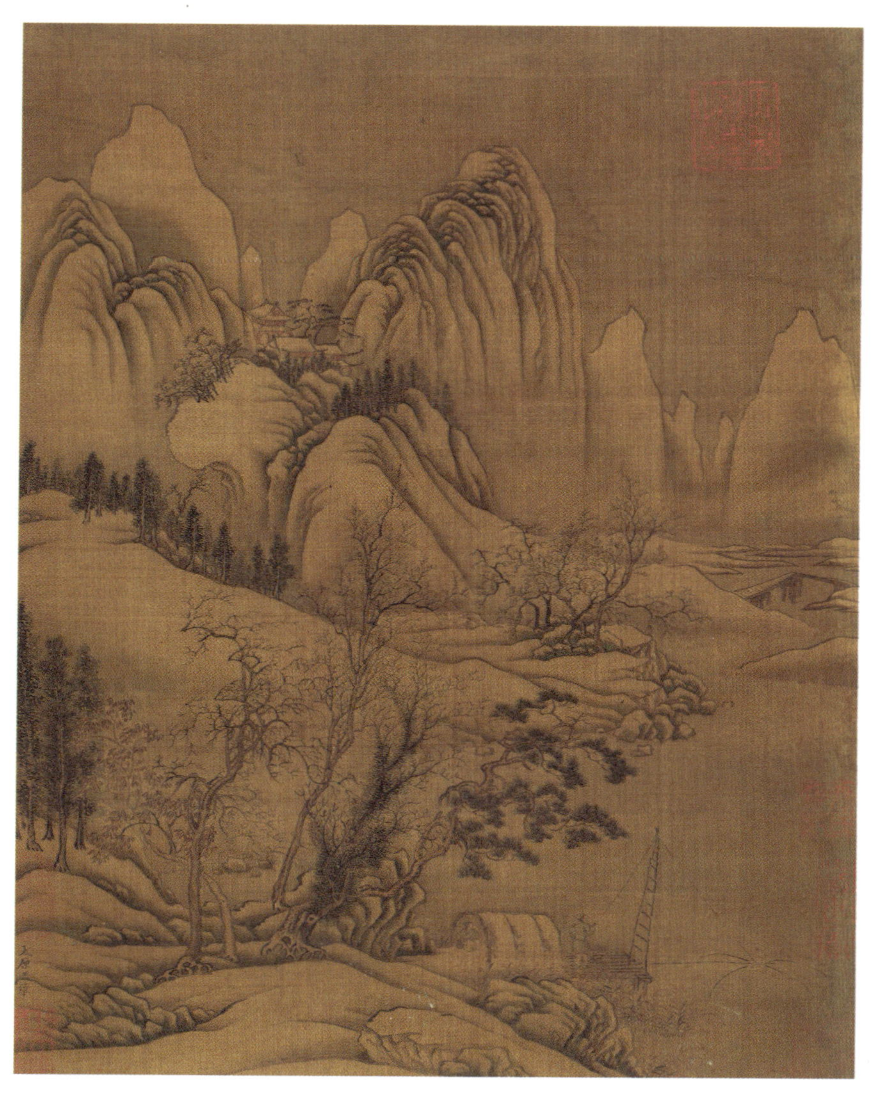

진(傳) 당(唐) 왕유, 〈설경(雪景)〉,
비단에 수묵, 39.4×31.1cm, 국립고궁박물원(國立故宮博物院, 臺北), @www.npm.gov.tw

"왕유의 시를 음미하면 시 안에 그림이 있고, 그의 그림을 바라보면 그림 속에 시가 있다."(詩中有畵 畵中有詩)

시가 한 폭의 그림처럼 공간을 담고, 그림이 시처럼 감정을 품는다고 바라본 이 시선은 소식의 회화론이자 창작론의 출발점이었다. 그는 자신의 시에 대해 "내가 지은 시는 마치 그림을 보는 듯하다."며, 시의 언어 속에 화경(畵境)을 담고자 했다.

그리고 그 감각은 점차 '시정화의(詩情畵意)'라는 예술적 신념으로 다듬어진다. 시는 감정을 담고, 그림은 뜻을 품는다는 이 말은 단순한 수사 이상의 것이었다. 소식이 제창한 '시중유화 화중유시'(詩中有畵 畵中有詩)는 이후 문인화 정신의 핵심 원리로 자리 잡는다.

그동안 시가 그림을 묘사하거나 그림이 시의 내용을 보완하는 방식이었다면, 이제 시와 그림은 하나의 미학적 경계를 공유하는 새로운 언어가 되었다. 이들 두 언어가 공통으로 도달한 지점은 '의경(意境)'이었다.

회화는 이제 언어와 선, 여백과 침묵이 함께 어우러져 다가왔다. 눈앞의 화면 그 너머에 있는 정서와 사유의 공간까지도 전달할 수 있게 되었다.

소식은 문인화의 사상적 기초를 다진 이론가이자 실천가였다.

그는 대나무를 자주 그렸는데, 대나무를 관찰하는 태도 또한 혀를 내두를 만큼 집요했다.

"가슴 속에 이미 한 그루의 대나무가 있어야 한다."

그는 대나무를 그리되, 아래에서부터 위로 단 한 번의 붓질로 그린 뒤 점을 찍어 마디를 이루었다. 싹이 솟을 때부터 이미 마디가 형성되어 있는 대나무의 특성을 사실대로 그리기 위해서였다.

이렇듯 그는 문인의 정신이 그림으로 피어나는 방식을 스스로 증명했다. 그는 시와 그림이라는 장르적 경계를 지우고, 예술의 본질을 '정신'과 '의취'

라는 공통된 감각으로 포착했다.

그는 누구보다도 그림을 깊게 이해했고 더 넓은 예술의 길 위에서 시와 그림이 만나는 자리를 미리 밝혀 두었다. 그의 '시정화의론'은 그렇게 문인화라는 정신의 풍경 속에 시처럼 잔잔한 울림으로 남았다.

이러한 관점은 이후 원·명·청으로 이어지는 문인화의 형식과 정신에 결정적인 영향을 미쳤다. 시 없이 그림이 있을 수 없고, 그림이 시처럼 말을 걸 수 있어야 한다는 소식의 사유는 문인화가 수묵에서 정신으로 이행하는 근본 동력이 되었다.

7. 형을 버리고 뜻을 좇다 _ 신사론(神似論)

송대는 외형의 유사성을 중시하는 형사(形似)가 서서히 힘을 잃고, 내면의 정신 표현을 우선하는 신사(神似)가 전면에 대두된 시대이다. 그 전환의 중심에는 문장가이자 사상가였던 소식(蘇軾)이 있었다.

신사란 무엇을 그렸는가보다 무엇이 깃들었는가를 묻는 것이다. 이 개념은 송대 이전에도 존재했다. 동진의 고개지가 '전신(傳神)'을 이야기한 이래, 회화는 눈에 보이는 형상 그 너머에 있는 정서와 인격, 그리고 세계관을 담아야 한다는 사유는 천천히 자리를 잡아왔다. 그러나 그것이 시대의 주류 미학으로 자리매김한 것은 송대에 이르러서였다.

그 변화의 첫 서사는 구양수(歐陽脩, 1007-1072)로부터 시작된다. 그는 "쓸쓸하고 담박한 것, 이것은 그리기 어렵다."며 정서를 표현하는 일이야말로 화가에게 가장 고된 과제라고 보았다. 달리는 말의 기세나 사슴의 생동감은 쉽게 그릴 수 있다. 하지만 조용한 물가의 정적이나 흐르는 안개의 여운은 결코 쉽게 옮겨지지 않는다.

구양수는 옛 그림은 "뜻을 그리되 형은 그리지 않았다."며, 그리는 사람이 "형을 잊고 뜻을 얻어도" 이를 알아보는 사람이 없다고 아쉬워한다. 화가가 '뜻을 얻었다'는 것은 그림에 신사가 드러났다는 말이다. 신사에 대한 그의 생각을 알 수 있다. 그가 추구하는 회화의 이상은 형을 넘어 뜻에 도달하는 것이었다.

심괄(沈括, 1031-1095) 또한 이러한 관점을 지지했다. 그는 "글씨와 그림의 묘는 반드시 정신으로 깨달아야" 하며 형상으로는 구하기 어렵다고 했다. 마음으로 느껴야 비로소 그 깊이에 도달할 수 있다고 본 것이다.

이처럼 송대에는 형상을 넘어 정신을 추구하려는 회화론이 점차 힘을 얻었다. 그러나 '신사'를 중시한 가장 대표적인 인물은 누가 뭐래도 소식이었다.

> "사대부의 그림(士人畵)을 보는 것은 마치 천하의 명마를 고르는 듯해, 그 의기(意氣)가 이르는 바를 취한다."

이에 반해 화공의 그림은 털가죽이나 채찍, 구유나 여물처럼 피상적인 요소만 취하고 있다며 신랄하게 비판한다. 소식에게 있어 회화는 붓을 빌려 피어난 문인의 내면세계였다.

한편 그가 무심코 내뱉은 '사인화(士人畵)'는 뒷날 '문인화'란 용어가 탄생하는 시발점이 되었다. 사인화는 곧 문인 품격의 발현이며 사유의 흔적이자, 감정의 투사였다. 그것은 화가라는 존재가 세계와 자신을 어떻게 마주하는가에 대한 철학적 태도였다.

이러한 신사의 미학은 이후 원·명·청대를 거치며 문인화의 중심 이념으로 자리 잡는다. 기교보다 뜻을 좇고 형상보다 정신을 그리는 그림, 그것은 문인화가 추구한 가장 순수한 이상이었다.

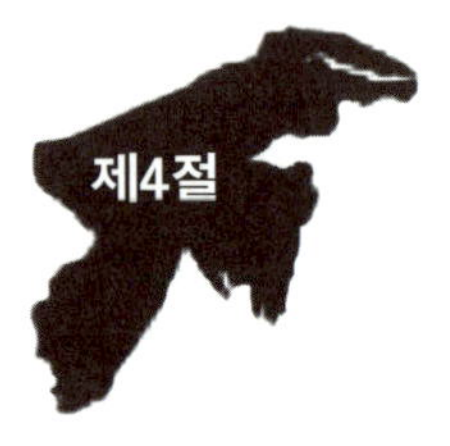

원대의 화론

뜻을 따라 붓을 세우다

—

중국 회화사에서 원대(元代, 1264-1368)는 예술적 감각과 철학의 방향이 근본적으로 전환된 시기로 볼 수 있다. 당대의 기교, 북송의 법도, 남송의 형상을 지나 원대는 마침내 '정신(意)'을 향한 사유의 세계로 들어간다.

원대의 회화는 이전 시대의 도식적 구도와 형식에서 벗어나 한층 더 내면을 향한 시적 감흥과 철학적 깊이를 추구했다. 남송 말기에 이르러 쇠퇴한 인물화의 자리를 대신한 것은 자연과 정물, 곧 산수화와 화조화였다. 그러나 이들 역시 외양의 재현이 아니라, 화가의 정신을 담아내는 '의경(意境)'의 장으로 변모했다.

원대의 화가들은 전통의 계승자이자 해체자였다. 조맹부(趙孟頫, 1254-1322)는 서와 화가 궁극적으로 같은 길 위에 놓여야 한다는 '서화동원(書畫同源)'의 이론을 다시 끌어올렸다. 예찬(倪瓚, 1295-1370)은 거침없는 붓의 운용으로 단 한 획에 작가의 품격과 의지를 담았으며 왕몽, 오진, 황공망 같은 문인 화가들 또한 더 이상 시·서의 권위에만 머물지 않았다. 이들 원사대가(元四大家)의 그림은 정신과 사유의 깊이로 시대의 감각을 대변했다.

청대의 왕원기(1642-1715)나 운격(1593-1655) 등이 원사대가의 작품이 운(韻)과 필묵이 뛰어나다고 찬탄한 것도 이 까닭이었다. 그들은 원대의 문인화에서 고요한 정신의 결을 읽어내고 그윽한 여운 속에서 '뜻을 그린다는 것'의 진정한 무게에 감탄했다.

원대 회화는 문인 정신의 새로운 실험장이 되었다. 회화가 지닌 표현의 무게 중심이 완전히 '내면'으로 기울기 시작한 것이다. 전통을 익히되 다시 쓰고, 필법을 따르되 자신을 잊는 이 경지는 단절이 아닌 정제와 재창조의 미학 위에서 이루어졌다.

이 시대를 살아간 화가들은 붓을 들기 전 이미 사유하고 있었고, 그 사유는 형상 너머의 품격과 울림으로 이어졌다. 그렇게 원대 회화는 예술을 감각의 세계에서 정신의 세계로 이끄는 길목이 되었다.

1. 옛것을 좇아 새로움을 그리다 _ 조맹부

조맹부(趙孟頫, 1254-1322)는 원대 예술의 흐름 속에서 예술의 본질을 묻는 사유의 중심에 있던 인물이다. 그의 그림에는 통찰과 품격이 깃들어 있었고, 그가 남긴 '고의론(古意論)'과 '서화용필동법론(書畵用筆同法論)'은 이후 문인화 정신의 기틀이 되었다.

"그림을 그리는 데는 고의(古意)가 있는 것을 귀하게 여기니, 만약 고의가 없으면 비록 공교하다 하더라도 이익 되는 것이 없다."

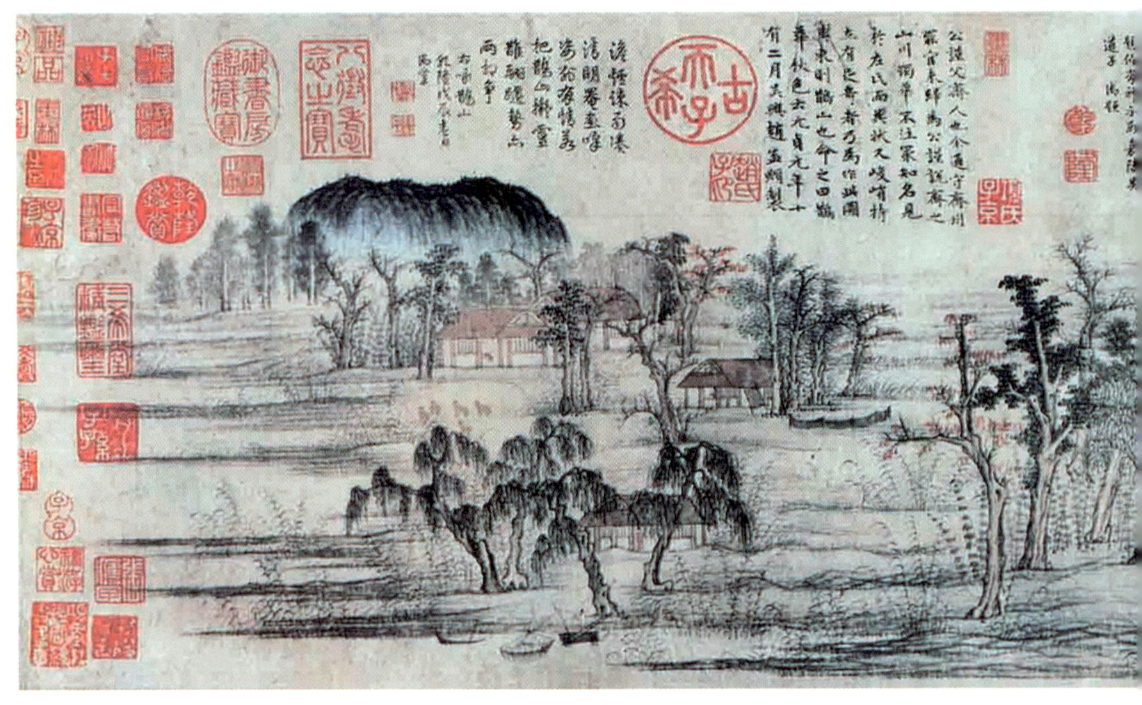

조맹부가 말한 '고의', 곧 옛 뜻을 따른다는 것은 단순하게 과거의 형식을 따른다는 뜻이 아니다. 그는 당대(唐代)의 화풍을 이상으로 삼았다. 하지만 그것은 정신의 계승이었지 형식을 되풀이하는 것이 아니었다. 옛 정신을 지금 이곳으로 끌어와 다시 살아 숨 쉬게 하는 일이었다. 그에게 있어 복고는 되풀이가 아니라 되살림이었다.

그는 고의가 흐트러진 채 이어지는 예술의 공허함을, "고의가 이지러지면 온갖 병이 마구 생기니" 어찌 볼 수 있겠느냐며 경계했다.

한편, 그의 '서화용필동법론'은 더욱더 근원적인 예술관을 드러낸다. 조맹부는 글씨와 그림이 같은 필법에서 비롯된다고 보았다. 그 대상이 무엇이

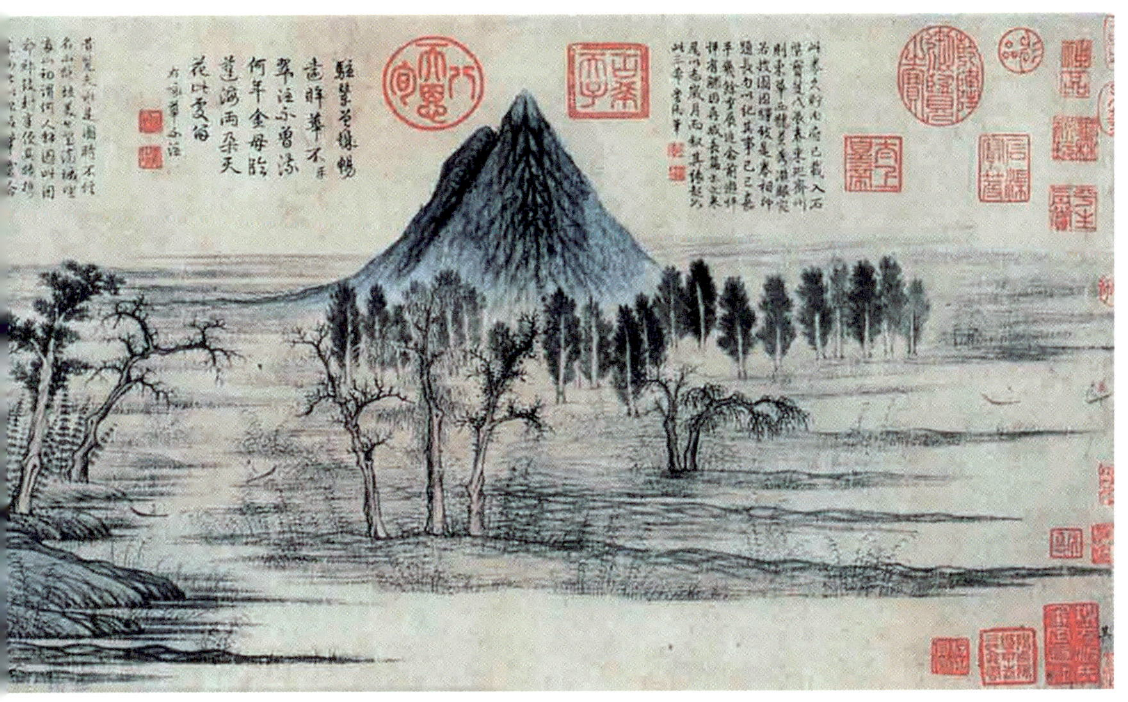

원(元) 조맹부(趙孟頫), 〈작화추색도(鵲華秋色圖)〉,
종이에 담채, 28.4×93.2cm, 국립고궁박물원(國立故宮博物院, 臺北), ©www.npm.gov.tw

든 예술의 근간은 붓의 움직임에 담긴 정신이라 여겼다. 흥미로운 것은 이러한 주장이 조맹부만이 아닌, 당시 문인화가들의 경험과 사유가 응축된 자취였다는 것이다.

특히 대나무 그림의 필법을 구체적으로 적시한 가구사(柯九思, 1312-1365)의 『죽보(竹譜)』는 그의 이론에 근거가 되었다. 줄기를 그리는 데는 전서(篆書)법을 쓰고 가지를 그리는 데는 초서법, 잎사귀를 그리려면 영자팔법(永字八法)을 써야 한다는 『죽보』의 설명을 조맹부는 다음과 같은 논리로 발전시켰다.

"바위는 날아갈 듯 밝아야 하고, 나무는 전서로 그리며, 대나무는 팔법(八法)을 통해야 한다."

당대(唐代)의 장언원은 고개지와 육탐미의 필법에서 서·화의 근원이 같다고 논한 바 있다. 송대(宋代)의 곽희 또한 "그림의 용필은 서법에서 취할 수 있다."고 말했다. 하지만 조맹부는 그것을 더 멀리 확장했다. 그들은 인물화와 산수화의 용필법이 같다고 말했을 뿐이지만, 조맹부는 죽석(竹石)과 화훼 등 모든 대상을 동일한 필법으로 그릴 수 있다고 주장한 것이다.

수묵화의 구조와 본질에 대한 통합적 인식이 아닐 수 없다. 그의 이러한 주장은 동시대는 물론 후대에도 큰 영향을 주었다.

청대(淸代)의 동계(董誡, 1772-1844)는 "글씨가 이루어지고 나서 그림을 배우면, 체가 달라져도 법은 바뀌지 않는다."며 조맹부의 이론에 깊이 공감했다. 조선 말기의 추사 김정희(1786-1856)가 "난을 치려면 붓을 세 번 굴려야 한다."며 삼전법을 강조한 것도 같은 맥락이다.

물론, 조맹부에 대한 비판도 없지는 않다. 그의 주장이 필묵의 형식을 고착화시켜 회화를 현실과 멀어지게 했다는 지적이 그것이다. 그러나 그가 말한 용필법은 필묵의 기법만을 지칭한 게 아니었다. 그는 붓의 움직임 속에 뜻을 담고자 했다. 화가의 품격에서 비롯되는 이 정신이야말로 문인화의 근본이라고 보았다.

이러한 조맹부의 주장은 시대를 건너며 오랫동안 문인화 화법의 지침이 되었다. 그리고 후대 문인화가들의 손끝에서 다시 피어나곤 했다.

2. 품격을 그린다 _ 전선

전선(錢選, 1235-1301)은 조맹부와 더불어 원대 문인화를 대표하는 인물이다. 그러나 삶의 행로는 사뭇 달랐다. 조맹부는 조정의 부름에 응해 궁정에 나아갔지만, 전선은 끝내 벼슬길을 거부하고 재야의 길을 택했다. 그림에도 둘은 문인화의 정수를 탐구하며 종종 그림의 본질을 묻고 답하며 교류를 나눈 듯하다.

명대(明代) 동기창(董其昌, 1555-1635)의 『용대집』은 다음과 같은 일화를 전한다. 두 대가가 그림의 도(道)를 논하다가 조맹부가 "무엇을 사기(士氣)라 하느냐?"고 전선에게 물었다. 그러자 전선이 답했다.

> "예체(隸體, 예서)일 뿐이요, 화가는 능히 이를 분별할 줄 알아야 합니다. 또한 세상에서 구하는 것이 없고 칭찬과 비난으로 마음이 흔들리지 않아야 합니다."

전선은 참된 그림이 반드시 갖추어야 할 것으로 두 가지를 들고 있다. 첫째는 서예의 필법에 기반한 붓놀림이고, 또 하나는 세상일에 흔들리지 않는 맑고 고고한 인품과 정신이다. 이 두 요소가 결여된 그림은 문인의 그림이라 부를 수 없다고 단언했다.

전선의 이러한 견해는 필법이 회화의 근간이 되어야 한다고 했던 조맹부의 서화용필동법론과 많은 공통점을 가진다. 하지만 조맹부가 회화 전반에 적용되는 이론적 기초를 논했다면, 전선은 오직 문인화라는 장르 안에서 화가 개인이 완성해야 할 필법과 정신의 결을 강조한 셈이었다.

이러한 '사기(士氣)' 개념은 후대 문인화에 많은 영향을 미쳤다.

특히 동기창은 이를 계승하여, "선비가 그림을 그릴 때는 반드시 초서나 예서의 필법으로 그려야 한다."며 한층 더 노골적으로 서법의 형식에 무게를 두었다. 그는 속된 기운을 제거할 때 곧 사기를 이루며, 그렇지 않으면 품격이 있더라도 "마귀의 세계에 떨어져 구제할 길이 없다."고까지 말했다.

전선이 말했던 '맑고 고고한 정신'은 사라진 채 형식만이 남은 모습이었다. 그러자 이에 대한 반론도 뒤따랐다.

청대(淸代)의 장경(張庚, 1685-1760)은 사기란 건필(乾筆)* 이나 담묵(淡墨)** 처럼 형식으로 가늠할 수 있는 것이 아니며, 채색을 했다고 해서 환쟁이의 그림이 되는 것은 아니라고 지적했다. 그는 "그림의 품격은 붓 자취가 아니라 뜻(意)에 있다."며 전선이 주장했던 고결한 정신을 강조했다.

전선의 사기론은 단순히 서법만을 논한 것이 아니다. 그는 형식 속에 깃든 정신, 그리고 화가의 인품이 드러나는 그림을 진정한 문인화라 보았다. 다만 조맹부가 필법이라는 형식에 보편성을 부여했다면, 전선은 그 형식을 감당할 수 있는 사람의 품격을 먼저 물은 셈이었다.

이렇듯 전선은 화가의 정신적 품격, 곧 '사기(士氣)'라는 개념에 주목했다. 그러나 바로 이 점이 후대의 비판을 가져왔다. 그가 말한 '맑고 고고한 정신'은 하나의 미덕일 수는 있어도 그것만으로 예술의 가치를 규정할 수는 없기 때문이었다. 예술의 품격이 인격의 반영이 될 수는 있어도 그 인격이 '누가 문인인가'를 재단하는 잣대가 될 때, 그것은 또 하나의 경계로 작동하게 된다.

---

* **건필** 먹을 적게 묻혀 처음부터 거칠고 마른 듯하게 표현하는 기법. 갈필이 우연성이 강하다면 건필은 의도적인 기법이다.

** **담묵** 옅은 먹으로 은은함과 여백의 미를 살리는 표현 기법. 문인화 특유의 절제와 고아한 정신을 잘 드러낸다.

조맹부의 이론이 널리 계승된 것과 달리 전선의 사기론은 문인화가 번성하던 한 시기를 지나자 이내 수그러들고 말았다. 그가 품었던 이상은 높았지만, 그 이상이 그림을 넘어 사람을 논하는 것으로 변질되면서 그 스스로 외면의 대상이 된 것이다.

3. 붓의 흔적과 마음의 기운 _ 예찬

예찬(倪瓚, 1301-1374)은 원대 문인화의 고요한 봉우리처럼 존재하는 인물이다. 그의 그림은 조용하고 소박하지만 그 안에는 깊은 사유와 품격이 스며 있다. 그는 대상의 외형보다는 마음의 기운을 그리고자 했다. 그 마음은 늘 형상보다 앞서 붓끝에 가 있었다.

예찬은 그러한 자취를 '일필론(逸筆論)'과 '일기론(逸氣論)'으로 남겼다. 일필은 '붓의 움직임'에 대한 논의이고, 일기는 '마음의 흐름' 곧 기운에 대한 이야기다. 예찬은 이 둘을 서로가 감싸는 관계로 보았다. 하나는 손에서 비롯되고 다른 하나는 가슴에서 우러나지만 이 둘이 다르지 않다고 보았다.

> "제 그림이라는 것은 일필로 대략 그려 형사를 구하지 않고, 오직 스스로 즐기는 것에 불과할 뿐입니다."

그가 보낸 편지의 한 구절이다.

'일필'이란 정확한 묘사에 치중하지 않고 자연스러운 흐름을 따르는 붓질이다. 군더더기 없는 간결한 붓놀림과 그 안에 깃든 긴장과 여백, 그의 그림은 말없이 흘러가는 물줄기처럼 형상은 흐릿하지만 기운은 또렷하다.

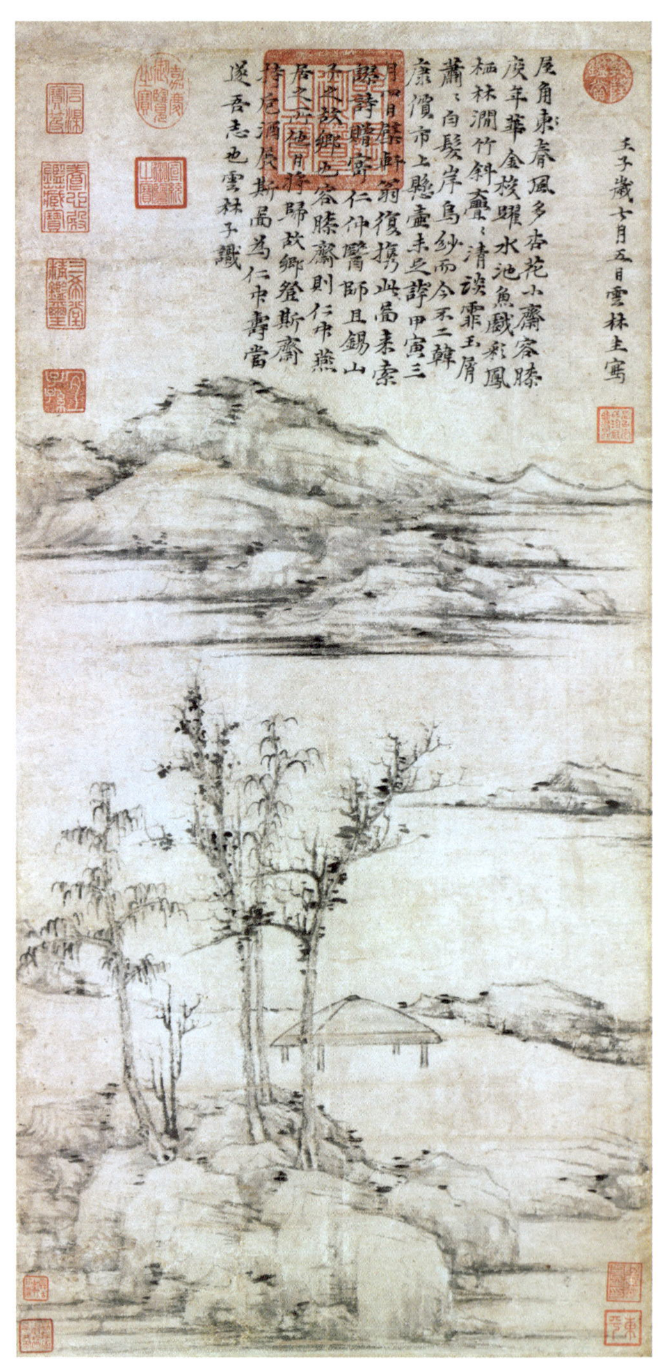

원(元) 예찬(倪瓚),
〈용슬재도(容膝齋圖)〉,
종이에 수묵, 74.7×35.5cm,
국립고궁박물원(國立故宮博物院, 臺北),
@www.npm.gov.tw

'일기'는 더욱 내면적인 개념이다.

"나의 대나무는 오직 가슴속의 일기를 그린 것일 뿐이다. 어찌 그 닮음과 닮지 않음, 잎의 무성함과 성김, 가지의 기울고 곧음을 비교하겠는가?"

그는 자연의 외양을 재현하기보다 그것을 바라보는 자신의 감흥과 기운을 표현했다. 닮고 안 닮고는 개의치 않았다. 중요한 것은 그 순간의 마음이 화면에 스며들었는가였다.

물론 이러한 사유가 그만의 독창적인 태도는 아니다. 원대 문인화가 걸어간 정신적 방향과 맞닿아 있다. 원대는 남송의 궁정 화풍을 벗어나 북송의 동원과 거연의 문인화 전통을 되살렸다. 그리하여 절제되고 내면적인 산수 표현을 추구했다. 황공망(黃公望, 1269-1354)은 "바위 구멍, 돌 하나를 그리더라도 마땅히 일묵(逸黙)으로 시원하게 쳐서 선비다운 풍격이 있어야 한다."고 했는데, 이는 곧 예찬의 일필, 일기의 정신과도 통한다.

예찬의 붓놀림은 측봉(側鋒)* 을 주로 사용하여 부드럽고 여린 선으로 대상을 그려냈다. 때로는 건필(乾筆)로 먹의 번짐과 갈라짐을 이용하여 여운을 남기기도 했다. 이처럼 한 줄기 선에도 의기(意氣)가 서려 있었고 그 안에는 고요한 결단과 품격이 배어 있었다.

예찬의 일필과 일기는 구양수와 소식 등 선대 문인들의 사유를 받아들여

---

* **측봉** 붓끝을 비스듬히 눕혀 한쪽 면으로 움직이도록 하여 선의 굵기와 농담, 굴곡 등에 변화를 주는 기법. 이와 달리 붓끝을 획의 정중앙에 두어, 균형 있고 힘찬 선을 얻는 기법을 중봉(中鋒)이라 한다.

그것을 가장 정제된 방식으로 구현한 개념이었다. 예찬의 그림은 화폭을 가득 채우기보다는 비워내며 말하고, 붓이 머문 자리마다 기운이 남아 있는 듯한 여운을 남긴다. 붓은 지나갔어도 마음이 남아 있는 것, 그것이 바로 예찬의 그림이 남긴 길이었다.

예찬의 이러한 화풍은 원대에만 머물지 않았다. 그의 간결한 필선과 절제된 묘사는 명대 문인화가들의 이상이 되었고, 나아가 조선 후기 문인화에도 깊은 자취를 남겼다. 조선의 문인들은 예찬의 그림에서 형상 너머의 여운을 느꼈고 그것을 사의(寫意)의 이상으로 삼았다.

겸재 정선은 화조나 대나무 같은 소재를 그릴 때면 예찬의 방식처럼 군더더기 없는 구성과 단묵의 미감을 따르려 했으며, 표암 강세황은 그를 '문인의 기풍이 가장 높은 화가'라 평하였다. 추사 김정희 또한 자신의 그림에서 자주 예찬의 산수 구도와 묵법을 참조하였고, 그를 '심원한 품격의 경지에 도달한 인물'로 높이 평가했다.

그에 대한 이러한 평가는 단순한 화법의 계승에서 그치지 않았다. 예찬이 추구했던 정신, '마음의 기운이 그림을 움직인다'는 태도는 조선 문인화의 미학적 바탕이 되었다. 그리고 그것은 다시 한국 회화의 정서와 미감을 형성하는 자산으로 작용했다.

4. 마음속의 대나무를 그린다 _ 이간

원대는 대나무를 가장 많이 그린 시대였다. 열 명의 화가 중 셋, 혹은 다섯까지도 대나무를 그렸다는 기록이 전할 만큼 이 시기의 대나무는 회화의 소재를 넘어 특별한 의미를 지닌 물상이었다. 회화사에서 하나의 소재에 이

토록 집중한 사례는 없을 만큼 묵죽의 유행은 그 자체로 주목할 만한 미학적 현상이기도 했다.

이 같은 흐름은 크게 두 갈래에서 비롯되었다. 하나는 몽골의 지배를 받던 시대적 여건으로, 한족 화가들에게 현실에 대한 직접적 비판이나 고사(高士) 인물의 묘사는 피해야 할 주제였다. 따라서 자연 속 경물을 빌려 자신의 정서와 의지를 우회적으로 드러낼 수밖에 없었다. 또 하나는 문인화가들의 자각이었다. 이들은 대나무의 맑고 곧은 성품을 자신의 인격에 비추어 보았고 그것을 그려냈다. 대나무를 자신들의 가장 적합한 자화상이자 이상으로 삼았던 것이다.

이간(李簡, 1245-1320)*은 이 흐름의 한가운데에서 대나무를 가장 깊이 사유한 화가이자 이론가였다. 그는 오랜 체험과 통찰 속에서 묵죽(墨竹) 그리는 방법을 정리하여 한 권의 화론서에 담았다. 그것이 바로 『죽보상록(竹譜詳錄)』이다. 이 책은 미학적 담론뿐만 아니라, 대나무 그림을 처음 배우는 이를 위한 실용적 지침으로 더욱 유명하다.

이간은 송대의 문동과 소식이 강조한 의존필선(意存筆先), 곧 "붓보다 먼저 마음속에 대나무가 있어야 한다."는 사유를 계승하면서 여기에 실천적 지침을 덧붙였다. 문동이 원칙을 말했다면 이간은 실천의 길을 연 것이다.

"마디 하나, 잎사귀 하나라도 법도 가운데 뜻을 두어 자주 익히고 오랫동안 힘을 쌓으면, 배우지 않은 자라도 가슴속에 대나무가 이루어지

---

* **이간** 이간은 가구사(1312-1365)와 함께 원대 초중기 화죽론을 완성한 인물이다. 이간이 가구사에 비해 반세기 정도 앞세대 인물이란 점에서, 가구사가 『죽보상록』의 주요 사상을 요약하여 『죽보』를 쓴 것으로 추정하기도 한다.

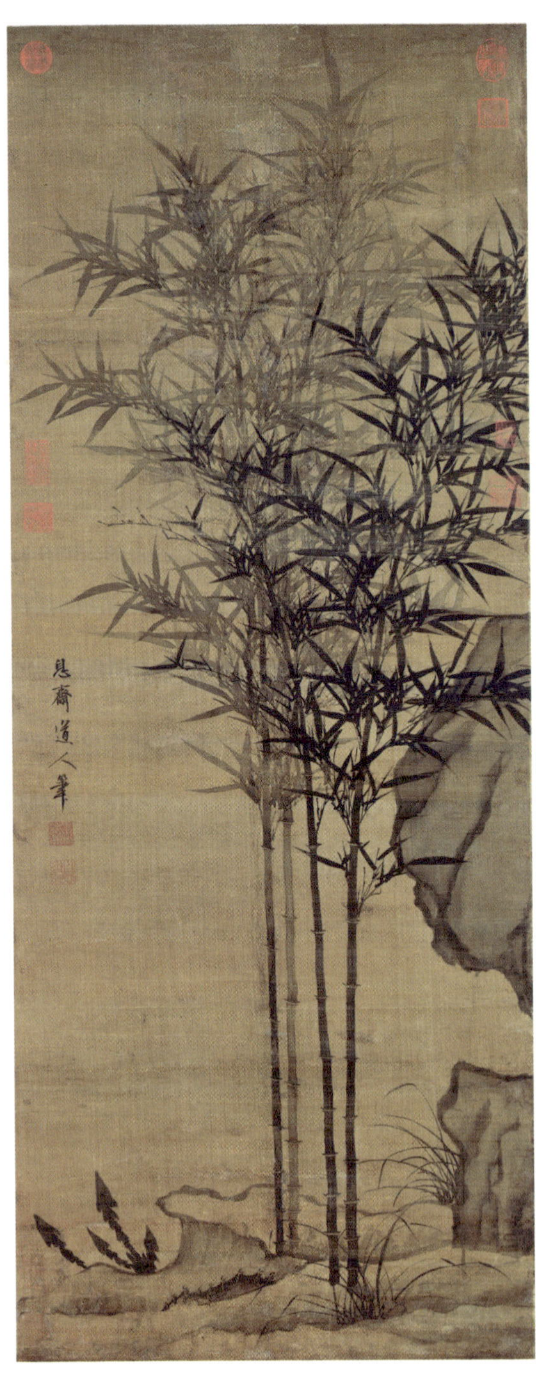

원(元) 이간(李簡),
〈사계평안도(四季平安圖)〉,
비단에 수묵, 131.4×51.1cm,
국립고궁박물원(國立故宮博物院, 臺北),
@www.npm.gov.tw

게 된다."

이간은 대나무를 그리는 데 있어서 '법도'를 무엇보다 중시했다. 시작은 반드시 기본기에서 출발해야 하며 마디 하나, 잎사귀 하나조차 자연의 이치를 따르도록 훈련해야 한다고 강조했다. 그러나 그것은 형식의 반복만을 의미하지 않는다.

"처음에는 구속됨이 있더라도 시간이 지나면 법도 밖의 경지에 이를 수 있다."

그가 요구했던 반복된 습작은 유법(有法)에서 무법(無法)으로, 곧 법을 넘어서기 위한 훈련이었다.

그는 또한 경영위치(經營位置, 화면의 구성)를 매우 중시했다. 하지만 그는 정답을 제시하기보다 열 가지 오류를 조목조목 짚어낸 뒤, 나머지는 각자의 감각과 기품으로 해결해야 한다고 덧붙인다.

땅에 박히거나 하늘로 치솟는 구도, 균형을 잃은 가지, 지나친 대칭과 평면적인 화면, 앞뒤가 어긋난 잎의 배열 등의 열 가지 오류는 결국 '자연스럽지 않음'으로 수렴된다. 그것은 마음속에 대나무가 그려지지 않았기 때문에 생겨난 조화의 부재였다.

그는 먹의 농담 조절, 붓 운용의 시작에서 끝까지 기운이 흐르게 하는 방법 또한 상세히 다뤘다. 특히 마디를 그릴 때는 "위의 한 마디가 아래의 마디를 덮고, 아래는 위를 받쳐 이어야 하며, 비록 중간이 끊어졌더라도 도리어 이어지는 듯한 뜻이 있어야 한다."고 했다. 그림 속 생명의 흐름을 강조한 것이다.

이간의 화론은 의경(意境), 곧 마음이 머무는 경지를 대나무라는 소재 안에서 구현하는 길을 안내한다. 엄격한 훈련을 강조하면서도 그의 궁극은 자유로운 표현에 있다. 그렇게 『죽보상록』은 실용적이면서도 철학적인 지침이 되었고, 이후 명·청대를 거치며 대나무 그림의 교과서처럼 인용되기에 이르렀다.

그리고 대나무를 그리는 일은 곧 마음을 그리는 일이 되었다.

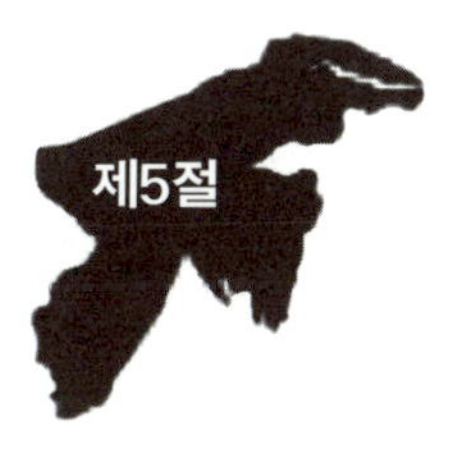

명대의 화론

전통을 바라보는 두 개의 시선

—

명대(明代, 1368-1644)의 회화는 전통을 계승하면서도 그 경계를 다시 그려나간 시대였다. 송대와 원대를 지나며 축적된 미학의 유산은 더 이상 하나의 방향으로 수렴되지 않았다. 명대의 화가들은 오히려 다양한 해석과 실험을 통해 전통을 다시 바라보는 여러 개의 시선을 가질 수 있었다.

명초(明初)의 화가들은 남송의 화풍으로 되돌아갔다. 원대 문인화의 정신이 시대의 흐름을 이끌고는 있었지만, 궁정 화원의 부활과 함께 마원과 하규로 대표되는 원체화의 전통이 되살아났다. 비록 남방의 산수를 받아들였다고 해도 절제된 구성, 정밀한 필묵을 특징으로 하는 그들의 화풍은 '절파(浙派)'라 불리는 흐름을 형성했다. 절파의 미학은 다시 한번 '잘 그리는 것'의 가치를 복원하고자 했다. 그림은 다시 화원과 장인의 세계로 돌아가는 듯 보였다.

그러나 문인화가들은 이 흐름을 받아들이지 않았다. 그들은 원대 문인화의 정신을 다시 끌어올렸고, 필묵의 운용과 개인의 내면을 중시하는 회화를 주장했다. 심주(沈周, 1427-1509), 문징명(文徵明, 1470-1559)으로 대표되는 '오파(吳派)'는 시·서·화가 어우러진 문인의 예술을 되살리고자 했다. 이 둘의 대립은 화풍의 차이를 넘어 직업 화가와 사대부 화가, 궁정과 서재, 장식과 사유, 기술과 정신 사이에 긴장을 불어넣었다.

이 긴장은 후일 동기창(董其昌)의 '남북종론(南北宗論)'이라는 이론의 틀로 체계화된다. 그는 문인화의 정신이 북종의 기교와는 다른 남종의 내면성과 연속되어야 한다고 주장하며 회화를 인격과 사유의 산물로 보았다. 이는 회화의 비평 기준을 기술에서 품격으로 이동시키는 결정적 전환이 되었다.

명대 중기의 회화는 자유로운 표현으로 눈길을 끈다. 특히 화조화에서 화공들의 세밀한 표현 대신 감정의 흐름을 따르는 사의(寫意)의 경향이 두드러지게 나타난다. 진순(陳淳)과 서위(徐渭)는 이를 대표하는 화가이다. 특히 서위는 획을 던지듯 뿌리는 대담한 묵법을 통해 억압된 현실을 돌파하려는 정신세계를 드러냈다.

명대 말기로 가면 더욱 다채로워진다. 진홍수(陳洪綬)는 고전문학을 그림의 주제로 삼아 인물화에서 새로운 표현의 가능성을 실험했다. 『초사』·『서상기』·『수호전』의 세계를 독특한 필치와 과장된 형상으로 재해석하며 회화의 주제와 형식을 확장시켰다.

명대는 화론의 시대이기도 했다. 그러나 독창적인 이론은 그다지 많지 않았다. 그럼에도 왕려(王履)의 『화산도서(華山圖序)』, 이개선(李開先)의 『중록화품(中麓畫品)』, 그리고 동기창의 미학 이론은 이후 중국 회화의 기준점이 되었다. 동기창은 특히 '사조화(師造化)'* 와 '사고인(師古人)'** 의 문제를 놓

---

* **사조화** 자연(造化)을 스승으로 삼아, 자연의 기운(氣韻)과 도(道)를 체득하는 것.

** **사고인** 옛사람을 스승으로 삼아, 명가(名家)의 그림을 배우고 그 전통을 잇는 것.

고 새로운 기준을 제시했는데, 그의 이론은 명말 청초 화단에 지속적인 영향을 주었다.

명대 회화는 하나의 길이 아니라 여러 개의 길로 나아갔다. 전통을 복원하고자 하는 움직임과 전통에 질문하는 태도가 동시에 존재했고 형식과 정신, 화원과 문인, 기법과 사유가 서로를 밀고 당기며 새로운 흐름을 만들어 갔다. 이러한 다양성과 긴장은 명대 회화를 풍성하게 만들었다. 전통을 바라보는 두 개의 시선이 공존했던 시대, 명대는 그 겹침 속에서 자기 시대의 예술을 써 내려갔다.

1. 진짜 산을 그린다는 것 _ 왕리

명초의 궁정 화원은 체제나 규모에 있어 송대 못지않은 조직력을 자랑했다. 하지만 그 예술적 깊이는 오히려 시대의 흐름에 뒤처졌다. 전통의 외피만 남긴 채 그 안을 채우는 정신은 희미해졌다. 그림은 점차 삶의 온기로부터 멀어진 채 장식물로 머물게 되었다.

왕리(王履, 1332-?)는 이러한 시대의 흐름에서 전환을 시도한 인물이다. 그는 원래 마원과 하규의 화풍을 배웠다. 그들의 화풍에 대해, "거칠되 속되지 않고, 정교하되 지나치게 곱지 않다."며 존중했던 왕리의 마음이 바뀐 것은 실제의 산수를 본 뒤였다.

1373년, 쉰을 넘긴 나이에 왕리는 화산(華山)* 으로 향했다. 그는 산을 마

* **화산** 중국 산시성(陝西省)에 있는 험준하고 기이한 산세로 유명한 산. 오악 중 서악(西岳)으로 불린다.

주하면서 자연의 웅장함과 리듬, 그 생명의 호흡을 비로소 온몸으로 체험한다. 그리고 그 깨달음의 결과를 40폭에 이르는 〈화산도(華山圖)〉 연작으로 남겼다. 그때의 깨우침을 그는 「화산도서(序)」에 이렇게 썼다.

"그림이 형상을 그리는 것이긴 하나, 뜻(意)을 가장 중시하니 뜻이 부족하면 이를 형상이라 말할 수 없다. 그러나 뜻은 형상 안에 있으니, 형상을 버리고서야 어떻게 뜻을 구할 수 있겠는가?"

형상과 의미 사이의 균형을 찾아야 한다는 말이다. 닮음을 추구하는 것만으로는 공허하고 의미만 좇는다면 비현실의 상상에 머물 뿐이다. 그는 그림이란 눈앞의 실경을 그리는 것이지만, 동시에 그것을 통해 마음의 움직임을 담는 일이라고 보았다. 이때 중요한 것은 자연 그대로의 산수를 경험하고 그것을 온몸으로 받아들이는 과정이다.

그는 화산을 다녀온 이후에도 작품에 뜻이 담기지 않음을 괴로워했다. 침상에 누워 있을 때도, 음식을 먹는 중에도 화산의 모습이 머리를 떠나지 않았다고 회고한다. 그러다 어느 날 우연히 북소리와 피리 소리를 듣고 "알았다!"고 외치며 붓을 들었다. 그 순간의 마음을 그는 이렇게 말한다.

"그때는 법이 화산에 있다는 것을 알았을 뿐, 명가의 화법이 어디에 있는지 알지 못했다."

진정한 회화의 법은 명가의 전통이 아니라 자연의 품속에 있다는 확신이었다. 그에게 전통은 '의식적으로 벗어나야 할 것'이 아니라 '넘어서는 과정에서 새로운 감각으로 다시 읽어야 할 것'이었다. 그는 앞사람의 법도를 멀

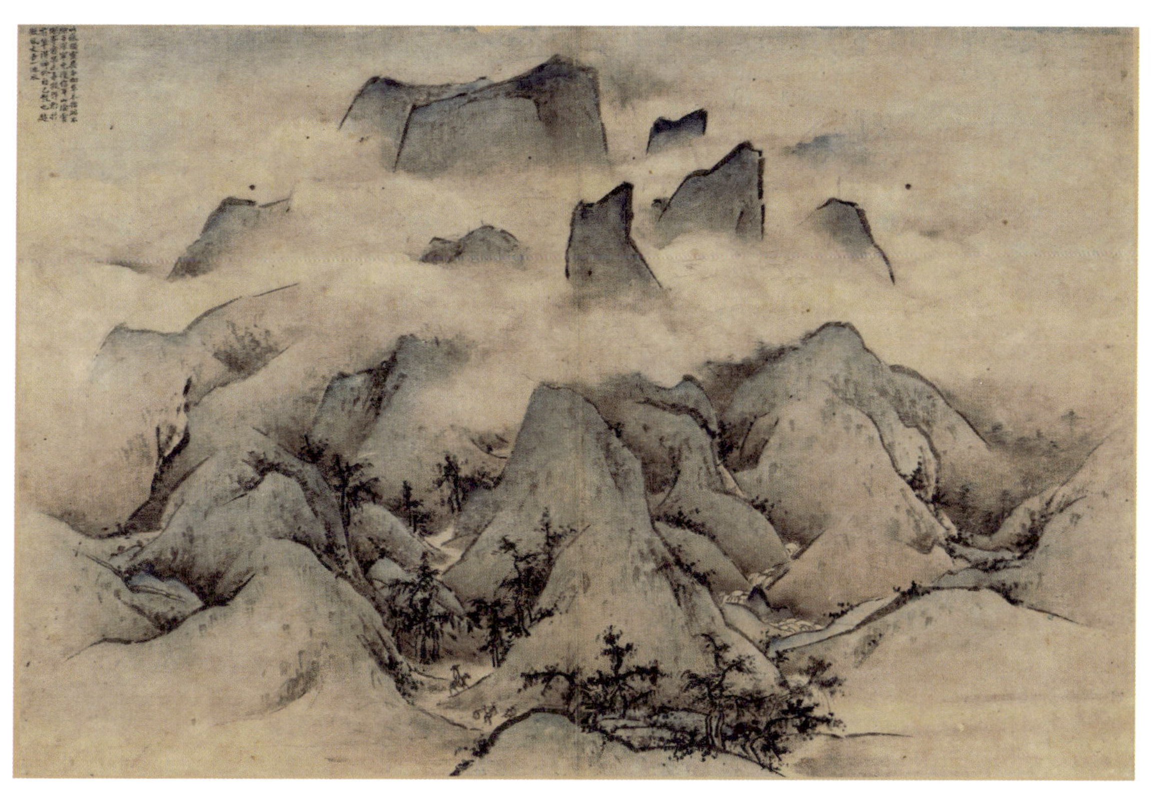

명(明) 왕리(王履), 〈화산도(華山圖)〉, 종이에 수묵, 1384, 34.5×50.5cm, 북경 고궁박물원.

리하지 않았다. 하지만 그것만을 따르지도 않겠다고 말한다. 고법(古法)은 존중하되 자신만의 감각과 사유를 통해 새로움을 찾으려 한 것이다.

이러한 왕리의 혁신적인 태도는 보수적인 화단으로부터 비판도 많이 받았다. 누군가는 그의 그림을 보고 "명가의 법도에 어긋난다"며 누구에게 배웠는지를 묻기도 했다. 이에 대해 「화산도서(序)」에서 그는 이렇게 말한다.

"나는 마음을 배웠고, 마음의 눈을 배웠으며, 눈은 화산을 배웠다."

왕리의 산수화관을 응축한 문장이 아닐 수 없다. 그림은 마음에서 시작되며, 그 마음은 자연과 온전히 마주할 때 비로소 깨어난다. 붓은 사유의 도구일 뿐이다. 그 사유는 산과 대화를 나누는 시간 속에서 무르익는다.

명대의 화풍이 형식과 수사의 기교에 얽매이던 때, 왕리는 직접 산을 걸었다. 그곳에는 진짜 산이, 진짜 그림이, 있어야 할 그 자리에 있었다.

2. 절파에 대한 재해석 _ 이개선

이개선(李開先, 1502-1568)은 명대 중기의 문인이자 정치가, 그리고 예술 비평가였다. 과거에 급제하여 중앙 정계에 진출했던 그는 일시적으로 실권을 잡기도 했으나 끝내 정쟁에 휘말려 관직을 내려놓는다. 이후 시문과 고서화 감식에 전념했는데 그런 관심은 『중록화품(中麓畵品)』이라는 화론으로 결실을 맺는다.

『중록화품』은 명대 화단의 주요 화가들을 대상으로 한 평론집이다. 『중록화품』이 눈길을 끄는 것은 당시 저평가되던 절파(浙派) 화가들에 대한 재조명 때문이다. 이개선은 마원과 하규의 계보를 잇는 절파 화가들 - 대진, 오위, 도성, 두근 등 - 의 작품에서 문인들이 종종 간과하던 '기(氣)'의 생명력을 발견했다.

그는 당대의 주류였던 오파(吳派) - 예찬, 당인, 심주 - 에 대해서는 평가를 유보하거나 비판적이었다. 반면 절파, 특히 대진에 대해서는 다음과 같은 격찬을 남겼다.

"송나라 화원의 고수들조차 미치지 못했고, 원대에는 지금까지 그에

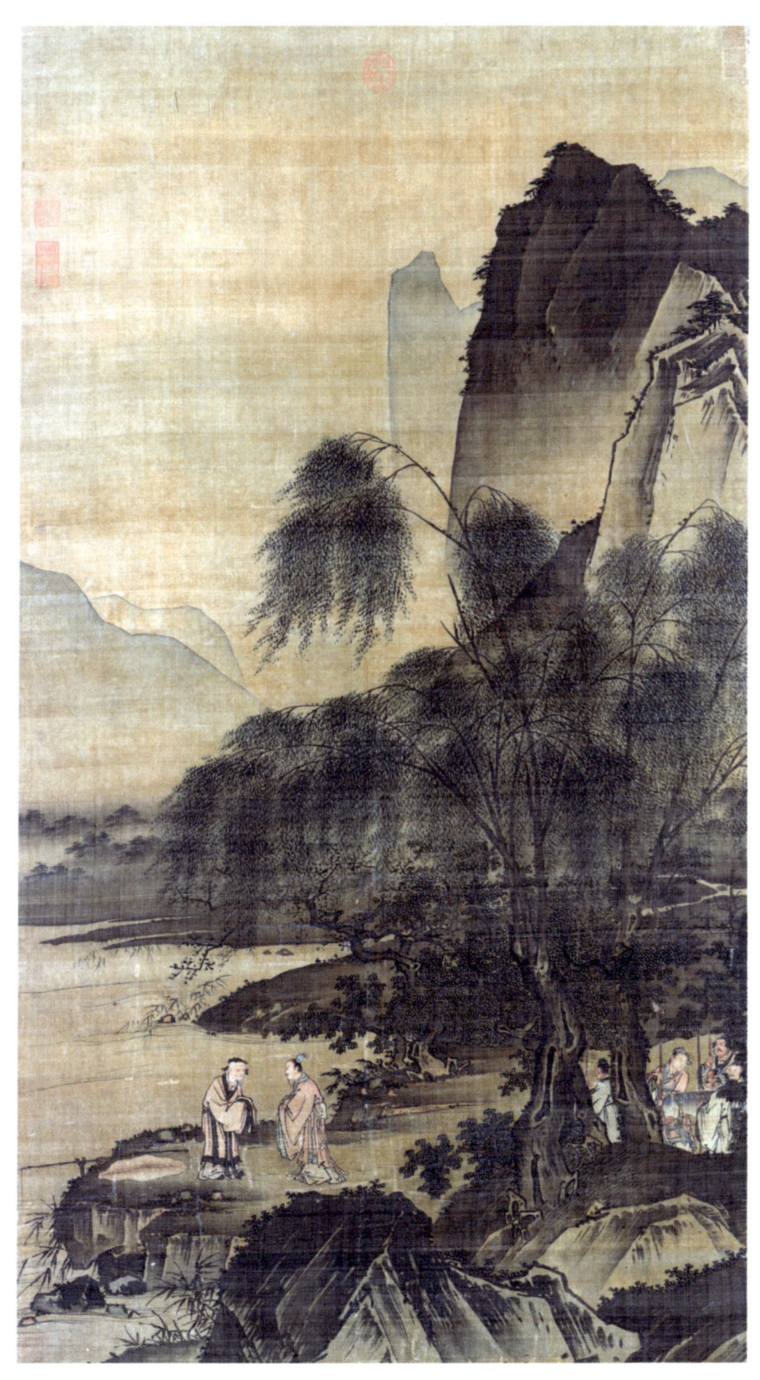

명(明) 대진(戴進),
〈위빈수조도(渭濱垂釣圖)〉,
비단에 수묵채색,
139.6×75.4cm,
국립고궁박물원
(國立故宮博物院, 臺北),
@www.npm.gov.tw

게 견줄 자가 없다."

당대의 기준과 사뭇 다른 이 평가는 분명 의식적인 선택이었다. 그럼에도 "공론은 훗날에 정해질 것"이라며 자신의 안목을 굽히지 않았다.

이개선은 자신의 평가가 한낱 개인의 감상으로 끝나기를 원치 않았다. 그가 회화의 미학적 원리를 '육요(六要)'라는 틀로 정리한 것도 그 때문이다. 그는 붓의 움직임에서 비롯된 기운과 형상이 조화를 이루는 지점을 회화의 본령으로 보았다.

이개선은 자신이 제시한 여섯 가지 필법[육요] - 곧, 신묘한 변화를 일으키는 신필법(神筆法), 간결하고 청아한 청필법(淸筆法), 묵직하고 거친 힘이 담긴 노필법(老筆法), 힘찬 기세의 근필법(勤筆法), 생동하는 활필법(活筆法), 그리고 윤택하고 생기가 도는 윤필법(潤筆法) - 이 절파 화가들의 작품에서 모두 구현되었다고 보았다.

문인 중심의 회화 세계에서 절파의 그림은 '미친 짓거리'(狂態邪學)로 폄하되던 시대였다. 그러나 이개선은 절파 화풍의 직관성과 역동성에 주목했다. 기운의 흐름이 살아 숨 쉬는 생생한 미학을 존중하고 그들에 대한 찬탄을 멈추지 않았다.

물론 그의 시선이 흠잡을 데 없는 것은 아니었다. 절파를 통해 회화의 본능적 힘을 보았지만, 그 힘이 문인의 정신이나 사유와 어떤 조화를 이루는지까지는 깊이 탐색하지 못했다. 그럼에도 그는 문인화가 하나의 규범으로 고착되어 가던 시대에 기꺼이 그 반대편을 응시하며 붓끝의 생명력을 복원하고자 했다.

이개선의 시선은 절파에 대한 단순한 옹호가 아니었다. 그것은 회화의 본질에 대한 근본적인 질문이었다. 그는 시대의 공론을 넘어 '기운생동(氣韻生

動)'이라는 오래된 화론의 숨결을 다시 불러냈다. 그림을 보는 본래의 눈을 회복하고자 한 것이다.

3. 화법을 흔들고 생기를 그리다 _ 서위

서위(徐渭, 1521-1593)는 명대 중후기에 활동한 화가이자 시인, 그리고 극작가였다. 그가 살았던 시대는 명의 봉건적 통치가 더욱 강고해지던 때였다. 예술계는 고전을 숭상하는 복고주의가 지배했다. 시는 반드시 성당(盛唐)* 대를 따라야 했으며 회화는 오파냐, 절파냐 하는 이념의 갈등 속에 놓여 있었다.

이러한 풍토에서 서위는 정통에 등을 돌린 예외적 존재였다. 그는 당시의 예술 담론에 과감히 반기를 들고 감정의 격랑과 생동하는 붓질로 회화의 경계를 흔들었다. 그의 예술은 전통을 계승하는 데 머물지 않았다. 오히려 그것을 넘어서려는 실천 속에서 다시 살아 숨 쉬는 생명의 언어가 되었다.

그의 그림에는 문인화가 지닌 절제된 고상함보다는 격정과 고독, 감각의 폭발이 전면에 드러난다. 발묵(潑墨)의 기법으로 먹을 흩뿌리고 번지게 하며 농담의 강한 대비를 통해 사물의 내면을 끌어올렸다. 그 형상들은 묘사의 결과물이 아니라 감정을 실어 나르는 언어로 다시 피어났다.

서위는 자신의 성품을 매화나 대나무와는 맞지만, 모란은 자신의 고독한 성정과는 어울리지 않는다고 말했다. 실제로 그가 그린 모란은 화려하면서

* **성당** 당나라 역사에서 국력이 가장 융성하고, 문화가 절정에 이르렀던 시기. 보통 현종 재위 전반기인 개원 연간(713-741)에서 천보 연간(742-756) 초기까지를 지칭.

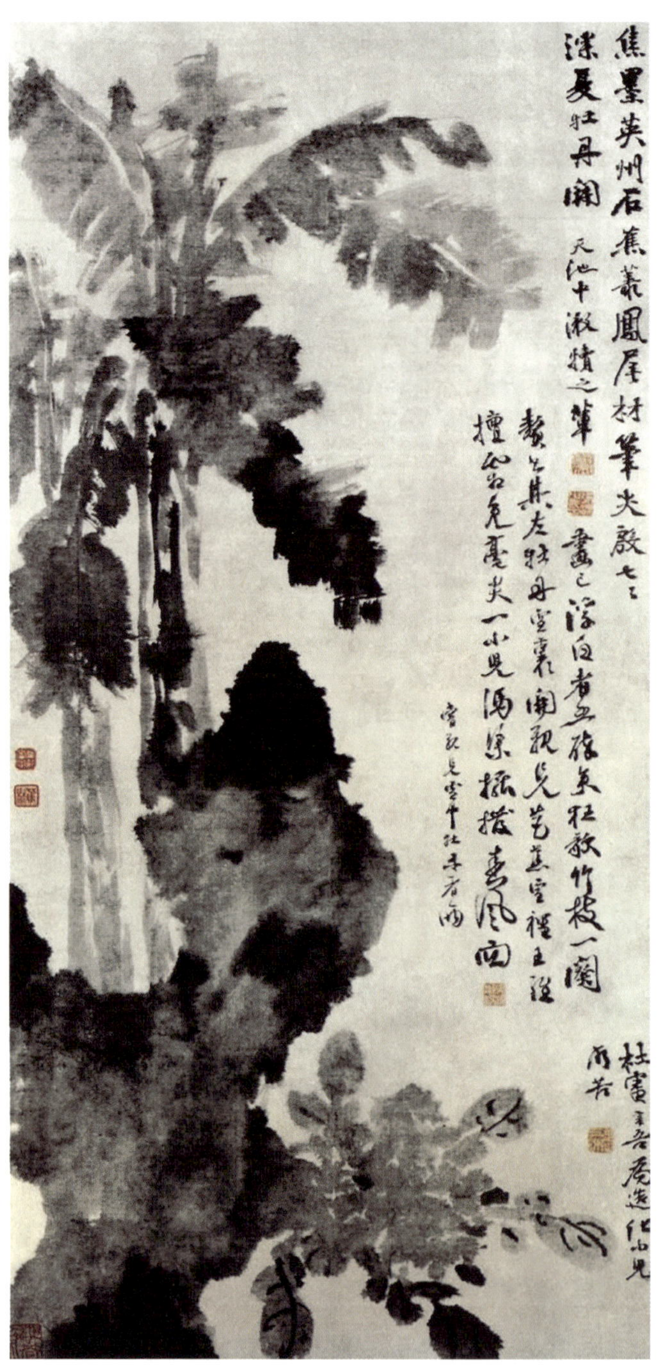

명(明) 서위(徐渭),
〈목단초석도(牧丹蕉石圖)〉,
종이에 수묵, 120.6×58.4cm,
상해박물관.

도 그 속에는 냉소와 고독의 기운이 가득 담겨 있다. 이렇듯 그는 사물을 단지 아름다움의 대상으로 보지 않았다. 내면의 감정을 투영하는 창으로 삼았다. 그에게 있어 그림의 핵심은 생기(生氣)였다.

> "그림이 병 드냐, 병 들지 않느냐는 먹을 많이 쓰느냐, 적게 쓰느냐에 달린 것이 아니다. 살아 움직이는가, 아닌가에 달려 있다."

이는 절제된 먹과 여백의 고아한 미학을 숭상하던 당시 문인화의 전통을 정면으로 거스르는 선언이었다. 그렇다고 그가 파괴적인 실험가는 아니었다. 그는 북송의 동원과 거연, 원대 문인화의 전통을 존중하면서도 절파인 하규의 산수에서 느껴지는 광활한 생명력에도 깊이 반응했다.

그림은 법을 좇아야 하는 것이 아니라 내면의 기운을 따를 때 비로소 자연스레 흘러나오는 것, 그것이 서위가 지닌 회화 철학이었다.

그는 이론서를 남기지 않았다. 하지만 그가 남긴 제화시와 발문 속에는 형식보다 생기, 전통보다 개성, 절제보다 감정에 무게를 두는 일관된 예술관이 녹아 있다. 그의 그림은 종종 난폭하거나 파격적으로 보인다. 때로는 제멋대로인 듯도 하다. 그러나 그 안에는 감정의 치열한 파장과 자신을 향한 고백의 언어가 응축되어 있다.

그는 회화의 고전적 이상을 부정하지 않았다. 다만 그것이 시대의 관습으로 굳어지면서 감정을 억누르고 생기를 잃어가는 현실을 참지 못했다. 그는 통용되던 회화의 법도를 흔들었지만 그럴수록 회화의 본질을 더욱 선명하게 드러낸 이단아였다.

4. 남북종론의 빛과 그늘 _ 동기창

명말 청초(明末淸初), 중국 회화계는 두 개의 길 위에 놓여 있었다. 하나는 문인의 품격과 정신을 추구한 흐름이고, 다른 하나는 정교한 표현과 완성도를 중시하는 원체화의 전통을 고수하는 흐름이었다. 이 갈래를 이론적으로 구획하고 회화사에서 명확한 위계를 부여하고자 했던 시도가 바로 '남북종론(南北宗論)'이다.

남북종론의 출발점은 막시룡(莫是龍, 1537-1587)이었다. 그는 불교의 선종 계열이 육조 혜능 이후 남종과 북종으로 나뉜 것을 회화에 대응시켰다.

> "선가(禪家)에 남·북의 두 종파가 있어 당나라 때 처음 나뉘었는데, 그림의 남·북 2종도 또한 당나라 때 나뉘었다."

막시룡은 남종은 왕유(699?-759), 북종은 이사훈(651-716)을 그 시작으로 보았다. 그는 남북종을 화법의 차이로 구분했다. 이사훈은 색채를 쓰는 청록산수를 그렸지만, 왕유가 처음으로 선담(渲淡)법* 으로 수묵산수를 그려 당나라 때의 화법을 일변시켰다는 것이다.

이러한 주장은 동기창(1555-1636), 진계유(1558-1639), 심호(1596-1658?) 등에 의해서 동시다발적으로 표출되었다.

진계유는 남북의 화풍 차이를, "이사훈파는 새긴 듯이 자세하여 사기(士

---

* **선담법(渲淡法)** 먹이나 색을 바림하여 짙고 옅음의 번짐을 표현하는 기법. 산수화의 경우 산의 능선을 짙은 먹으로 시작해 점차 옅어지도록 하여 입체감과 원근감, 안개 낀 듯한 분위기를 드러낸다.

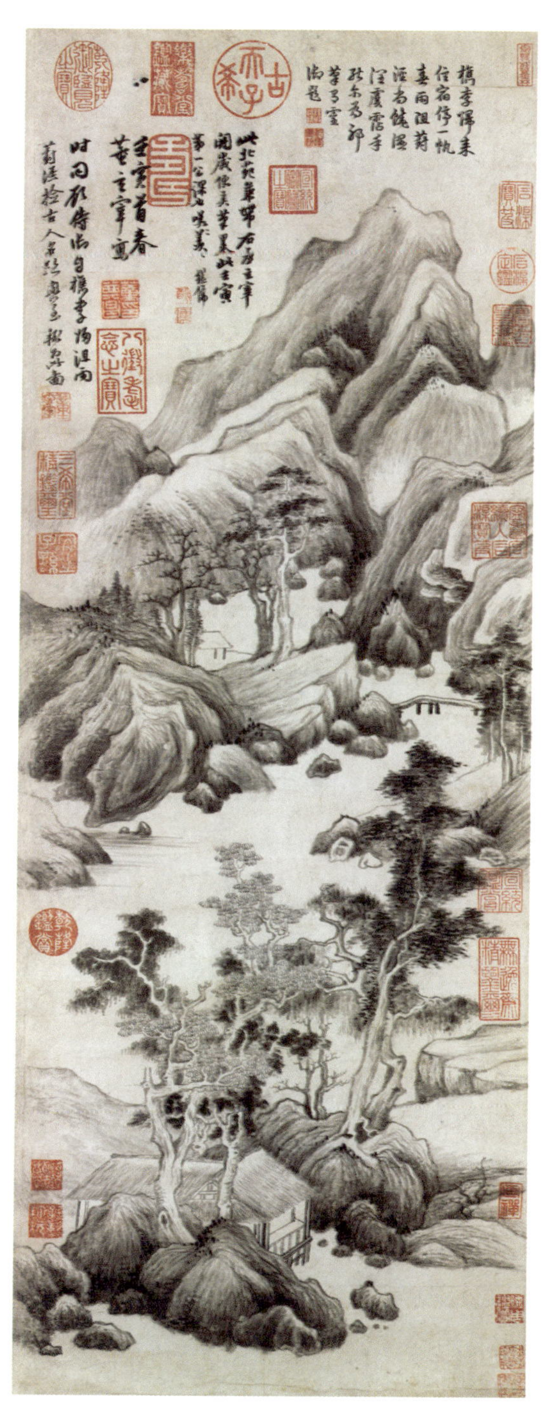

명(明) 동기창(董其昌),
〈봉경방고도(對涇訪古圖)〉,
종이에 수묵, 80×29.8cm,
국립고궁박물원(國立故宮博物院, 臺北),
@www.npm.gov.tw

氣)가 없는데, 왕유파는 맑고 온화하며 조용하고 한가롭다."고 보았다.

심호 또한 왕유는 "구성이 맑고 빼어나며 운치가 그윽하고 담백"하지만, 이사훈은 "운필이 빠르고 굳세어" 직업 화가(行家)를 위한 깃발을 세웠다고 말했다.

한편 동기창(董其昌)은, "문인의 그림은 왕유로부터 시작되었다."며 이사훈파는 배울 것이 없다고 단언했다. 조정의 문신으로, 그 자신이 문인화가이자 이론가로 다수의 저작을 남긴 그는 원대의 조맹부에 견줄 만한 위상을 가진 인물이었다. 그런 만큼 동기창의 이 선언이 후대에 미친 영향은 실로 컸다.

다소의 차이는 있지만 이들은, 남종의 계통으로 동원, 거연, 이성, 범관을 적통으로 보고 이공린, 왕진경, 미불, 미우인과 원사대가인 황공망, 왕몽, 예찬, 오진 등을 그 계보로 보았다. 반면에 마원, 하규, 이당 등은 북종의 흐름으로 분류하였다.

하지만 예술의 풍격으로 두 화파를 분류하면서 단지 청록과 수묵이라는 표현 기법에 의존했다는 것은 모순이 아닐 수 없었다. 현대의 연구자들이 당대(唐代) 수묵산수화의 형식을 정립한 인물로 왕유 대신 장조(8c 중-후)와 형호(870?-930?)를 주목하는 것도 이 때문이다. 북종의 기점으로 분류된 이사훈 또한 화풍만으로 판단하기엔 명확한 전거가 부족하다는 단점이 있다. 동기창이 산수화의 '정통'을 정립하고자 했지만, 그 과정에서 복잡한 회화사의 흐름을 지나치게 단순화한 것이다.

중국 산수화의 전개는 남북과 동서, 시대와 지역을 넘나드는 다양한 흐름이 공존하는 복합적 풍경이었다. 북방의 험준한 산악을 그린 형호와 관동의 산수, 남방의 고요한 산수를 담은 동원과 거연의 부드러운 능선은 남과 북이라는 이분법만으로 나눌 수 없는 스펙트럼이다.

그럼에도 불구하고 동기창의 남북종론은 처음으로 유파라는 개념을 이론화했다는 점에서 중국 회화사의 전환점이 되었다. 이후 청대의 이론가들은 그의 체계를 거의 절대적으로 수용하며 회화는 문인의 영역이라는 인식이 널리 퍼지게 된다.

그러나 이 절대화는 회화의 가능성을 가두는 또 하나의 경계선이 되었다. 남북종론은 회화의 철학적 깊이를 더했지만, 동시에 문인이 아닌 화가들의 세계를 변방으로 밀어낸 이론이기도 했다.

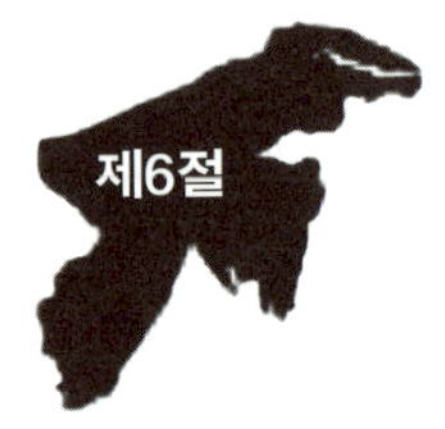

청대의 화론

정통과 창조 사이에서

—

청대(清代, 1644-1911)의 화단은 겉으로는 조용하고 정돈되어 보인다. 붓질은 단정하고 구도는 엄정하며 수묵은 절제되어 흐른다. 제발(題跋)* 은 사의를 머금었고 그림 전체가 고요한 문인의 서재처럼 느껴진다. 그러나 그 정적은 외피일 뿐, 내면을 들여다보면 치열한 사유와 회화의 정체성을 둘러싼 긴장감이 응축되어 있다. 문인화의 전통을 계승하고자 하는 이상과 새로운 표현으로 나아가고자 하는 욕망 사이에서, 청대의 회화는 격동기를 건너고 있었다.

명말 동기창이 남긴 남종화라는 개념은 청대에 이르면 정전(正典)의 권위를 획득한다. 왕원기(王原祁, 1642-1715)는 이러한 전통의 완성자였다. 그는 동기창의 이상을 충실히 계승하여 개성보다는 정통의 무게를 택했다. 그의

---

* **제발** 그림에 덧붙인 화제와 발문 전체를 가리킴. 제(題)는 작가가 쓴 작품의 제목·시문·찬어 등의 화제(畵題)를, 발(跋)은 작가 또는 감상자들이 남긴 평이나 설명 등의 발문을 말함.

의고주의 화풍은 청대 초기를 대표하는 목소리였다.

그러나 그런 질서의 이면에서는 이미 균열의 움직임이 일어나고 있었다. 운격(惲格, 1633-1690)은 이러한 감정의 문제를 정면으로 응시한 인물이다. 그는 '그림은 정서를 붙잡는 일'이라 보았다. '섭정(攝情)'이라는 개념을 통해 외형의 재현보다 내면의 울림을 중시했다.

이런 흐름은 추일계(鄒一桂, 1686-1756)의 활탈론(活脫論)에서 더욱 또렷한 형태로 제시된다. 추일계는 생명력 없는 규범에서 벗어나 유연하고 자유로운 '기운의 발산'이 되어야 한다고 주장했다. 그의 '활탈'은 삶과 예술을 잇는 본질적 감각의 실현이었다. 청대 화단에 던져진 이 명징한 문제 제기는, 석도(石濤, 1642-1707)와 같은 인물의 출현을 가능하게 했다.

석도는 "나의 법은 내가 세운다."(我之法自我立)고 단언했다. 그는 규범이 아닌 경험과 의지, 형태보다는 필선의 생기, 전통보다는 창조적 정신에 천착했다. 그의 붓은 때로는 격렬하고, 때로는 유머러스했으며 무엇보다도 진솔했다.

정섭(鄭燮, 1693-1765)과 김농(金農, 1687-1763)은 이 흐름의 또 다른 갈래를 열었다. 이들은 문인화의 언어를 유지하되 그 어법을 완전히 재구성했다. 정섭은 풍자와 현실 인식을 결합한 표현으로 그림에 삶의 비의를 담았고, 김농은 형식적 고결함 대신 정감의 진실함을 추구하며 독자적인 표현 세계를 구축하였다.

이처럼 청대 회화는 결코 단일한 흐름으로 정리되지 않는다. 성통의 모범성과 창조의 실험성, 의고(擬古)와 활탈, 형식과 감정이 충돌하고 교차하며 복합적인 미학의 공간을 이루었다. 그것은 고전의 숲을 통과하면서도 끊임없이 개인의 길을 찾는 정적이면서도 동적인 풍경이었다.

청대는 남종화의 신념이 강화된 것과 동시에, 그 경직성에 대한 반작용이 예술로 발화된 시대이다. 어떤 이는 전통을 신앙처럼 여겼고, 또 어떤 이는 그 전통에 물음을 던지며 자기만의 표현을 모색했다. 이 대립은 서로를 지우지 않고 그 사이에서 회화의 깊이와 미학적 복합성을 만들어 냈다.

1. 전통을 닮아가는 그림 _ 왕원기

청초(淸初)의 화단은 산을 보고 그리는 대신 동원과 거연의 산을 모사했고, 물소리를 듣는 대신 그것을 이미 그려낸 화폭을 반복하여 따라 그렸다. 이처럼 고전 회화를 모방하고 모사하려는 경향은 '의고(擬古)'라 불리며 청대 초반의 화풍을 이끌었다.

이 흐름의 중심에 있었던 인물이 바로 왕원기(王原祁, 1642-1715)이다. 그는 강희제(康熙帝)로부터 서화총재에 임명돼 『패문재서화보(佩文齋書畫譜)』의 편찬을 주도하면서 의고 사상의 형성에 결정적인 역할을 했다. 그러나 더 근원적인 것은 청초의 화단이 자연을 배우는 일을 등한시했다는 것이다.

> "나는 할아버지(왕시민)의 가르침을 받아 동원과 거연의 법을 밝게 깨닫고, 오로지 황공망을 스승으로 삼은 지 50년이 되었다."

왕원기는 그의 말처럼 '옛사람의 자취'를 스승으로 삼고 그들을 따라 그리면서도 산수에 직접 발을 디디고 보는 일에는 게을렀다. 물론 산천을 보러 나선 적도 있었다. 하지만 거대한 암석이 몇 리를 이어지며 강물을 굽어보는 북방의 험준한 산세에 감탄하면서도, 이를 그릴 때에는 황공망이나 범관의 산수를 모방했을 뿐이었다.

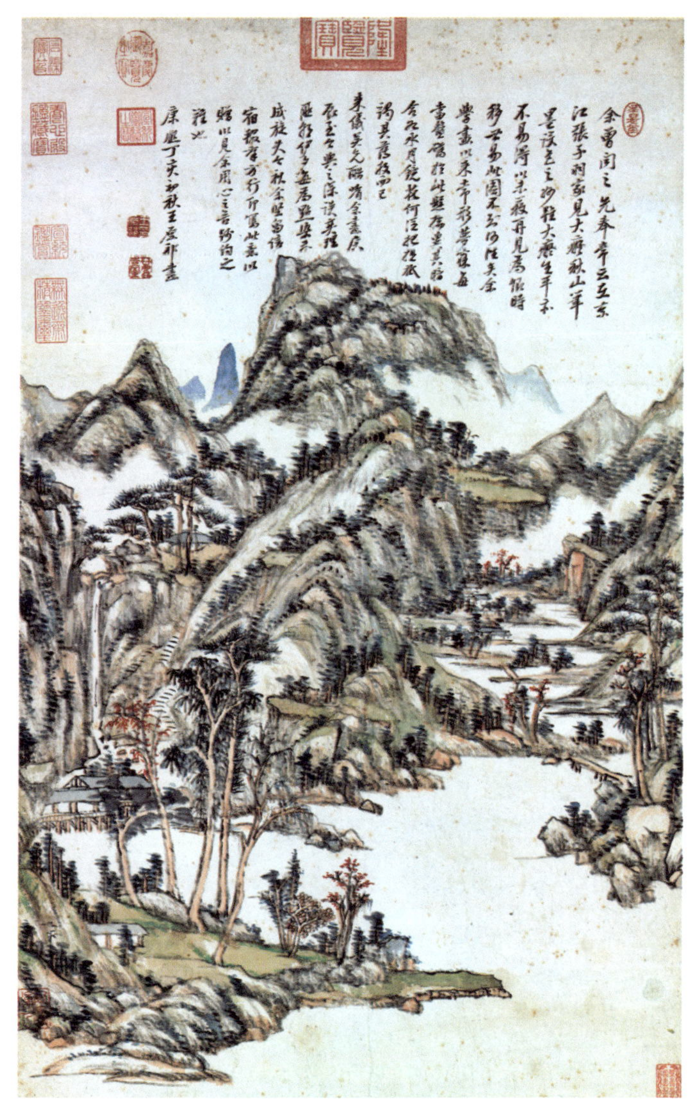

청(淸) 왕원기(王原祁),
〈방황공망추산도(倣黃公望秋山圖)〉,
종이에 담채, 81.3×50.2cm,
국립고궁박물원(國立故宮博物院, 臺北),
@www.npm.gov.tw

그렇다면 전통을 따른다는 것은 과연 무엇을 의미하는가? 고전을 '모사하는' 것과 그 정신을 '잇는' 것 사이에는 적지 않은 간극이 존재한다. 왕원기의 그림은 기교와 완성도는 높지만 사물에 대한 감응과 개성적인 시선은 드러나지 않는다는 평을 듣는다. 잘 다듬어진 그림이지만 살아 있는 그림은 아니라는 것이다.

그는 스승의 의고주의적 이상을 충실하게 계승했다. 그러나 고전의 외피에 너무 충실하다 보니 그의 그림에서 감정과 개성, 생기의 흐름은 정제되어 버린 것이다. 의고는 전통에 대한 존경이자 예술의 역사성을 자각하는 태도이기도 하다. 그러나 그것이 생명력을 상실한 반복으로 귀결될 때, 그림은 문양이 되고 필묵은 장식이 되며, 화가는 장인의 경지에 머무르게 된다.

고전은 계승되어야 한다. 그 계승은 단순한 재현이 아니라, 현재의 삶과 감각을 통해 다시 살아나야 한다. 원대의 예찬과 황공망 등도 동원과 거연을 본받았지만, 그들은 자신만의 방식으로 계승했기에 각기 다른 개성과 세계를 가질 수 있었다.

청초의 의고주의는 창조적 계승이 아닌 형식의 재현에 머물렀다. 그로 인해 화단 전체는 일종의 미학적 정체에 빠지게 되었다.

왕원기의 의고 사상은 회화를 고전의 그늘 속에 머물게 했다. 하지만 동시에, 바로 그 경직됨이 이후 운격과 석도 등 개성과 생기를 중시하는 화가들의 등장을 촉발하는 배경이 되었다. 의고의 한계가 새로운 전환을 준비하는 바탕이 된 것이다.

2. 그림은 감정을 붙잡아야 _ 운격

질서와 단정함은 때로 감정을 소거한 형식주의로 귀결되곤 한다. 운격(惲格, 1633-1690)은 정제된 품격을 추구하는 그 흐름 한가운데에서 그림의 존재 이유에 대해 다시 질문한 인물이다.

운격은 그림이란 결국 '섭정(攝情)' - 정을 붙잡는 것 - 이어야 한다고 말한다. 그에게 있어 그림은 외형을 재현하는 수단을 넘어 마음의 움직임을 담아내는 장(場)이었다.

> "필묵은 본래 정이 없지만, 필묵을 운용하는 사람은 정이 없어서는 안 된다."

이 한마디에는 운격의 회화 철학이 응축되어 있다. 붓을 쥐는 자는 반드시 감정을 지녀야 하며 그 감정을 담지 못한 그림은 본질을 상실한다는 것이다. 그의 그림은 자연과 감정의 유기적 연결을 바탕으로 한다.

그에게 사계절의 풍경은 감정의 은유가 된다. 봄 산은 웃는 듯하고, 여름 산은 노한 듯하며, 가을 산은 화창한 듯하고, 겨울 산은 잠자는 듯 다가온다. 자연은 감정을 불러일으키는 계기로 작용하며 감정을 구조화하는 틀이 된다. 그는 가을은 사람을 슬픔에 젖게 하고 생각에 잠기게 한다며 이렇게 말한다.

> "가을을 그리는 사람은 반드시 슬픔에 젖게 할 수 있고 생각에 잠기게 할 수 있는 뜻을 얻은 뒤에야, 능히 이를 그릴 수 있다."

이처럼 감정은 표현의 결과가 아니라, 회화가 성립하는 전제이자 조건이 된다. 운격의 섭정론은 문인화 전통의 핵심 사유인 '사물을 빌려 정을 드러낸다'는 원칙을 계승하면서도, 그 감정의 역할과 정당성을 분명하게 부각시켰다. 그는 예찬의 일기론(逸氣論)을 높이 평가하고 이를 예술 창작의 본

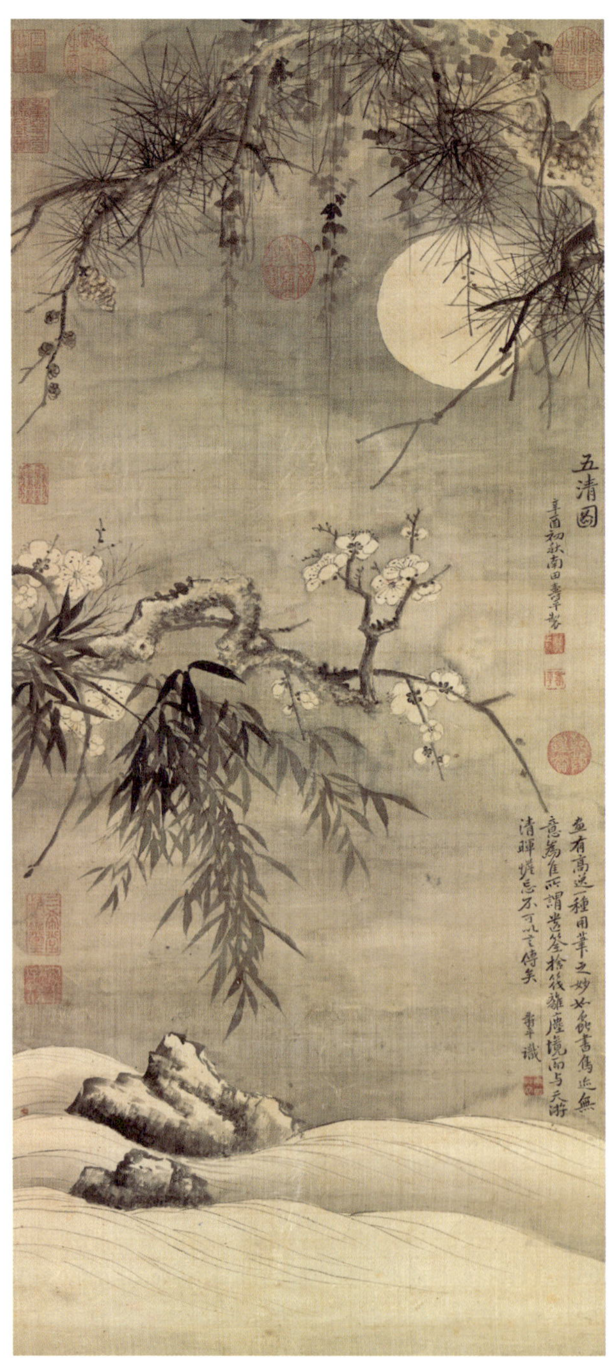

청(淸) 운격(惲格),
〈오청도(五淸圖)〉,
비단에 수묵, 86.1×38.4cm,
국립고궁박물원(國立故宮博物院, 臺北),
@www.npm.gov.tw

령으로 삼았다. 그의 섭정론은 고전의 재현이 아니라 감정의 진정성을 통해 고전을 새롭게 되살리는 시도였다.

청초의 화단은 이른바 '사대가'로 불리는 왕시민, 왕감, 왕휘, 왕원기가 중심이 된 동기창의 남종화 이상에 충실한 정통주의 경향이 지배적이었다. 이들은 고법(古法)을 따르며 의고주의에 기초한 안정적인 회화를 구현했다.

그러나 운격은 그 정통의 외피 속에서 감정의 내면을 추구했다. 그는 전통을 거스르지는 않았지만 그것을 감정의 그릇으로 재구성하고자 했다. 이러한 섭정론은 의고주의가 만연했던 청초 화단에 신선한 충격을 주었다.

특히 바로 뒷세대인 김농과 정섭 등은 그의 정신을 이론적 기반으로 삼았다. 감정은 개인에서 비롯된다. 하지만 그것이 예술의 세계로 들어오는 순간, 감정은 보편의 감응으로 확장된다. 운격의 섭정론이 사변에 그치지 않고 시대의 감성을 바꾸는 미학적 전환을 이룬 것도 이 때문이다.

운격은 감정 없는 그림이란 기술의 나열일 뿐이라 경고했다. 그는 화가의 감정을 다시 불러내어 그동안 잊고 있던 정서의 복원을 시도했다. 그것이 바로 그가 강조한 섭정(攝情) 곧, 정을 붙잡는 것이었다.

3. 그림이 숨 쉬는 순간 _ 추일계

운격이 감정의 표현을 통해 회화의 생기를 회복하려 했다면, 그보다 반세기 뒤에 등장한 추일계(鄒一桂, 1686-1756)는 감정보다 형상을, 정신보다는 화면 속 생동하는 존재를 중요시한 인물이다.

"그림에는 두 글자의 요결이 있으니, 활(活)과 탈(脫)이 그것이다."

추일계의 회화론은 '활탈(活脫)' - 살 활(活), 벗어날 탈(脫) - 이라는 두 글자로 요약된다. 그는 그림이란 생명력을 품어야 한다고 보았다.

따라서 정적인 묘사보다는 살아 있는 듯한 시각적 긴장을 지닌 화면을 추구했다. 그는 꽃은 말하고자 하는 듯하고, 새는 날고자 하는 듯해야 "이를 사생(寫生)이라 할 수 있다."고 말한다. 단순한 현실의 재현을 넘어 '생동감을 그려야'(寫生) 한다는 것이다.

'탈'은 그 연장의 개념이었다. 추일계는 그려진 형상이 종이와 비단이라는 화면으로부터 '완전히 분리되어 보일 것'을 강조했다. 물상이 거기 그대로 존재하는 듯한 인상을 주어야 한다는 것이다.

그에게 종이나 비단은 더 이상 화면이 아니었다. 사라져야 할 투명한 매개체였다. 관람자에게는 오직 사물만이 보여야 하고, 매체는 의식되지 않아야 한다는 그의 관점은 오늘날의 시각 미학에도 신선한 울림을 주기에 충분하다.

활과 탈은 결국 하나다. 생동하는 형상만이 화면이라는 매개체를 벗어나 '존재하는 것'으로 느껴질 수 있다. 그것이 회화가 지녀야 할 최소한의 존재 조건이라는 게 추일계의 주장이다. 그는 이를 위해 사물의 정확한 관찰과 필묵의 조화를 강조했다. 단순한 인상이나 감정에 의존하지 않는 시각의 진실성을 추구했다.

이는 앞에서 본 운격의 섭정론과 뚜렷이 대비된다. 운격은 감정의 진실함과 내면의 울림을 강조하며 회화를 정서의 발현으로 보았다. 그러나 추일계는 감정보다 형상, 정념보다는 구성과 지각의 정확성을 중시했다. 그는 "눈, 코, 입, 귀, 수염, 눈썹이 하나하나 모두 닮으면 곧 신기(神氣)가 저절로 나온다."고 말한다. 또 "형이 결여되고 신이 온전한 것은 없다."고 단언했다. 정신보다 형사(形似)의 작용을 중시한 것이다.

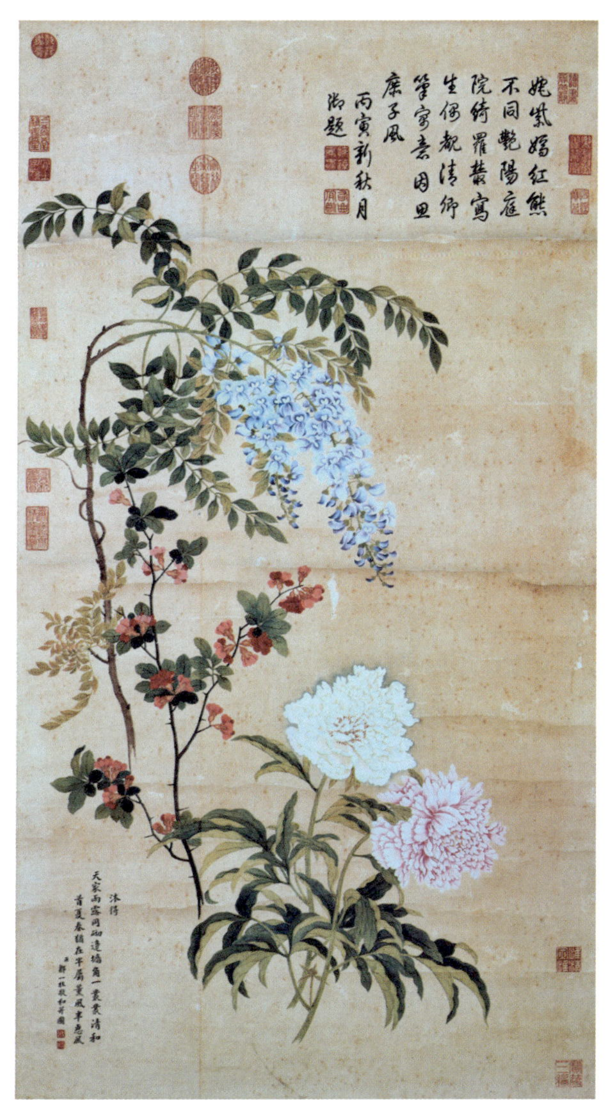

청(清) 추일계(鄒一桂),
〈춘화도(春華圖)〉,
종이에 채색, 118.9×63.4cm,
국립고궁박물원(國立故宮博物院, 臺北),
@www.npm.gov.tw

그의 이러한 시각은 문인화 전통의 시정화의(詩情畫意)와는 분명히 다른 미학적 좌표를 보여준다. 그는 "사물의 이치를 연구해 지식을 넓혀야 한다."고 강조했다. 실제로도 그의 이론은 화조와 인물화의 정밀한 묘사에 적용되었다. 그리고 이는 청대 중기 이후 화원화 전통의 세련된 구성으로 이어졌다.

청대 회화가 형식과 감정, 전통과 창조 사이에서 방향을 모색하던 시기, 추일계의 활탈론은 또 다른 가능성을 제시했다. 그것은 감정도, 형식도 아닌, 살아 있다는 감각 자체로 그림을 구성하려는 미학적 선언이었다.

4. 법을 넘어 붓을 들다 _ 석도

석도(石濤, 1642?-1707?)는 붓과 마음의 간극을 스스로 허물고자 한 화가였다. 그는 승려이면서 유랑자였고 붓을 든 사유자였다. 당대의 제도적 틀과 정통의 권위에 매이지 않고 오직 자신만의 길을 걸었던 인물이다.

그는 파격적인 다수의 작품만큼이나 적지 않은 화론과 제발(題跋)을 남겼다. 『고과화상화어록(苦瓜和尚畫語錄)』은 바로 그러한 석도의 삶과 정신, 예술의 본질을 탐구한 철학적 사유가 도달하고자 했던 세계를 보여주는 기록이다.

하나의 선은 만물로, 만물은 다시 하나로 – 일획론

석도에게 회화는 '일획(一劃)'에서 비롯된다. 그 하나의 선은 단지 운필의 흔적이 아니라, 자아의 응시가 응축된 지점이다.

> "하나에서 시작해 만에 이르고, 만에서 시작해 하나로 다스린다."

그가 말한 일획은 회화와 서법을 넘나드는 표현의 기본이자, 그 자체로 세계의 축소판이다. 그러나 그 일획은 전체를 통합할 만큼의 깊은 사유를 담고 있어야 했다. 그에게 일획은 단절된 출발이 아니다. 삶과 자연, 마음과 행위가 뒤엉킨 '첫 흔적'이다. 그것은 기교나 법식에 머물지 않는다. 존재와 감응의 흔적이며 그림을 살아 있게 만드는 씨앗이다.

그리고 이 씨앗은 형식을 벗어나 직관에 이른 경지, 즉 깨달음의 붓으로 확장된다. 석도에게 있어서 일획은 선(線)이 아니라 도(道)의 입구였다. 붓을 든 손과 외경에 대한 직관이 하나로 모이는 순간의 선(線), 그는 그것을 '일획'이라 불렀다.

법은 시작이지, 머무름이 아니다

석도는 회화의 본질을 단 하나의 문장으로 요약했다.

> "법이 있으면 반드시 변화가 있다."(有法必有化)

이 말은 단지 고전 기법에 대한 반론이 아니다. 그에게 있어서 '법'은 예술이 탄생하는 과정의 한 부분일 뿐이다. 법은 있어야 하지만 반드시 변화로 이어져야만 진짜 법이 된다는 것이 그의 생각이었다.

그는 정형화된 규칙만을 답습하는 당대 화단의 풍토를 비판하며, "나는 나의 법을 사용한다."(我用我法)고 선언했다.

이 '나의 법'은 자기 내면의 충실한 응답에서 시작된다. 자연을 감각하고 삶을 관통하며, 그 깊이에서 길어 올린 것이었다. 석도는 과거의 전범을 부정하지 않았지만 그것을 답안처럼 여기는 태도에는 동의하지 않았다.

법은 깨뜨리기 위한 대상이 아니라 넘어서야 할 단계였고, 그 너머에서 비로소 그의 그림은 살아 움직일 수 있었다. 그에게 있어 그림이란 법과 무법(無法)이 서로 통하는 그 중첩의 경계에서 피어나는 것이었다.

닮지 않은 닮음

그림이란 본디 형상을 그리는 것이지만, 석도는 '닮지 않은 닮음'(不似似之)을 그림의 핵심으로 보았다.

> "그림은 반드시 닮고자 하나/ 산은 언제나 괴이하기만 하네/ 신기하게 변하는/ 몽롱한 사이/ 닮지 않은 닮음에/ 절을 해야지."

그가 쓴 제화시의 한 부분이다. 여기서 말한 '몽롱한 사이'가 실제의 산수와 그려진 산수의 간격을 가리킨다면, '닮지 않은 닮음'이란 그 간격을 채우는 실제 사물의 기운과 분위기, 생명력일 것이다. 형상의 해체와 재구성을 통해 오히려 더 깊은 진실에 닿을 수 있다는 그의 믿음을 알 수 있다.

이러한 사유는 예술이 세계를 어떻게 바라보아야 하는가에 대한 질문으로 이어진다. 그림은 보는 것이 아니라 느끼는 것이며, 그 느낌은 '현실의 모사'가 아닌 '감응의 정수'로서 성립해야 한다는 것이다.

이러한 석도의 '닮지 않은 닮음'의 사유는 근대의 제백석(齊白石, 1864-1957)에게로 이어진다. 석도의 이론을 계승한 그는 "닮지 않으면 세상을 속이는 것이요, 지나치게 닮으면 세상에 아부하는 것"이라며, 자신만의 화풍을 확립하여 중국 회화사의 전환을 가져왔다.

석도에게 그림이란 자신의 본래 성품(自性)을 찾는 일이자 세상과 소통하

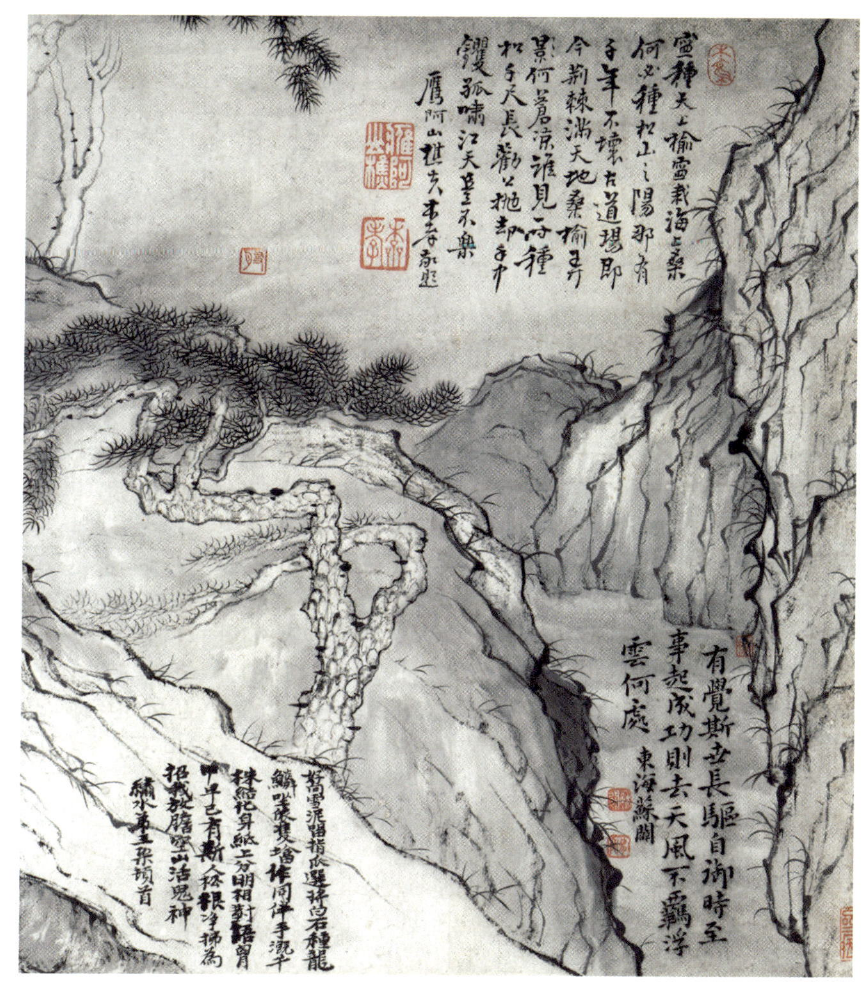

청(淸) 석도(石濤), 자사종송도(自寫種松圖),
종이에 수묵, 42.2×16.3cm, 국립고궁박물원(國立故宮博物院, 臺北), @www.npm.gov.tw

는 통로였다. 전통의 법도를 존중하되 거기에 갇히지 않았고, 그림의 외형보다 그림이 되기까지의 길과 마음을 더 중시했다.

그래서 그의 그림은 설명하기보다 감응으로 다가오고 사유를 요구한다. 석도는 늘 그 사유라는 디딤돌 위에서 붓을 든 화가이자 수행자였다.

5. 문인화의 해체와 재정의 _ 김농과 정섭

청대 중후기, 문인화는 스스로 만들어 낸 전통의 무게에 흔들리고 있었다. 남종화의 고상한 격조는 여전히 존중되었지만 그 표현은 점점 정형화되고 상투적으로 굳어져 갔다. 문인화는 살아 있는 예술이 아니라 '품격'이라는 허울 아래 봉인된 관습이 되어가고 있었다.

이러한 경직된 문인화의 흐름 속에 등장한 인물들이 양주팔괴(揚州八怪)였다. '팔괴(八怪)'는 당시의 의고주의적인 예술 조류에서 벗어나 괴이할 정도로 개성적인 그림을 그린 여덟 명의 화가를 가리키는 별칭이다. 그 가운데에서도 김농(金農, 1687-1763)과 정섭(鄭燮, 1693-1765)은 회화의 이론과 실천이라는 양면에서 가장 두드러진 인물이었다. 이들의 예술은 형식보다는 태도, 기법보다는 정신을 지향했다. 이는 문인화의 본래 정신을 되살리는 움직임이기도 했다.

김농은 전통 문인화의 소재와 어법을 능숙하게 구사하면서도 그 틀을 깨뜨렸다. 그는 매화와 괴석, 말, 대나무를 반복해 그리면서 그 안에 자기만의 생생한 삶의 감각을 투영했다. 대나무를 붉게 그리거나, 때로는 매화의 엄정한 상징을 무너뜨리는 방식으로 화면을 구성했다. 하지만 그것은 무조건 전통을 거스르는 일탈이 아니었다. 전통 안에서 살아 숨 쉬는 감정과 현실 인식을 되찾으려는 시도였다.

"시류를 좇지 않고, 명예에 상관하지 않는다."

그는 그림을 팔아 생활하는 고단한 삶 속에서도, "대나무 가지 하나라도 마음속에서 내어 맑은 바람이 숲에 가득할" 때가 되어서야 붓을 들었다. 그

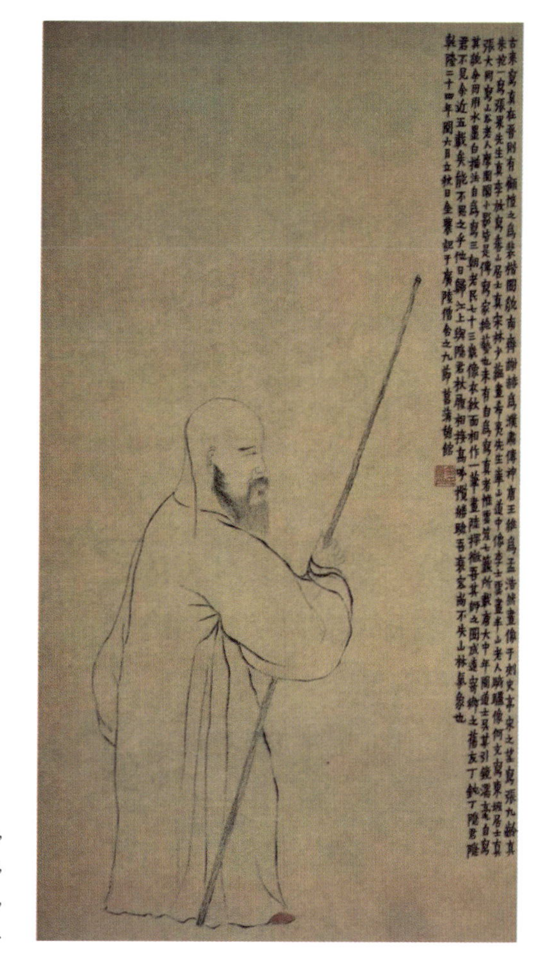

청(淸) 김농(金農),
〈자화상(自畵像)〉,
종이에 먹, 131.4×59cm,
북경 고궁박물원.

림의 수요자들이 원하는 전통적인 회화가 아니라 자신의 마음을 속이지 않는 그림을 그린 것이다.

정섭 역시 전통을 따르면서도 그에 머물지 않았다. 그는 대나무, 난초, 괴석과 같은 전통 문인화의 소재만을 반복하여 그렸지만, 그 반복은 매번 새롭게 변주되는 창조의 다른 이름이었다.

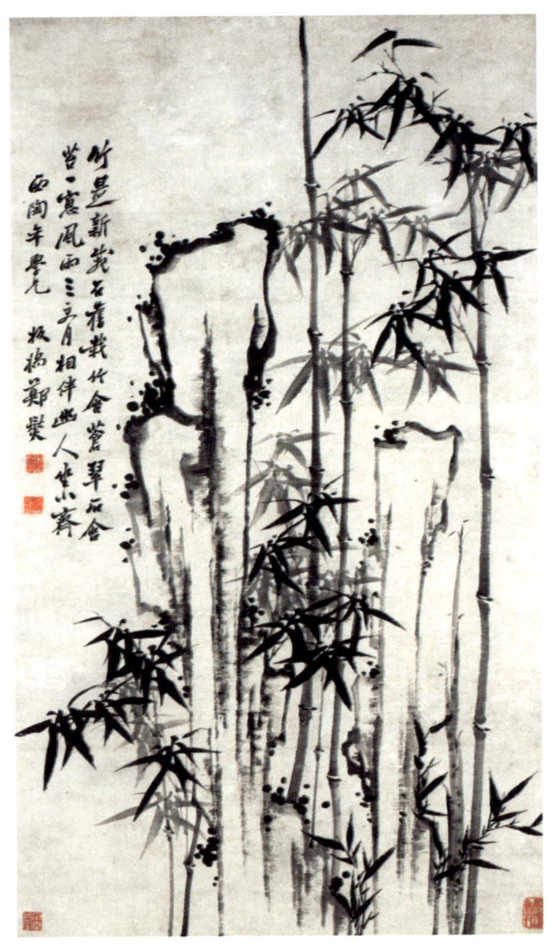

청(淸) 정섭(鄭燮),
〈죽석도(竹石圖)〉,
종이에 수묵, 137.2×79.2cm,
국립고궁박물원(國立故宮博物院, 臺北),
@www.npm.gov.tw

"뜻을 배우되 자취는 배우지 않는다."(師意不師跡)

정섭은 형식이 아니라 정신을 이어받는 태도를 강조했다. 또 "반은 배우고 반은 버린다."(學一半撤一半)는 말로 전통을 스스로 해석하고 재구성해야 함을 천명했다.

이렇듯 양주팔괴의 그림은 외형적으로는 다소 소박하고 파격적이다. 그러나 그 안에는 예술을 감정의 흔적으로 이해하려는 깊은 사유가 흐른다. 그들은 문인화의 형식은 무너뜨렸을지언정 문인화의 정신은 되살리고자 했다. 문인화가 교양과 품격의 이름으로 갇혀가던 시대, 이들은 '괴이함'을 통해 자유를 회복하고, 그림이라는 언어로 문인화를 다시 쓰고자 했다.

그들이 남긴 '괴이함'은 시대를 거슬러 자신만의 붓을 든 이들이 보여준 용기였으며, 문인화가 회복해야 할 자유의 또 다른 이름이었다.

6. 글로 완성된 그림 _ 문인화의 제발론

문인화의 세계에서 그림은 결코 이미지로만 완성되지 않는다. 시·서·화가 함께 어우러진 이 복합예술은 붓끝의 형상에 머물지 않고 사유와 정서의 흐름으로 이어진다. 그중에서도 '제발(題跋)'은 가장 문인화다운 표현 방식이다. '제발'이란 화면에 덧붙인 그림의 제목이나 단상 등 발문 전체를 아우르는 말이다.

제발은 그림 속에 들어 있지 않다. 화가의 감정과 단상, 철학적 성찰이 시나 산문, 혹은 글씨의 형식으로 덧붙여진다. 그러함에도 제발의 역할은 그림에 대한 정보 제공을 넘어 무한히 확장된다. 그것은 그림을 시(詩)적으로 확장시키는 공간이자 여백에 담긴 '또 다른 그림'이다.

명대에 이르러 제발은 회화의 부차적 장치가 아닌 하나의 창작 행위로서 독자적인 위상을 획득하게 된다. 그림의 여백은 글을 위한 공간이 되었고, 그 여백을 채우는 글씨는 다시 하나의 조형이 되었다.

이런 흐름은 청대에 이르러 더욱 정제되고 세련된 형태를 띠었다. 명말 청초의 정적(鄭績, 1599-1673)은 제발이 그저 비어 있는 공간을 채우는 글이 되어서는 안 된다고 보았다.

"한 폭의 그림에는 본래 제관(題款)* 할 마땅한 위치가 있다."

그는 글씨의 크기나 서체조차도 그림의 '기운'과 조화를 이루어야 한다고 강조했다. 예컨대 사의화에는 자유로운 초서가, 공필화에는 정제된 해서가 어울린다고 말한다. 제발을 단순한 덧붙임이 아니라, 그림 내부의 리듬을 보완하는 '제2의 붓질'로 바라본 것이다.

앞에서 살펴본 김농 또한 그림과 제발을 하나의 호흡으로 끌어안았다. 그의 화면에는 행서와 초서, 예서가 뒤섞여 있는데 붓의 굵기와 농담이 그림 전체의 감정 흐름을 이어갔다는 평을 들을 정도였다. 방훈(方薰, 1736-1799)이 "김농의 그림은 제발이 없이는 안 된다."고 한 것은 이를 대변한다.

명대의 서예가 장식(張弼, 1452-1487)은 제발을 가리켜 "그림 속의 그림이며, 그림 밖의 뜻"이라 했다. 이 말은 제발이 장식적인 수단이 아니라, 그림을 다시 보는 방식, 혹은 그림 바깥에서 다시 그려지는 예술임을 암시한다. 즉 제발은 문인화가 끝나는 지점에서 새롭게 시작되는 화법이었다.

명·청대의 제발론은 그 자체로 문인화의 사유 방식을 드러낸다. 손끝의 흔적이 아니라 마음속의 사유, 화면의 중심이 아니라 여백의 울림을 중시하는 이 미학은 문인화를 '이야기하는 예술'로 추동하였다.

그리하여 제발은 그림이 멈춘 뒤, 화면의 가장 조용한 곳에서 '또 다른 문인화'의 길을 열었다.

---

* **제관** 작가 자신이 이름, 호, 연대, 장소 등에 대해 직접 남긴 서명을 가리킴. 한편 제관과 함께 이뤄지는 요소인 인장(印章)을 찍는 것을 낙관(落款)이라 한다.

7. 그림의 마지막 숨결 _ 문인화의 인장론

동양화에서의 인장은 작가가 남긴 최후의 기호이자, 여백을 가로지르는 침묵의 음성이다. 특히 이 붉은 인장의 역할은 명·청대 문인화에서 더욱 그러했다. 인장은 그림의 구성과 미감을 조율하는 하나의 예술로 승화되었다.

인장의 기원은 송·원대까지 거슬러 올라간다. 하지만 회화와 유기적으로 결합되어 사유의 대상으로 인식된 것은 명대 이후다. 명대의 문징명, 동기창, 당인 등의 작품에 등장하는 인장은 이미 그 정교함으로 예술적 의미를 획득하기 시작했다. 명말 청초의 정적은 인장을 단순한 장식이 아닌 회화 구성의 핵심으로 끌어올렸다.

정적은 인장과 제관(題款), 그리고 그림 사이의 긴밀한 호흡을 주장했다. 특히 인장이 그림의 기(氣)를 따라야 함을 주장했는데 그의 통찰은 인장이 왜 중요한지를 잘 설명한다.

> "도장은 제관의 부족한 점을 보완해야 하며, 기맥(氣脈)이 끊어지지 않도록 해야 한다."

인장이 결코 독립된 표식이 아니라 그림 내부의 흐름에 깊이 관여하는 '숨결'이라는 것이다. 정적에게 있어 인장은 위치나 수의 문제가 아니었다. 그것은 그림과 제발, 서체를 관통하는 기운의 일관성을 유지하는 화폭의 리듬 조절자였다.

이러한 인식은 인장의 배치에도 반영되었다.

> "도장이 제관을 돌아보는 것은 제관이 그림을 돌아보듯 해야 하며,

상황에 따라 도장의 수와 위치를 조정해야 한다."

인장이 결코 고정된 틀에 얽매이지 않고 살아 있는 조형으로 존재해야 한다는 것이다. 이렇듯 문인화에서의 인장은 단순히 작자를 드러내는 표식에 머물지 않는다. 그것은 여백의 침묵 속에 마지막 남은 감정을 마무리 짓는 붓의 숨결이다. 그림의 끝이 아니라 새로운 시선이 열리는 문이다. 그 문을 통해 감상자는 그림 속으로 조금 더 가까이 다가선다.

그리고 그 한 점의 붉은 기호에서 그림이 남긴 침묵과 여운, 작가가 지향했던 고요한 사유의 깊이를 비로소 마주하게 된다.

셋째 마당

고려_회화의 문을 열다

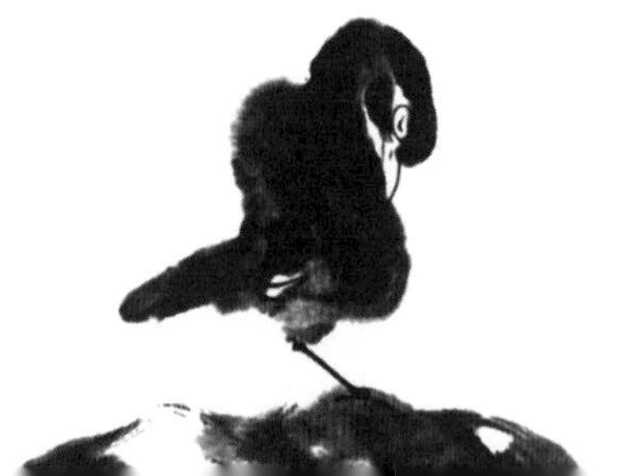

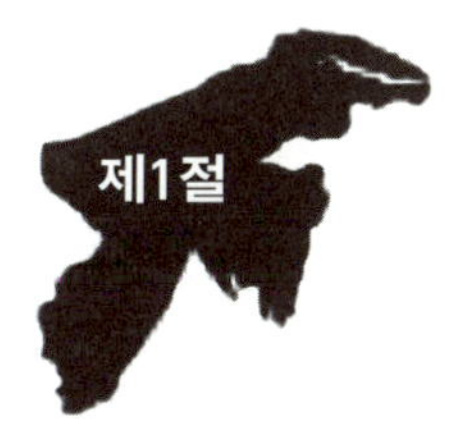

문인화 시대의 관문이 되다

—

우리나라에서 산수화가 언제 시작되었는지는 단정하기 어렵다. 다만 『삼국사기』의 몇몇 기록은 그 기원을 어렴풋이 짐작하게 한다. 성덕왕 16년(717), 당나라에서 돌아온 왕자 수충이 공자와 그의 제자들의 초상화를 바쳐 대학(大學)에 안치하였다는 기록은 회화의 교육적, 의례적 기능을 암시한다. 또 『삼국사기』 열전에는 솔거가 황룡사 벽에 노송도를 그렸는데, 그 실경에 가까운 묘사로 새들이 날아들었다는 일화도 전해진다. 이는 당대(唐代) 청록산수화의 양식이 신라 화가들 사이에 유입되었음을 짐작하게 하는 대목이다.

한편, 당나라 장언원의 『역대명화기』는 신라의 화가 김충의(金忠義)에 대해, "기법은 정교하고 아름답지만 품격은 그다지 높지 않다."는 평을 싣고 있다. 당나라 덕종 연간(785-804)에는 신라인들이 주경현(周景玄, 730?-800?)의 그림 "수십 권을 고가로 구입해 갔다."는 기록도 보인다. 주경현은 불화와 미인도에 있어서 '신품(神品)'으로 불렸던 인물이다. 그의 그림을 신라인들이

고가에 수입했다는 사실은 이미 신라 상층부에서 회화가 문화적 관심의 대상이었음을 보여준다.

이러한 정황은 통일신라 이후로 산수화가 일정 수준 이상 제작되었으리라는 가능성을 뒷받침한다. 도화기관인 전채서(典彩署)의 존재와 당과의 빈번한 교류도 그러한 추정을 뒷받침하는 요소다.

그러나 중국 산수화가 본격적으로 영향을 끼친 시점은 고려 중기, 문종(文宗, 재위 1046-1083) 시대에 이르러서였다. 문종은 학문과 예능에 밝았고 예술을 적극 장려하였다. 그의 문화정책 아래 회화 예술은 점차 그 기반을 다졌고, 인종(仁宗, 1109-1146) 대에 이르러 급속한 발전을 맞는다. 이후 명종(明宗, 1170-1197)은 직접 산수화를 즐긴 제왕 화가로 회화가 순수예술로 진입하는 데 결정적인 기여를 한다.

이러한 미술사의 흐름 뒤에는 송대 회화의 영향이 자리 잡고 있다. 북송의 휘종 황제와 소식, 황정견, 서긍 등 정치가이자 문인이었던 이들의 예술 활동은 고려의 사대부들에게 깊은 인상을 남겼다. 원대의 조맹부 또한 그러했는데 이들의 화풍과 회화관은 고려로 유입되며 새로운 미학의 문을 열었다.

그런 가운데 김부식(金富軾)과 이제현(李齊賢) 같은 문인 관료들이 고려 회화 발전에 깊이 관여하게 된다. 특히 인종 대의 이영(李寧)은 사절단의 일원으로 송나라 개봉에 머무르며 직업 화가로 활동했고, 그의 그림은 휘종에게 극찬받았다. 이는 고려 산수화가 이미 창작과 감상의 차원으로 발전해 나갔다는 사실을 말해준다.

고려 후기로 접어들면 회화 교류의 중심은 충선왕(忠宣王)이 원나라 연경에 설치한 만권당(萬卷堂)으로 옮겨간다. 이곳은 고려와 원나라 문인들이 사유와 예술을 공유하던 공간이었고, 이제현은 그곳에서 조맹부를 만나 문인화의 새로운 감각을 체득한다. 만권당은 학자 교류의 장을 넘어 고려 문인화의 사유가 뿌리내린 곳이라 할 수 있다.

이렇듯 북송과 원의 산수화 유입은 양식의 모방을 넘어 문인화의 정착이라는 결과로 이어졌다. 사군자화와 수묵산수는 성리학적 사유와 결합하며 문인 개개인의 인격과 취향을 드러내는 지적 활동으로 변화하였다. 회화는 더 이상 궁중의 장식이나 불화에 머물지 않고 문인의 서재를 장식하는 사유의 대상이 되었다.

비록 실물로 전해지는 고려 산수화는 거의 없지만 남겨진 문헌과 기록은 그 정신의 실체를 우리 앞에 드러낸다. 단편적인 문장의 틈새에서 우리는 고려 회화의 진중한 내면과 조우하게 된다.

고려는 한국 회화가 '감각에서 사유로', '기능에서 철학으로' 이행하는 관문이었다. 문인화의 시대는 그렇게, 조용히 그러나 분명하게 그 문을 열고 있었다.

1. 그림의 시대를 연 군왕 _ 문종

11세기, 고려는 문화적 정체성을 새롭게 다져나가던 시기였다. 그 중심에는 문종(文宗, 재위 1046-1083)이 있었다. 그는 학문과 예술을 나라의 기틀로 삼고자 한 군주였다. 외교와 문화 교류를 통해 예술의 기반을 넓히고자 했다. 문종 대의 문화 교류는 회화가 문인들의 시야에 본격적으로 들어오는 전환점이 되었으며 이후 문인화로 나아가는 여정의 시작이 되었다.

이 무렵 북송은 왕안석이 신법(新法)을 제정하여 내정 개혁을 이루고, 거란(요)과는 화평 정책을 쓰면서 국제 질서를 재편성하고 있었다. 고려 또한 이에 호응하며 송과의 외교 관계를 복원하고 문화 교류를 적극 추진했다. 1074년, 문종은 김양감을 정사로 사절단을 파견하며, 삼백여민(三百餘緡)을 하사해 회화 작품을 구입해 오도록 했다. 이어 1076년에는 최사량(崔思諒)과 화공을 보내 송의 상국사(上國寺) 벽화를 모사해 오게 한다.

상국사는 수행 공간이라기보다 황실과 외국 사신을 위한 의례 및 문화 교류의 장으로 활용되던 사찰이었다. 특히 상국사 벽화는 본래 고익(高益)의 그림이었으나, 995년 절을 중수하면서 퇴락한 벽화를 태종의 어람용 화사였던 고문진(高文進)이 '그대로 옮겨 그린' 것으로 알려져 있다. 고익과 고문진은 북송 초 도석인물화의 최고봉으로 '골기(骨氣)' 강한 채묵 풍의 그림을 그린 이들이었다.

곽약허는 이때 상국사 벽화를 모사하던 고려 화공에 대해 "모사를 한 화사 중에는 화법이 정교한 자가 생각보다 많았다."는 기록을 『도화견문지』에 남기기도 했다. 이 기록은 당시 고려 화단의 수준을 가늠하게 해 준다.

이 시기는 또한 곽희(郭熙)가 『임천고치』를 집필하며 궁정화가로 활동하던 시기이기도 하다. 상국사 벽화에는 그의 산수화도 포함되어 있었으니, 고려 화공들이 그 작품을 실제로 접했을 가능성도 많다. 이후 고려 불화에 보이는 대각선 구도, 원경·중경·근경의 구분, 수직으로 솟은 산봉우리 등은 곽희가 『임천고치』에서 설파한 삼원법의 회화이론과 유사한 부분이 많다는 연구를 보면 더욱 그러하다.

어찌 되었든 화공들은 송나라에서 보고 느낀 회화의 감각을 자신의 그림에 담아 귀국했다. 어떤 이들은 현지의 풍경을 그리며 산천의 형세를 기록하기도 했다. 소식(蘇軾)은 "고려 사신이 이르는 곳마다 산수를 그려 허실을 엿본다."며 대책을 세워야 한다고 주장하기까지 했다. 이는 고려 화공들의 활동이 회화 그 자체를 넘어 주변 세계에 대한 깊은 관찰로 나아갔음을 말해준다.

북송과의 교류는 고려 화단에 새로운 눈을 열어 주었다. 자연은 이제 '보는 것'이 아니라 '들여다보는 것'이 되었다. 그리고 이 모든 여정은 지식으로 확장된다. 문종과 그의 아들 의천(義天, 1055-1101)은 송 태종이 편찬한 『태평어람』과 『이아도찬』을 들여왔다. 『태평어람』에는 고개지의 '전신사조(傳神寫照)'나 왕유의 시화론 등 당대 회화사상이 정리되어 있었고, 『이아도찬』은 자연물의 형태와 명칭을 도해로 설명한 백과사전이었다. 이러한 저술의 유입은 고려 화단에 회화에 대한 이론적 이해와 철학적 성찰을 더하는 계기가 되었을 것이다.

이렇게 문종대의 회화 교류는 외교 사절단의 활동이라는 외형 안에 예술에 대한 관심과 문화적 감식력을 내포하고 있었다. 고려는 이때부터 회화를 통해 존재와 자연을 깊이 들여다보는 감각을 기르기 시작했다. 그 출발점에 문종이 있었다. 문종은 그림을 통해 문명을 배우고, 예술을 통해 시대의 정신을 정립하고자 했다.

문종의 시대, 고려는 그림의 시대를 맞이하게 되었다.

풍격이라는 응답 _ 곽약허가 본 고려

북송의 곽약허(11c 중-후)는 역대 화가들의 전기를 수록한 『도화견문지(圖畫見聞志)』를 쓰면서, 뜻밖에도 한 줄기 눈길을 고려로 돌린다. 그 시선은 날카로우면서도 사려 깊었고, 중심에서 주변을 바라보는 시신을 갖고 있었다. 그의 시선 한 자락을 보자.

> "고려는 문물을 돈독히 하고 학문을 숭상하는 나라로서 중국의 풍물에 점점 물들었으며 기교도 정교하다."

곽약허가 본 고려는 단지 회화를 수입한 수동적 수용자를 뜻하지 않는다. 오히려 '점점 물들었으며 기교도 정교'했다는 저 표현에는 하나의 문화가 다른 문화를 자신만의 감각으로 소화하고 변용해 내는 시간과 성찰이 포함되어 있다.

그가 언급한 고려의 작품들은 〈산수도〉 네 권, 〈본국팔로도(本國八老圖)〉 두 권, 그리고 〈행도천왕도(行道天王圖)〉였다. 곽약허는 이 작품들이 "모두 풍격이 있다"(皆有風格)고 덧붙였다. '풍격'이라는 말은 단순한 수묵의 기술을 넘어, 그림에 깃든 정신과 예술적 품격을 뜻한다. 그것은 곧 고려 회화가 어느 순간, 배우는 단계를 넘어 그려내는 존재로 전환되었음을 암시한다.

이 한 줄의 평가는 고려 회화사에 있어 매우 귀중한 증언이다. 고려는 단순히 송의 양식을 모사하지 않고 자신들의 조형 언어를 만들어 가고 있었다. 또 고려의 회화가 당대를 대표하는 송의 화론가도 인정할 만큼 내면적 품격을 갖추고 있었다는 것을 알 수 있다.

물론 오늘날의 우리는 이 그림들을 볼 수 없다. 고려의 산수화는 대부분 전하지 않으며 불화 이외의 회화는 문헌 속 기록으로만 그 존재를 더듬을 뿐이다. 그러나 그 '보이지 않음'이 오히려 남겨진 글의 무게를 더한다.

곽약허의 언급은 단지 한 시대의 회화가 외부로부터 평가받았다는 기록만을 뜻하지 않는다. 그것은 경계 너머로 퍼져나간 고려 예술의 결, 그리고 동아시아라는 미술사적 지형 속에서 이루어진 교차와 소통의 순간이다.

『도화견문지』에 비친 고려의 풍경은 조용하지만 선명하다. 그것은 한 나라의 그림이 다른 나라 사람의 눈과 마음에 '풍격'으로 남았다는 사실, 그리고 그로부터 문명은 단절이 아니라 응답의 여운으로 이어진다는 사실을 말해준다. 문종 대의 고려, 그들은 붓으로 문을 두드렸고, 송의 화론가는 그 문을 조용히 열었다.

그리고 우리는 천 년의 세월을 건넌 지금, 그 장면을 여전히 사유하고 있다.

2. 인종의 눈, 서긍의 붓

고려 인종(仁宗, 재위 1122-1146)의 시대는 바깥의 격랑과 안쪽의 교양이 교차하는 시기였다. 정치의 무대에서는 이자겸의 난과 묘청의 서경 천도가 휘몰아쳤지만, 그 이면의 고려는 여전히 문예의 실을 엮고 있었다. 그리고 그 실타래 한가운데에는 북송과의 계속된 회화 교류가 있다.

인종은 어려서부터 재주가 많고 예능에 뛰어났다. 음률에 밝으며 시화를 잘하고 밤새워 책을 읽을 만큼 학문을 좋아한 왕이었다. 이 시기 북송은 휘종(재위 1100-1126)의 통치 아래 있었다. 글과 그림에 뛰어났던 휘종은 회화를 나라의 문화 체계로 편입하여 '원체화'의 절정기를 가져온 황제였다.

두 나라 군주의 이러한 성향은 회화 교류에도 큰 영향을 미쳤다. 문종 대에 열린 외교의 문은 인종 대에 이르러 더욱 구체화 된다. 사절단은 형식적 왕래를 넘어, 예술이 실질적인 교류의 대상이 되는 순간들을 기록하기 시작했다.

1123년, 휘종은 고려에 국신사(國信使)를 파견한다. 이 사절단에는 예물관 서긍(徐兢, 1091-1153)이 끼어 있었다. 그는 금석문과 회화에 능한 문인이었다. 서긍은 고려에서 보고 들은 것을 글과 그림으로 남겼고, 이를 바탕으로 『선화봉사고려도경(宣和奉使高麗圖經)』이라는 40권에 이르는 방대한 기록을 남겼다.

물론 『고려도경』이 궁궐과 거리, 풍속과 복식, 인물과 제도의 세세한 정황까지 담았다는 것을 보면, 회화를 정치와 외교의 언어로 활용한 흔적이 농후하다.

하지만 무엇보다도 눈 여겨야 보아야 할 것은 그가 고려의 대표적인 문인들과 직접 마주하고, 그들의 초상을 그렸다는 점이다. 이자겸, 김부식, 윤언식… 역사책의 이름으로만 남은 이들이 한때 그의 붓 앞에 앉았다. 북송 회화의 감성이 고려 인물의 형상을 화폭에 담아낸, 이 문화의 교차 장면은 여러 가지를 떠올리게 한다.

> "그림을 그리는 사람들은 불화를 잘 그리는데 인물화, 산수화, 화훼, 대나무 그림에도 필의(筆意)가 뛰어나다."

그가 『고려도경』에서 밝힌 저 말을 보면 더욱 그러하다. 이미 '필의가 뛰어난' 고려에서 명망가들의 초상화를 그린 서긍. 그 변화는 회화가 교양과 사유의 도구로 격상되는 의식 전환의 조짐은 아니었을까.

인종대의 회화 교류는 우연한 사건이 아니다. 성숙한 예술 체계와 열린 수용 태도가 만난 교차점이었다. 북송 휘종의 미학과 고려 인종의 예술 사랑은 시대와 국경을 넘어 서로를 향했다. 그리고 그 사이에서 그림은 단순한 도상이 아니라, 사유의 매개이자 문화적 응답이 되었다.

이 시기, 고려의 회화는 더 이상 한쪽 벽면에 머무는 장식이 아니었다. 그것은 사람의 얼굴을 담고, 산수의 기운을 품고, 시대의 품격을 드러내는 지성의 초상화가 되어가고 있었다.

이영의 산수화, 휘종의 마음을 잡다

1124년, 인종은 추밀원부사 이자덕을 정사로 한 사절단을 북송에 파견한다. 그 일행 속에는 한 명의 화가가 있었다. 이름은 이영(李寧). 그는 외교의 의전이 아니라, 회화 정신의 교류를 위해 준비된 인물이었다. 『고려사』는 이영을 가리켜 "근래에 고려의 화공으로서 사신을 따라온 자가 많았는데, 오직 이영만이 묘한 솜씨이다."고 평한 휘종의 말을 전한다(명종 15년 3월).

이영은 송 황제 휘종에게 고려의 강산을 그린 〈예성강도(禮成江圖)〉를 바쳤다. 그의 그림은 미학자였던 휘종의 감탄을 불러왔다. 자신의 곁에는 당대의 화단을 대표하는 화가들이 모여 있었지만 그의 눈은 이영의 그림에 머물렀다. 휘종은 왕가훈(王可訓), 진덕지(陳德之), 전종인(全宗仁), 조수종(趙守宗) 등 궁정 화원을 대표하는 화가들에게 이영의 화법을 배우게 했다.

이영이 송의 궁정 화단이 참고하고 모방할 만큼 완성된 화격(畫格)을 지닌 존재로 인식되었음을 알 수 있다. 이영은 특히 산수화에 능했는데 송에 머물면서 많은 그림을 그렸다. 그때 남긴 산수화는 이후 고려로 다시 돌아오며 또 다른 흐름을 만들었다. 『고려사』에 전하는 이영의 일화는 상징적이다.

이영이 고려에 돌아왔을 때, 송의 상인이 인종에게 〈천수사남문도(天壽寺南門圖)〉를 바쳤다. 왕은 중국의 귀한 작품이라고 기뻐하며 이영을 불러 감상케 하였다. 이영이 보니 자신이 그린 그림이었다. 왕이 믿지를 않자, 그가 뒤쪽에 몰래 서명해 둔 표식을 보이니 왕이 그제야 믿고 놀람을 감추지 못했다.

이영의 그림은 마치 그 자신처럼 고려를 나갔다가 다시 고려로 되돌아왔다. 이영의 일화는 고려가 이미 일정 수준 이상의 회화 능력 갖추고 있었다는 것을 잘 보여준다. 인종이 그를 사절단에 동행케 한 것은 외교적 전략이자 문화적 자신감의 표현이었을 것이다.

『고려사』에서는 '화공'으로 표현하고 있지만, 이영은 화공이 아니라 고려의 '화가'였다. 그는 송의 휘종에게 인정받았고, 그의 그림은 중국에서 수집되었으며, 다시 고려로 되돌아와 감동을 주었다. 그의 이름은 간략하게 남아 있지만 그의 붓은 북송의 회화가 밀려들고 다시 흘러 나가던 그 길목의 중심에 있었다.

한편 북송 문인 누약(樓鑰)의 기록은 고려가 회화를 수용할 수 있는 저력을 갖고 있었음을 알려주는 예이다. 고려 상인이 송나라에서 저당 잡힌 한간(韓幹)의 말 그림을 보았더니, 고려 양식의 장정으로 꾸며져 있더라는 기록이다. 고려가 그림을 수입만 하는 것이 아니라, 그것을 다시 포장하고 유통할 수 있는 감식과 기술을 갖추고 있었다는 증거가 아닐 수 없다.

한간은 당나라의 궁정화가로 말 그림의 대가였다. 만약 고려인이 수집했던 그림이 진품이라면 고려의 회화 매매시장도 상당한 경제력을 갖췄을 것이라는 추정도 가능하다.

3. 제왕의 붓, 고려 회화를 깨우다

한국 회화사에서 군주가 직접 붓을 들고 화가로 이름을 남긴 사례는 극히 드물다. 그런 중에도 고려 명종(明宗, 재위 1170-1197)의 족적은 매우 뚜렷하다. 그는 정치의 중심에 있었을 뿐 아니라, 붓을 들고 산수를 그리며 예술의 세계에 깊이 발을 디딘 제왕이었다. 명종의 붓에는 개인의 취향을 넘어, 고려의 회화가 자각의 국면에 접어들었음을 보여주는 시대적 감각이 담겨 있었다.

인종의 셋째 아들로 태어난 명종은 어려서부터 문예에 두각을 보였다. 서화에 능했는데 특히 산수화에 있어 뛰어난 감각을 지녔다. 그는 왕위에 오른 뒤에도 붓을 놓지 않았고 종종 화폭을 펼쳐 사의(寫意)를 담았다.

아마도 그가 가장 직접적인 영향을 받은 인물은 송 휘종이었을 것이다. 휘종은 시문과 회화에 뛰어났을 뿐만 아니라 원체화라는 미학 체계를 완성한 군주였다. 명종은 그러한 휘종의 이상을 동경하고 실천한 듯하다.

명종은 〈소상팔경도(瀟湘八景圖)〉를 그리고 이를 문신들에게 하사하면서 각기 시부(詩賦)를 지어 응답하게 할 만큼 그림을 좋아했다. 명종 대, 산수화는 문인들과 왕이 함께 나누는 교양의 장이 되었다.

이영의 아들 이광필(李光弼), 고유방(高惟訪) 등의 서화가들과 함께 종일토록 그림을 그렸다는 기록도 전해진다. 심지어 정사에 차질이 생길 정도였다는 『고려사』의 기록은 그가 얼마나 그림의 세계에 몰입했는지를 말해준다.

명종 대는 고려 회화사에서 중요한 전환점을 이룬 시대였다. 산수가 사유의 대상으로 인식되기 시작한 것이다. 〈소상팔경도〉는 실제의 자연을 그리기보다는 정서와 분위기, 감흥을 전달하는 데 초점을 맞춘 그림이었다. 이는 곧 내면의 기운을 중시하는 '사의(寫意)'의 문인화가 왕의 손에서 시작되었음을 뜻한다.

명종의 〈소상팔경도〉는 고려시대 문인화의 선언이나 다름없었다. 제왕이 직접 붓을 들고 정신을 그리는 시대, 고려는 이제 자신들의 감각으로 회화를 바라보고 해석하는 단계로 접어들고 있었다.

한편, 명종 대는 국제 정세의 복잡한 전환기이기도 했다. 송과 금 사이에서 고려는 신중한 외교를 펼쳐야 했는데, 그 영향은 회화 교류에서도 나타났다. 명종 16년(1186), 금에서 사신으로 온 야율이는 그러한 교차점의 인물이었다. 요(遼)가 멸망한 후 금(金)에 귀속된 그는 상서우승(尙書右丞)이라는 고위직에 임명되었다.

더구나 그는 인물화와 묵죽, 말, 사슴 등 다양한 분야에서 기량을 드러낸 화가였다. 송과의 회화 교류가 단절의 위기에 처했던 당시, 그의 고려행이 금과의 회화 교류에 계기가 되었으리란 것을 충분히 예상할 수 있는 것이다.

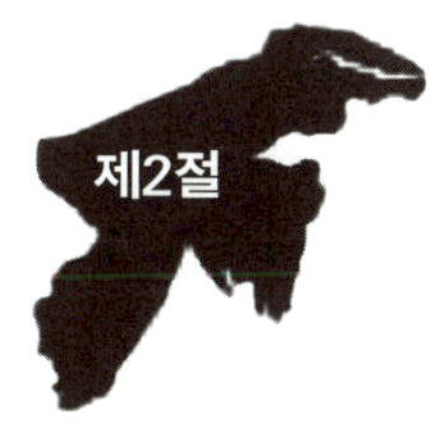

문인화 수용의 여적들

1. 그림 너머의 교감 _ 만권당

11-12세기의 동북아시아는 격동의 시대를 건너고 있었다. 거란족이 세운 요(遼, 916-1125)는 두 번씩이나 고려를 침공했고, 여진족이 건국한 금(金, 1115-1234)은 요를 멸망시키고 이어서 북송의 수도 개경마저 함락해 송을 남쪽으로 밀어낸다. 중원을 차지한 금은 고려에 사대(事大)를 요구했다. 고려가 송과 금의 사이에서 줄타기 외교를 펼치고 있을 때, 중원의 후방에서 일어난 몽골족은 원(元)나라를 건립해(1264), 금과 송을 무너뜨리고 최후의 승자가 되었다.

몽골은 이 이전인 1231년부터 1259년까지 총 8차례에 걸쳐 고려 정복에 나섰다. 고려의 무신정권은 강화도로 천도하면서 대항했으나 결국은 굴복하고, 1270년 개경으로 환도했다. 이후 고려 왕은 원 황제의 '부마(사위)'가 되어야 하는 속국으로 전락해 왕위 계승조차 황제의 승인을 받아야 했다.

그러나 정치적 복속이 꼭 문화의 침잠만을 의미하지는 않았다. 원의 개방정책은 오히려 예술과 정신의 층위에서 더욱 깊고 섬세한 교류를 불러왔다.

충렬왕(忠烈王, 재위 1274-1308)은 원과의 관계 속에서 다양한 외교 채널을 활용했는데, 회화 또한 교류의 한 축으로 자리 잡는다. 1304년, 충렬왕은 화가 송균(宋均)을 원나라에 파견해 금강산도를 바쳤다. 이 회화가 자발적인 외교 선물인지, 아니면 원의 요구에 따른 것이었는지는 분명하지 않다. 다만 이 시기를 전후해 문인화 양식이 본격적으로 고려에 유입되기 시작했다는 사실은 주목할 만하다.

당시 원나라 회화의 중심에는 조맹부(1254-1322)를 비롯한 일군의 문인화가들이 활동하고 있었다. 시·서·화 삼절을 중시하고 사의(寫意)의 정신을 화폭에 담았던 그들의 그림은 한 사람의 인격이 머무는 공간이었고, 감정과 교양이 만나는 언어였다. 그들이 문인화의 이상을 정제해 나갈 때, 고려의 문인들도 그 세계의 문을 열었다.

그 교감의 정점에는 원의 수도 연경에 연 만권당(萬卷堂)이 있었다. 만권당은 충선왕(忠宣王, 재위 1308-1313)이 즉위한 지 5년 만에 왕위를 아들 충숙왕에게 물려주고 이듬해인 1314년 자신의 거처에 만든 공간이었다. 학자들의 교류를 위해 조성된 곳이었지만 실제로는 양국의 문인들이 모여서 그림을 보고 서예를 감상하며, 자신들의 감식안을 확인하고 상대방의 인격을 읽어내는 고급문화 살롱이었다.

1317년, 상왕이 된 충선왕은 이제현(李齊賢, 1287-1367)을 만권당으로 불러들였다. 이제현은 시와 서, 그림에 두루 정통했던 고려를 대표하는 문인이었다. 이제현은 이곳 만권당에서 조맹부를 만난다. 그는 조정의 중신으로 북송 문인화를 계승하여 시정화의(詩情畫意)의 이상을 구현한 원대를 대표하는 화가였다.

주덕윤(周德潤) 또한 만권당을 찾는 중요한 인물이었다. 그는 곽희의 산수화법에 정통하여 '곽희통'으로 불렸으며, 왕몽과 황공망 등의 화풍을 절충한 유려한 산수화를 그렸다. 그들은 이제현과 함께 그림을 감상하고 토론하며 그림 속의 의취를 함께 나누었다.

만권당은 그 이름만으로도 고려 회화사에서 비켜 갈 수 없는 의미를 갖는다. 그곳에서의 교류는 고려 문인의 붓을 바꿔 놓았다. 그들의 붓은 이제 산수의 재현을 넘어서 정신을 그리기 시작했다. 사군자화와 산수화가 자리를 잡기 시작하면서 필묵의 세계는 기법의 문제가 아닌, 인격의 지표가 되어갔다.

만권당은 그렇게 고려 문인화의 탄생을 지켜보고 있었다.

2. 이상향을 향한 시선 _ 소상팔경의 미학

고려 후기는 정치적 격랑과 예술적 감성이 엇갈리던 시대였다. 원나라에 기댄 권문세족의 횡포가 절정을 이루던 그 시기, 궁정 밖의 예술은 오히려 더 깊은 성찰을 담기 시작한다. 회화의 중심축은 인물에서 산수로 이동했고, 그 산수는 점차 감정의 무늬로 읽히기 시작했다.

이런 흐름 속에서 중국 강남의 절경이 이상향으로 부상했다. 가 보지 않고도 읊을 수 있었던 공간, "강남 유람은 못했어도 강남의 승경이야 잘 말할 수 있다."는 문인들의 말은 수사적 표현만이 아니었다. 그것은 정지상(鄭知常, ?-1135)이 "취해서 꽃 언덕에 자면서 강남 꿈을 꾼다."(「취제(醉題)」)고 읊었듯이, 현실을 떠나 내면의 풍경을 구축하던 문인 감각의 표출이었다.

강남은 귀거래(歸去來)와 은일(隱逸)의 상징이다. 사대부의 '강호지락(江湖之樂)'을 구현하는 풍경이자, 속세를 벗어난 마음속 피안이었다. 그러한 강남의 정서가 그림으로 구체화 된 결정체가 바로 〈소상팔경도〉였다. 소수(瀟水)와 상강(湘江)이 만나는 호남 팔경은 북송 대부터 회화와 시문에서 자주 묘사된 소재였다.

그러나 소상팔경은 실제의 풍광이 아니라 이상화된 경관이다. '강남의 꿈과 감흥'이 시·서·화로 결집된 소상팔경은 그 하나하나의 장면이 그림이자 시였고, 시인 동시에 사유였다.

고려 회화는 〈소상팔경도〉가 전해지던 무렵부터 문인의 의취를 깊게 드리우기 시작한다. 채색보다는 수묵, 정밀한 묘사보다는 여백, 사실보다는 정취를 취했다. 산수화는 더 이상 풍경만을 그리는 회화가 아니었다. 자연의 질서를 체득하고, 그 질서에 맞추어 자신의 심회를 조율하는 과정이었다. 필선은 간결해지고 구성은 소략해졌으며, 끝없는 여운이 그림을 감싸기 시작했다.

이러한 회화의 변모는 문인들의 시에서도 여실히 드러난다.

이규보(李奎報, 1168-1241)는 "짧은 시간에 산천의 천태만상을 그려내는 그대 부러워라. 그대가 어찌 시옹이랴, 바로 화옹이로세."라고 하여, 화가의 정서와 문인의 감흥이 교차하는 지점을 보여준다. 그의 또 다른 시에서는 당시 문인들의 회화 생활을 엿볼 수 있다.

"꿈속에서 선경을 유람하듯, 병풍 속에 둘러쳐진 산수가 곁을 감싼다."

회화가 벽면의 장식이 아닌, 일상의 정신적 풍경으로 기능했다는 것을 보여준다. 이 같은 정서는 구체적인 회화 주제로도 발현되었다. 12세기 중·후반에 활동한 임춘(林椿)은 〈춘경산수도(春景山水圖)〉에 다음과 같은 제화시를 붙였다.

"산색과 호수 빛에 봄이 다시 푸르고 … 동정호 물결 맑은데 해 질 녘 외로운 배는 어디에 묶을까."

산수는 이처럼 시의 언어로 다시 호명되었고, 감상의 층위는 겹겹으로 깊어졌다. 이 모든 사유의 중심에는 소상팔경이 있었다. 소상팔경은 그저 그런 여덟 폭의 그림이 아니었다. 그것은 여덟 번의 감정, 여덟 줄기의 사유 그리고 여덟 겹의 꿈이었다.

고려의 소상팔경은 수묵 산수화의 정서와 문인의 감흥이 만나는 지점으로 작동했다. 외경을 묘사하던 산수화는 내면을 여는 붓으로 변해가고 있었다. 어느 때부터인가, 산수화는 시화일률(詩畫一律)과 은일의 이상이 모아져 하나의 미학 코드로 정착되었고, 이는 이후 조선 문인화의 규범으로 계승되었다.

3. 문인의 붓, 정신을 깨우다

절개를 그린 묵죽의 시인 _ 이규보

고려 문인화의 첫 숨결은 화폭이 아닌 시인의 붓끝에서 먼저 일어났는지도 모른다. 이규보(李奎報, 1168-1241). 그는 고려 시단을 이끌던 문장가였지만 그가 남긴 회화에 대한 언술은 단순한 감식의 차원을 넘는다. 그는 『동국이상국집』 속 다수의 시문에서 그림에 대한 감상을 남겼다. 회화에 대해 남다른 관심을 보였던 그의 식견을 짐작할 수 있다.

이규보는 묵죽에 대해서도 여러 편의 시를 남겼다. 정홍진(丁鴻進)에게 묵죽화 네 폭을 받고 각각의 그림에 제화시를 부쳤는데, 그 중 〈풍죽(風竹)〉

의 제화시를 보자.

"너에게 소중한 것은 절개가 곧은 것뿐이로다./ 흔들리어 몸을 가누지 못함은 바람 때문일세./ 이 또한 빈 것인데, 누가 이것을 흔들소냐."

흔들리는 묵죽 한 줄기에도 바람과 절개의 의미를 불어넣는 감수성 - 이규보에게 회화는 품격이 머무는 자리였으며 인격을 담는 그릇이었다.

그는 이 찬시에서 "묵죽이야말로 진짜 사대부의 일"이라며, 교양의 덕목으로 회화를 수용한 문인의 태도를 드러낸다. 또 "그려준 네 개의 묵죽은 사대부가 즐길 만하다."고 평가한다. 그림 감상을 유희가 아닌 인격 수양의 수단으로 바라본 것이다.

이규보는 화가는 아니었다. 하지만 회화에 대한 높은 감식안과 정신적 공감을 통해 문인화의 정서를 일찍부터 일으킨 인물이었다. 그에게 회화는 형보다 뜻이 중하고 기법보다 품격이 앞서는 문인의 예술이었다.

여백 속에 깃든 격조 _ 이제현

이제현(李齊賢, 1287-1367)의 삶은 유배와 중용, 외교와 학문이 교차하는 역경의 여정이었다. 그러나 그의 마음 한편엔 언제나 시와 글, 그림이 있었다. 그에게 있어서 조맹부와의 만남은 산수화와 문인화가 조우하는 순간이었다.

이제현은 그와의 교유를 통해 산수화가 자연의 재현에 머무르지 않고, 인격의 표현으로 작동하고 있음을 깊이 깨달았을 것이다. 이제현은 또한 원대 서화의 대가인 진감여(陳鑑如)에게 초상화를 그리게 하였고, 스스로 화법을 익히려는 노력도 기울였다.

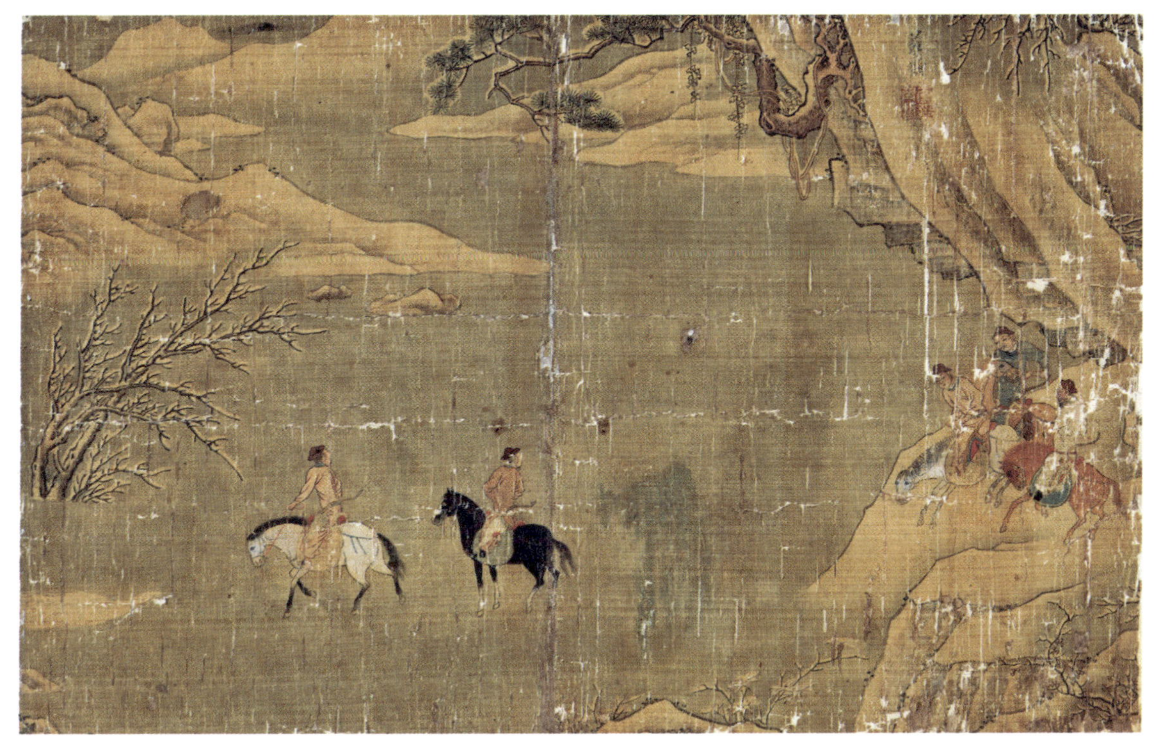

전(傳) 이제현, 〈기마도강도(騎馬渡江圖)〉, 14세기, 비단에 채색, 28.8×43.9cm, 국립중앙박물관.

국립중앙박물관에 소장된 〈기마도강도(騎馬渡江圖)〉는 그의 그림으로 전해지고 있다. 그것이 사실이라면 그에 대한 평가도 다시 이루어져야 할 것이다. 〈기마도강도〉는 말 탄 인물의 유유자적한 행보와 적절한 여백, 단정한 필선이 조화를 이룬 작품이다. 그 붓질은 문인의 기풍인 격조 있는 절제와 침잠된 시선을 고스란히 품고 있다. 문인의 마음이 흐르는 수묵의 깊이가 그대로 전해진다.

그는 회화 속 여백을 침묵의 공간으로 삼고 감정과 사유를 그 위에 머물게 했다. 〈기마도강도〉의 이러한 풍격은 고려 문인화가 도입기를 넘어, 이상을 추구했던 조선 문인화의 토대를 이미 충분히 갖추고 있었다는 것을 보여준다.

산수에 깃든 풍류와 고아함 _ 이색

이색(李穡, 1328-1396)은 성리학자이자 정치가로, 또 회화의 감식자로 다면적인 풍모를 지닌 인물이었다. 그는 고려의 문인 가운데 이규보와 이제현 다음으로 그림에 대한 글을 많이 남긴 인물이기도 하다.

그는 회화의 형식보다는 그 안에 담긴 정신과 품격을 중시했다. 『목은문고』에 전하는 〈제죽화(題竹畵)〉는 그러한 태도를 잘 보여준다.

> "지금의 그림은 정말로 속기가 없구나.
> 엄숙하고 숙연함이 더욱 당당하고,
> 제시(題詩)만으로도 가득하고자 하는데
> 어째서 작은 것들을 동반하고자 하는가?"

과장되지 않은 절제, 침묵을 담은 구성, 정결함과 담백함을 찬탄하고 있다. 이색이 그림을 통해 고아한 풍류를 추구했음을 알 수 있다. 그에게도 그림은 수양의 한 방식일 뿐이었다. 그는 마음이 맑고 고요하지 않으면 붓끝에서 그것이 드러날 수 없다고 믿었다. 자신의 내면이 그림에 직결된다고 생각한 것이다. 그는 산수화나 대나무 그림을 보며 그 안에 깃든 성정과 인품을 읽어내려 했다.

이규보와 이제현, 이색 - 이들은 고려 말의 회화 인식을 보여주는 대표적인 문인들이다. 서로의 삶은 달랐지만 그들이 원했던 그림은 단 하나 마음의 형상을 그리는 것이었다. 그들에게 그림은 사유였고 존재였다.

하지만 조용히 타오르던 문인화의 불빛도 결국은 시대의 어둠 속에 잠기기 시작한다. 고려 말, 정치의 혼란은 예술의 빛을 잠식했다. 원·명(元明) 교체기라는 대륙의 격동, 왜구의 침입과 권문세족들의 패권 다툼 속에서 학문과 예술은 점차 자리를 잃어갔고, 문인의 붓도 침묵 속으로 숨어들었다.

文人畫

넷째 마당

조선_문인화의 꽃을 피우다

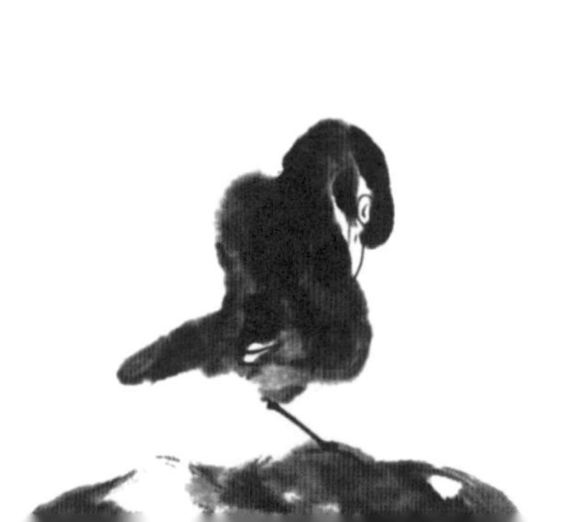

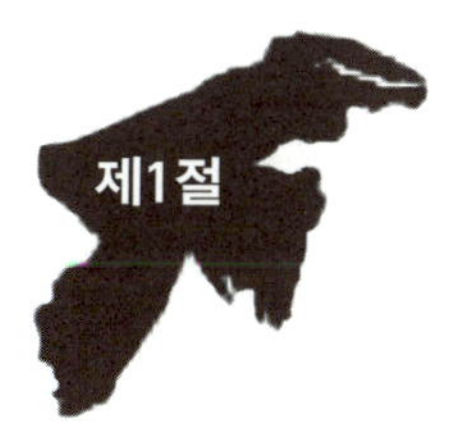

조선 초기(1392-1550)

—

조선의 개국이라는 정치적 격변은 예술의 입장에서는 그것에 담기는 정신의 방향을 재정립하는 사건이었다. 문화는 새로운 이념의 지배를 받아야 하는 변화의 시기를 맞았다. 성리학적 질서가 중심에 자리하면서 문예는 보다 절제되고 사유적인 양상으로 전환되었다. 이는 회화에서도 예외가 아니었다. 조선 초 문인화의 태동은 그러한 시대정신과 긴밀하게 맞닿아 있다.

조선에서 문인화가 자리 잡기까지는 긴 시간이 필요했다. 문인화가 이미 송대 이후 사대부나 은사(隱士)의 정신을 상징하는 예술로 확고히 자리 잡은 것과 다르게, 조선에서는 회화 자체가 '천한 기예(賤技)'로 취급되며 문인의 품격과는 일정한 거리를 둔 영역이었다.

조선 초기, 사대부가 그림을 그린다는 행위는 여간 조심스러운 게 아니었다. 대다수의 문인들은 회화를 자신의 신분과 양립시키기 어려운 것으로 보았다. 이와 같은 시선은 조선 문인화가 제도적 기반이나 이론적 담론 없이 오랜 시간 '여기(餘技)'의 차원에 머물게 한 주요 요인이었다.

그럼에도 몇몇 문인들은 이 틈을 비집고 사유와 예술의 경계를 넘나들며 회화의 새로운 가능성을 탐색하였다. 특히 세종(1419-1450) 대는 조선 초 문인화의 정신이 싹틀 수 있는 문화적 기반이 마련된 시기였다. 집현전의 설치와 시문 교육의 확산은 시·서·화의 교섭을 심화시켰고, 회화는 문인의 정서 표현 방식 중 하나로 서서히 자리를 잡아갔다. 이 시기 문인들의 그림에는 형식보다 내면의 성찰, 기술보다 기운(氣韻)을 중시하는 태도가 깃들어 있었다. 이는 후대 문인화의 핵심 미학으로 발전하게 된다.

조선 초 문인화를 대표하는 인물은 강희안(姜希顔, 1419-1464)과 강희맹(姜希孟, 1424-1483)이다. 두 사람은 고위 관료이자 뛰어난 문사로서, 중국 회화와 문인 정신에 깊이 공감하며 이를 조선의 맥락에서 소화하려 하였다. 강희안은 자연과 인간, 회화와 심성의 관계를 성찰하였다. 그의 화풍은 수묵의 절제 속에 기운생동(氣韻生動)의 정신을 담았다는 평을 듣는다. 강희맹 역시 중국 남종화의 영향 속에서 자율적 표현의 길을 모색하였다.

이를 두고 조선 사회가 요구하는 "윤리적 거리를 지키면서도 사유의 간극을 통해 회화의 정당성을 확보하려 한 문인화가들의 전략"이라고 해석하기도 한다.

우리나라의 산수 또한 문인화의 성격 형성에 깊은 영향을 주었다. 황하와 장강을 중심으로 한 장대한 대자연의 인상을 제공한 중국과 달리, 조선의 풍토는 부드럽고 세밀하다. 높은 봉우리보다는 완만한 능선, 거대한 협곡보다는 정취 어린 수림과 계곡이 중심을 이룬다. 이러한 풍광은 조선의 문인에게 자연을 경외하기보다는 교감하고 내면화하는 방식으로 다가서도록 했다.

조선 초 문인화는 이처럼 수동적 수용이 아닌 능동적으로 변용하는 과정에 있었다. 아직은 문인화에 대한 개념조차 정립되기 전이지만, 이미 조선의 회화는 사대부층의 심성과 이상을 시각화한 조형적 장치로 기능했던 것이다.

조선 초 문인화는 사대부 정신과 결을 함께한 예술적 시도의 발아였다. 그리고 이는 조선 회화 전반의 정체성을 형성하는 미학의 뿌리가 되었다.

1. 제도를 통해 본 조선 초기 회화의 전개

조선은 회화를 국가 제도 안으로 포섭하는 데 적극적이었다. 조선왕조는 성리학적 질서를 예술로 구현하고자 했다. 회화는 왕실 권위의 상징이자 통치 이념을 시각화하는 수단으로 기능하였다. 이러한 목적을 실현하는 핵심 기구가 도화원(圖畵院)이었다.

도화원은 단순한 그림 제작소를 넘어 화원의 선발과 훈련, 양식을 통제하는 중심 기관으로 기능하였다. 세종 대에는 산수, 인물, 화조, 죽 등 다양한 장르에 대한 시험이 시행되었는데, 그중에서도 묵죽(墨竹)은 문인의 기풍을 대표하는 장르로 높은 평가를 받았다. 회화가 도덕성과 인격을 반영해야 한다는 사회적 인식을 반영한 것으로, 도화원이라는 제도가 문인화 수용의 문턱이자 채널로 활용되었음을 알 수 있다.

성종 대 이후 도화원이 도화서로 개편되며 위상은 다소 낮아졌지만, 회화 실무를 관장하는 기관으로의 기능은 지속되었다. 이와 함께 회화는 궁정과 관청, 사찰과 지방사회에서 동시에 생산되며 다층적인 구조를 형성하였다. 또 사대부는 물론 왕족에서 직업 화원에 이르기까지 다양한 계층과 배경의 화가들이 활동하면서, 조선의 회화는 단일한 규범보다는 다양한 실험과 표현의 장이 되었다.

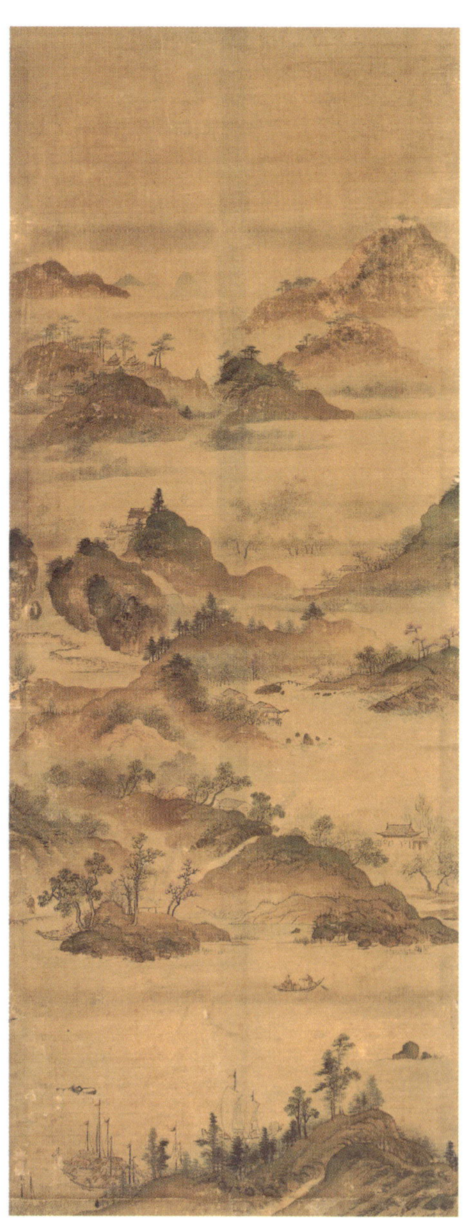

전(傳) 이정근, 〈산수도〉,
16세기 중후반, 비단에 수묵채색,
134.2×50.9cm,
국립중앙박물관.

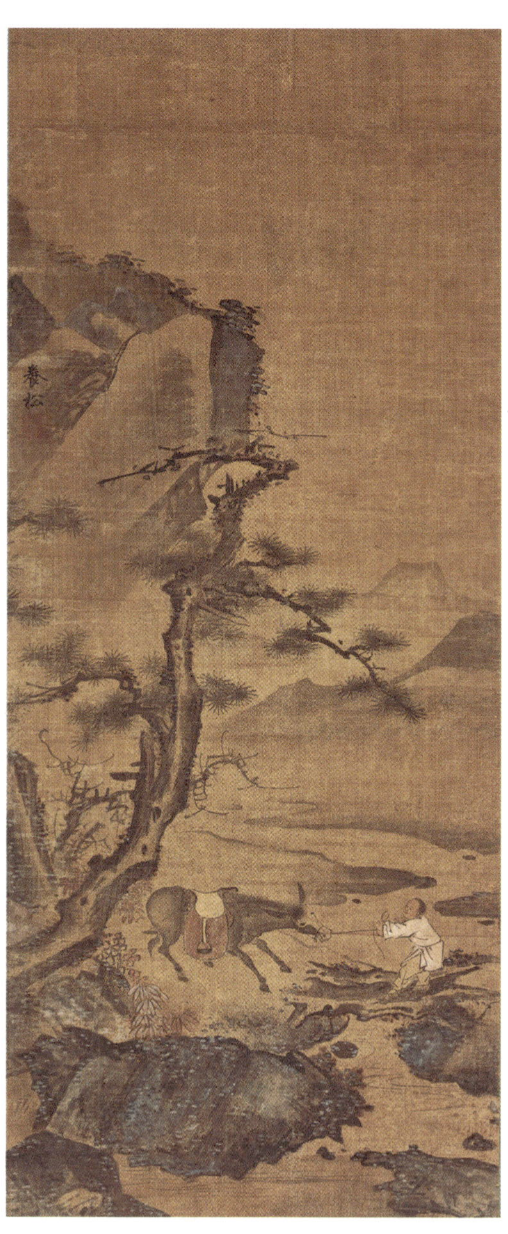

김시, 〈동자견려도(童子牽驢圖)〉,
16세기 후반, 비단에 담채,
111×46cm, 보물 783호,
개인 소장.

조선 초기 회화의 중요한 특징은 중국 화풍의 적극적인 수용과 변용에 있다. 특히 이곽파(李郭派)* · 마하파(馬夏派)** · 절파(浙派)*** · 미법산수(米法山水)**** 등의 다양한 화풍이 유입되었고, 이는 조선 화단에 일정한 자극과 가능성을 제공하였다. 안견의 『몽유도원도』는 그 대표적인 성취로, 명나라 마하파 화풍을 기반으로 하면서도 조선의 정서를 유려하게 결합한 걸작으로 평가된다. 또한 이정근(李貞根, 1531~?)은 미법산수풍을 바탕으로 조선 산천의 미감을 섬세하게 담아내며, 중국풍과는 다른 독자적 해석을 보여주었다.

조선 초 문인들이 그려낸 세계는 단순한 풍경이나 일상의 장면이 아니다. 그것은 조선 사회의 심성 구조와 윤리 의식을 담아낸 정신적 풍경이었다.

마찬가지로 조선 전기의 화론은 외견상 희미하지만, 그 내면에는 중국의 화론과 성리학적 자기성찰이 결합된 미학적 잠재력이 깃들어 있다. 그것은 실용보다 품격이 우선인 사회 분위기 속에서 조선 문인들이 조심스럽게 쌓아 올린 정신의 토양이었다. 비록 이 시기의 회화가 이론적으로 뚜렷한 화론을 형성하지 못했고 또 공적 담론으로까지 발전하지 못했지만, 그 속에는 분명히 조선 문인의 정신적 흐름이 있었다. 문인과 장인의 경계, 제도와 개

---

* **이곽파** 북송 산수화의 거장인 이성과 곽희의 화풍을 따르는 유파로 장대한 북방 산악을 사실적으로 묘사. 궁정 중심의 원체화의 산수화 전통을 확립했다.

** **마하파** 남송 궁정화가 마원과 하규의 화풍을 잇는 유파로 북송의 웅대함을 줄이고, 시적이고 감흥적인 산수화를 추구했다.

*** **절파** 명대 전기 절강(浙江) 지방을 중심으로 활동한 화가 집단으로 마하파 계통의 화풍을 계승하며, 명 초기 궁정회화를 주도했다.

**** **미법산수** 북송의 미불과 그의 아들 미우인이 창안한 산수화 기법. 사실적 묘사보다 시적·의경적 산수를 중시한 문인화의 원형.

성의 경계, 중국과 조선의 경계를 넘나들며 형성된 그 흐름은 조선 회화의 토대가 되었다.

이후 펼쳐지는 조선 문인화의 전개는 바로 이 '무정형 속의 형성기'를 통해 그 뿌리를 내릴 수 있었다.

2. 말예(末藝)를 넘어, 천기(天機)로

조선시대, 회화는 품격 있는 군자의 일상에 편입되기 어려운 예술이었다. 그림을 즐기는 행위는 도덕적 해이의 징표로 여겨졌다. 예술은 마음을 흐리는 감각의 유희이자 일상의 본분을 해치는 '잡기(雜技)'로 간주되었다. 성리학의 질서 아래에서 회화는 '사물을 즐기다 뜻을 잃는'(玩物喪志) 행위였고, 군자의 수양을 방해하는 유희일 뿐이었다. 회화 행위를 이렇게 '쓸데없는 재주'(末藝)로 바라보는 시선은 조선조 전반에 걸쳐 크게 바뀌지 않았다.

도화서의 화원을 불러 화조화를 그리게 한 성종(1457-1494)과 언관(言官) 이세광의 문답은 이를 잘 보여준다. 이세광은 『서경』을 인용하며, "전하께서 그림에 마음을 두시는 것이 완물(玩物)에 빠지는 일 아니겠습니까?"라며, 회화를 정무에 해로운 유희로 규정하였다. 이때 성종은 뜻밖의 반응을 보인다.

> "그림이 아니면 얻을 수 없는 것이 있으니, 정치와 무관하다고만 할 수는 없다. 따라서 무관하지 않다면 정밀하지 않으면 안 될 것이다."

성종은, 왕의 초상을 남기고 외국 사신이 그림을 청하면 선물하기 위해서

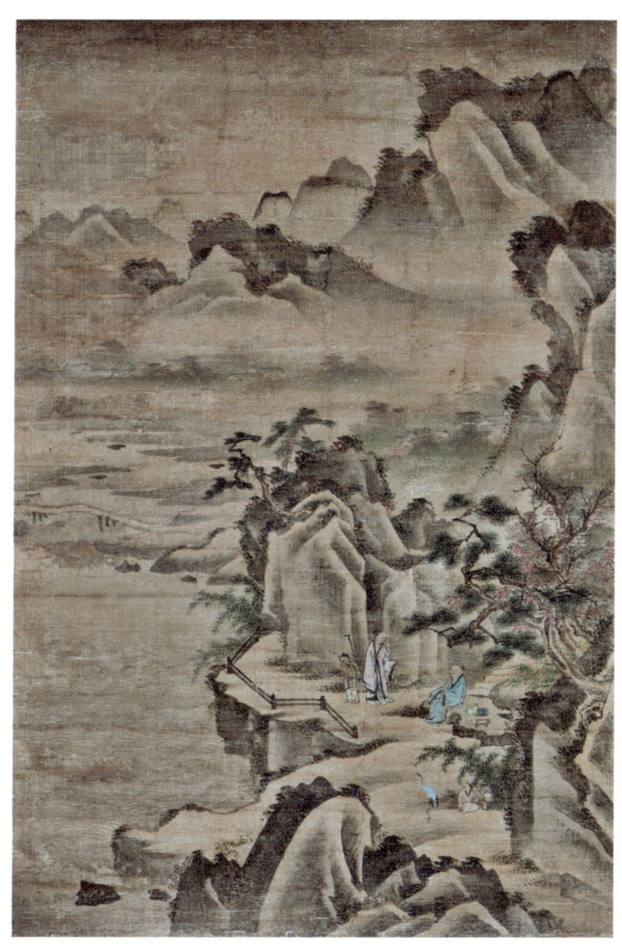

이경윤, 〈학과 신선〉, 16세기 후반, 비단에 담채, 91.1×59.5cm, 국립중앙박물관.

라도 그림이 필요하다며, 그 필요성을 정당화했다. 회화를 철학적으로 옹호하는 태도는 아니었지만, 정치적 필요와 공리라는 틀 안에서 수용한 사례라 할 수 있다. 회화는 이처럼 조정에서도 실용성과 정치적 필요에 의해 일정 부분 수용되었다.

그러나 사대부 사회의 분위기는 더욱 엄정하기만 했다. 강희안(姜希顔, 1419-1464)은 아들들이 서화를 청하자 "서화는 천한 기술이니 후세에 전하면 이름만 욕될 뿐"이라며 단호히 거절한다. 회화를 미학적 탐구의 대상이 아니라, 유학자의 위신과 수양을 위협하는 위험 요소로 간주했다는 것을 알 수 있다. 이러한 조선 사회의 통념은 문인들의 심미 활동을 억제했고, 회화에 대한 거리 두기를 당연한 태도로 만들었다.

그렇다고 회화가 완전히 배제된 것은 아니었다. 개별 문인들은 회화에 대해 나름의 철학으로 받아들이고 있었다. 그들이 남긴 말 속에는 조선 문인화가 어떤 정신을 바탕으로 싹트기 시작했는지, 그 실마리가 담겨 있다.

이 시기의 회화에 대한 문인들의 시각은 크게 두 흐름으로 요약된다. 하나는 마음과 감정, 곧 성정(性情)의 표현으로서 회화를 이해한 시각이고, 다른 하나는 보이지 않는 자연의 섭리, 곧 천기(天機)를 담아내려는 태도였다. 앞엣것은 예술을 감정의 발로로 보았고, 뒤엣것은 감정 그 너머의 질서를 감응하고자 했다.

안평대군(安平大君, 1418-1453)이 소장했던 서화 수장품을 정리하며 쓴 신숙주(申叔舟, 1417-1475)의 『화기(畵記)』는 조선 초 지배층들이 가졌던 회화에 대한 사유의 일면을 잘 보여준다.

> "그림이란 천지의 조화와 음양의 흐름을 궁구하고, 만물의 정(情)과 변화가 마음속에 가득 찬 뒤에야 비로소 붓을 들 수 있다."

그는 또 그림을 가리켜, "응신명회(凝神冥會) - 정신을 모아 생각이 합치되고 … 인가탈진(因假奪眞) - 가짜를 통해 진실을 얻으며 … 단분지외(丹粉之外) - 색칠(감각의 세계) 밖에 있는" 물아일체의 조화에 이르게 한다고 말한다. 회화를 마음속 조화의 발현으로 보려는 시선이 담겨 있다.

조선 전기, 회화에 대한 사유는 이처럼 하나의 화론으로 정립된 것이 아니라 개별 문인의 사색에 가까웠다. 그러나 그 안에는 문인화가 어떤 미학을 토대로 자라났는지를 가늠할 수 있는 중요한 실마리가 들어 있다. 조선 초 문인들은 화려한 이론을 세우지는 못했지만, 그림을 통해 마음을 닦고 정신을 담으려는 태도만큼은 놓지 않았다. 그들은 붓을 통해 자신을 갈무리하고 형상을 빌려 사유를 드러냈다.

이러한 태도는 훗날 조선 회화의 중심 개념으로 자리 잡는, 형상을 통해 정신을 전하는 - 이형사신(以形寫神) - 사유의 씨앗이 되었다. 눈에 보이는 형상을 그리는 것을 넘어서 그 너머의 기운과 진실을 담아내려는 마음, 조선 문인화는 이 조심스럽고도 단단한 정신에서 출발한 것이다.

후대에 이르러 허목(許穆, 1595-1682), 남태응(南泰膺, 1684-1743) 같은 인물들이 형상과 정신의 관계를 철학적으로 정리하며 조선 화론의 틀을 만들게 되지만, 그 연원은 바로 이 시기의 사색 속에 잠재해 있었다.

그림이란 눈에 보이는 세계의 복제가 아니라 마음속 진실의 흔적이다. 조선 문인의 붓은 그렇게 형상을 따라 정신을 쓰고, 사물을 넘어 마음을 그리는 길로 들어섰다. 조선 문인화는 태생부터 사대부 한 사람 한 사람의 마음속에서 조용히 시작되었다. 형상을 통해 뜻을 드러내고 붓끝을 통해 내면을 갈무리하려는 그들의 조심스러운 태도야말로, 조선 초 문인화의 진정한 출발점이었다.

3. 사유의 뜰에서 핀 시화일률론(詩畵一律論)

조선 전기는 중국 회화론의 직접적인 영향권 아래 있었고 체계적인 이론화도 이루어지지 않았다. 그러나 그 안에는 분명 조선의 사유가 있었다. 그것은 직접적인 화론의 형태로 나타나지 않았지만 시문(詩文)의 은유와 철학적인 사유의 틈새에서 조심스럽게 피어났다. 조선의 문인들은 중국 화론을 그대로 받아들이지 않았다. 성리학적 자의식과 결합시켜 고유한 미학의 틀을 형성하고자 했다.

그 중심에는 시문학과 회화를 결합한 '시화일률론'(詩畵一律論)이 있었다. 이는 어찌 보면 회화를 독립된 예술로 인정하기보다는 시(詩)의 정취와 동일한 미적 구조 안에 포함하려는 사유 방식이었다. 회화가 시와 같은 정감의 파동 속에서만 미학적으로 정당화될 수 있다고 보는 입장이다.

그러나 달리 생각하면, 이러한 태도는 회화를 '감정의 기호'이자 '정신의 표출'로 간주하려는 의식의 흔적이기도 했다. 회화를 시와 대등한 예술로 위치시키려는 이러한 시도는 '시와 그림은 속성이 같다.'는 인식으로 확장되었다. 부정적인 사회 인식의 기조 속에서도 회화를 적극적으로 옹호하려는 움직임이 나타난 것이다.

강희안은 아우 강희맹이 시에 부칠 그림을 요청하자, 〈해산도(海山圖)〉를 그리면서 다음과 같은 답시를 주었다.

"시와 그림은 한 가지 법(一法)이니 서로 다름을 따지기 어렵다."

이 말은 조선 초기 회화사에서 가장 중요한 문장 가운데 하나이다. 회화를 쓸데없는 하위예술이 아니라, 시와 똑같이 정신의 깊이를 담을 수 있는 예술로 격상시킨 것이다.

시와 회화의 시작이 같다는 자각은 다른 문인들한테서도 나타난다. 이영서(李永瑞, ?-1450)는 『팔경도권발(八景圖卷跋)』에서 "그림은 흥취를 나타내고, 시는 그 뜻을 드러낸다."고 하여, 산수화가 내면의 정서를 표출하는 통로라는 인식을 드러냈다. 이러한 인식은 회화를 사유의 수단이나 감정의 기호로 바라보는 태도로 이어졌다.

조선의 사대부들은 점차 회화를 인격 수양의 도구로 받아들이기 시작했다. 신숙주는 안평대군의 서화 수장품을 언급하며 "그 고아하고 호방함이 성정을 기르고 기상을 북돋아 준다."며, 더 나아가 "시(詩)에 못지않은 공(功)이 있다."고 말한다. 이쯤 되면 회화는 이미 시문의 그림자나 장식을 떠나 있다. 스스로 존재 의미를 갖는 자율적인 정신 예술로 평가받기 시작한 것이다.

조선의 문인화가 중국회화의 미학을 단순히 수입만 한 것이 아니라, 그것을 문인의 교양과 성리학의 세계 속에서 재구성했다는 것을 알 수 있다. 이렇듯 조선 전기의 회화 담론은 회화를 쓸데없는 잡기로 취급하는 '말예론(末藝論)'과 '시화일률론' 사이의 팽팽한 긴장 속에서 형성되었다. 하나는 회화를 억압하고, 다른 하나는 문학과 철학의 언어로 그것을 정당화했다. 이 두 흐름은 조선 사대부의 자의식과 미학적 관점을 가장 내밀하게 드러내는 징후였다. 동시에 조선 문인화가 사유의 예술로 전환되는 결정적인 내적 풍경이었다.

그림은 이제 단순한 즐길 거리가 아니라, 뜻을 새기고 품격을 드러내는 정신의 매개가 되었다. 조선 문인화는 그렇게 말예의 경계를 넘어서 정당한 예술로 자리매김하고 있었다.

4. 문인화에 대한 두 개의 시선 _ 강희안과 강희맹

그림은 누가 그리며, 무엇을 담아야 하는가? 이 질문은 조선 초기 회화사

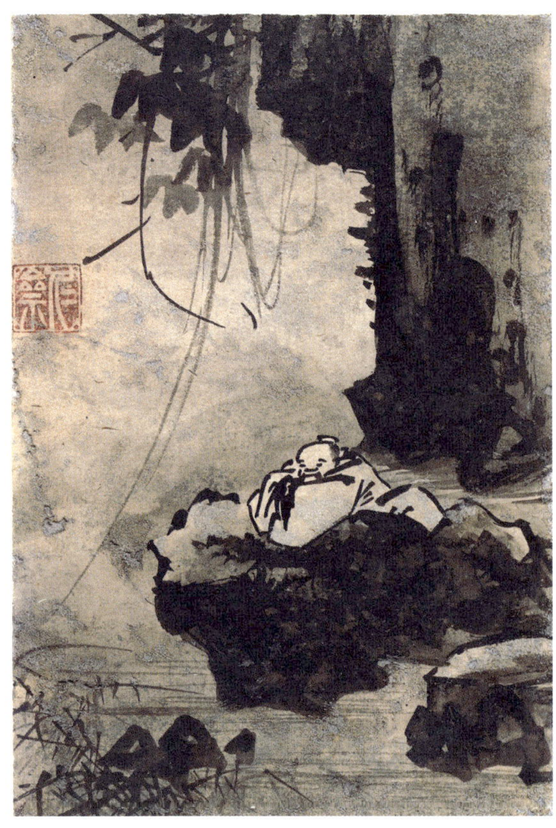

강희안, 〈고사관수도(高士觀水圖)〉, 종이에 수묵, 23.4×15.7cm, 국립중앙박물관.

를 관통하는 가장 예민한 명제였다. 그리고 이 물음에 가장 극적인 차이를 보였던 인물로 강희안(姜希顏, 1419-1464)과 강희맹(姜希孟, 1424-1483) 형제를 들 수 있다. 성리학이라는 같은 사상의 기반 위에 서 있던 형제였지만 회화를 대하는 입장에서는 뚜렷한 간극을 드러냈다.

강희안은 세종부터 세조 대에 걸친 덕망 높은 문인 관료이자 천부적인 문인화가였다. 문장과 학문에도 뛰어나 정인지 등과 함께 훈민정음 28자에 주석을 붙이고, 최항 등과 함께 〈용비어천가〉의 주석을 붙이는 등 일찍부터 그 능력을 인정받았다. 그럼에도 자연을 벗 삼아 지내기를 좋아하고 관직에는 크게 욕심이 없었다. 이러한 그의 삶을 보면 회화를 기예가 아닌 내면 수양의 일환으로 받아들일 수 있는 위치에 있었다. 하지만 그는 오히려 회화에 대해 일정한 거리를 유지하려 애썼다.

"서화는 천한 기술이므로 후세에 전하면 이름만 욕될 뿐이다."

강희안은 자신의 말처럼 웬만해서는 그림을 그리지 않았다. 명(明)에 사신으로 갔을 때에는 다투어 그림과 글씨를 청했지만 모두 거절했을 정도였다. 함께 동행했던 김종직이 그 까닭을 묻자, "사대부의 본분을 망각해서는 안 된다."고 답했다. 이러한 인식은 그가 지녔던 도덕적 자의식과 유학자 사회의 보편적 감수성을 잘 보여준다. 정인지 또한 "예명(藝名)으로 이름을 날리는 것은 군자의 수치"(『고려사』)라고 말하고 있다. 회화가 공공의 장에서 인정받기 어려웠던 조선 초기의 사회적 여건이 그대로 드러나는 예이다.

그림 그리는 행위 자체를 군자의 위신을 해칠 수 있는 '기예'로 여겼던 사대부들의 이러한 태도는 조선 문인화의 성립을 지체시키는 요소로 작용했다.

그러나 자신의 말과 달리, 강희안의 대표작으로 꼽히는 〈고사관수도(高士觀水圖)〉에는 회화가 인격 수양의 행위로 나아가는 문인의 내면적 긴장이 고스란히 담겨 있다. 이 작품은 절파(浙派)의 영향을 받은 간결하고 담백한 필선으로 고고한 선비의 고즈넉한 모습을 보여준다. 그 속에는 감필(減筆)* 의 절제미와 함께 기운생동(氣韻生動)의 회화미가 흐른다. "그림을 왜 그

---

* **감필** 붓의 획을 최대한 간략하게 표현하면서도 의경을 드러내는 기법. 송대 이후 문인화의 사의적 경지를 드러내는 대표적인 회화 방식.

리냐?"는 김종직의 물음에, "그림은 내게 있어서 천지 만물의 이치를 깨닫는 도구"라고 답한 그의 말이 허언이 아니었음을 알 수 있다. 그림을 외면하는 듯했지만, 강희안은 정신을 형상으로 담아내는 회화의 가능성에 대해 누구보다도 예민했던 인물이었다.

반면 강희맹은 훨씬 더 실천적이고 적극적인 태도로 회화에 접근하였다. 그는 이조판서, 좌찬성까지 오른 고위관료였으며 한때는 도화서 제조(提調)를 맡아 조정의 화원 체계를 관리했던 문인화가였다. 강희맹은 회화를 사유와 의지의 표현으로 바라보았다.

> "모든 사람의 기예는 같을지라도 마음을 씀에 있어서는 다르다. 군자의 예(藝)는 우의(寓意)이나, 소인의 예는 유의(留意)이다."

그는 군자는 그림을 그리되 '뜻을 의탁' - 우의(寓意) - 하지만, 소인은 '그림에 마음을 뺏긴다' - 유의(留意) - 라고 답하고 있다. 똑같은 행위라 하더라도 그 내면의 태도에 따라 전혀 다른 성격의 예술이 탄생할 수 있음을 강조한 것이다. 이와 같은 관점은 조선의 회화가 문인화와 직업 화가들의 그림으로 나눠지는 출발점이 되었는데, 흥미로운 점은 이 분류가 단순한 문무의 분리에서 성립한 것이 아니라는 데 있다.

강희맹에게 있어서 '우의'와 '유의'는, 정신과 의미의 투영으로서 문인화의 미학적 정당성을 모색한 결과였다. 문인화의 개념을 철학적으로 정당화하려는 시도가 우의와 유의로 표현된 것이다.

그는 문인화와 직업 화원의 회화를 구분하기 위해 경직된 도식을 던져놓은 것이 아니었다. 그보다는 회화의 내면적 방향과 표현의 동기, 다시 말해 '왜 그렸으며, 무엇을 표현하는가?'라는 물음을 던졌다. 이러한 접근은 회화를 통한 정신 수양의 가능성을 열어 보였다.

이 흐름은 묵죽화라는 장르에서도 확인할 수 있다. 조선 초기의 대나무 그림은 기풍과 인격, 자아의 질서를 시각화한 상징 언어였다. 국적 논란이 있기는 하지만, 15세기 초반 일본에서 활동한 이수문(李秀文)의 〈묵죽화첩〉은 그 대표적인 예이다. 달빛을 배경으로 화면 가득히 펼쳐진 죽엽의 정경은 자아의 정제된 구조를 형상화한 듯하다. 줄기는 극도로 가늘게 그리고, 잎을 길게 늘여 배열한 그의 묵죽은 중국의 묵죽화와 구분된다. 이러한 특징은 여말선초(麗末鮮初)로 이어진 조선의 화풍으로 보아야 할 것이다.

강희안·강희맹 형제는 조선 초기 문인화에 놓인 두 개의 태도를 상징한다. 하나는 이상주의적 거리 두기 속에서 그림을 부정하면서도 그 정신만은 간직하고자 했던 태도이며, 다른 하나는 회화를 사유의 도구로 받아들이며 그 의미 구조를 적극적으로 정립하려던 입장이다. 이 양극의 존재는 조선 문인화가 단순한 회화 양식에 머물지 않고 지식인 사회의 윤리적, 미학적 긴장을 반영하는 하나의 문화적 코드였음을 드러낸다.

그 긴장은 오늘날에도 문인화라는 장르가 품고 있는 본질적 질문 - 예술은 기교인가, 혹은 정신의 발현인가 - 에 대한 성찰의 계기를 제공한다. 강희안과 강희맹은 조선 문인화가 나아갈 방향에 대한 두 갈래의 가능성을 제시한 사유자들이었다.

5. 예술을 수장한 군자 _ 안평대군

세종 대는 조선 전기 문화사에서 가장 풍요로운 시기라 할 수 있다. 집현전을 중심으로 한 학문 진흥과 더불어, 왕실과 문신들은 성리학의 이상을 문예를 통해 구현하고자 했다. 이러한 시대에 예술과 권력, 감식과 창작이 복합적으로 교차한 인물로 단연 손꼽히는 존재가 안평대군(安平大君, 1418-1453)이다.

안평대군은 창작 활동보다는 수장과 감식의 영역에서 회화사에 큰 자취를 남겼다. 그는 왕자라는 신분을 떠나, 회화와 서예의 감식가이자 수장가로서 당대 문인화의 수용 구조를 명확하게 보여주는 인물이다. 그가 수장한 서화 목록은 무려 222점에 달한다. 한 개인의 수장품으로는 압도적인 규모인데, 주목할 점은 그 내용에 있다. 동원, 이성, 곽충서, 범관, 소식, 미불, 조맹부 등 송·원대 핵심 인물들의 문인화 작품 다수가 포함된 것이다. 안평대군이 단순한 수집가를 넘어 회화사의 고전을 '선별'하여 받아들인 감식가였음을 보여준다.

특히 〈소상팔경도〉의 부분 소재인 곽희의 〈평사낙안도(平沙落雁圖)〉와 〈강천모설도(江天暮雪圖)〉를 각각 한 폭씩 소장하고 있었다는 기록은 여말선초 유행했던 회화 활동과 관련해 눈길을 끈다. 곽희는 북송 시대 산수화의 정형을 구축한 인물이다. 이곽파(李郭派)로 불리는 그의 화풍은 당대 산수 인식의 정점이라 할 수 있다. 더욱이 안평대군의 수장품에는 원대 이필(李弼)의 〈소상팔경도〉도 들어있다. 조선 초기에 이러한 작품들이 왕실 내부에서 감상 되고 수장되었다는 사실은 조선 회화의 내용 구성과 심미 경향에도 많은 영향을 미쳤음을 의미한다.

〈소상팔경도〉는 고려 말부터 조선 초까지 지속적으로 계승되며, '소상팔경'이라는 산수화의 전형을 통해 문인의 정취와 은일의 미학을 구현해 낸 도상이었다. 그러한 도상의 도입과 수장을 어떻게 보아야 할까? 어찌 보면, 그것은 조선 전기 문인화가 산수화를 통해 감성적 자아와 윤리적 거리를 구축하려 했던 시도였는지도 모른다. 조선 초 회화와 사유가 만나는 접점에

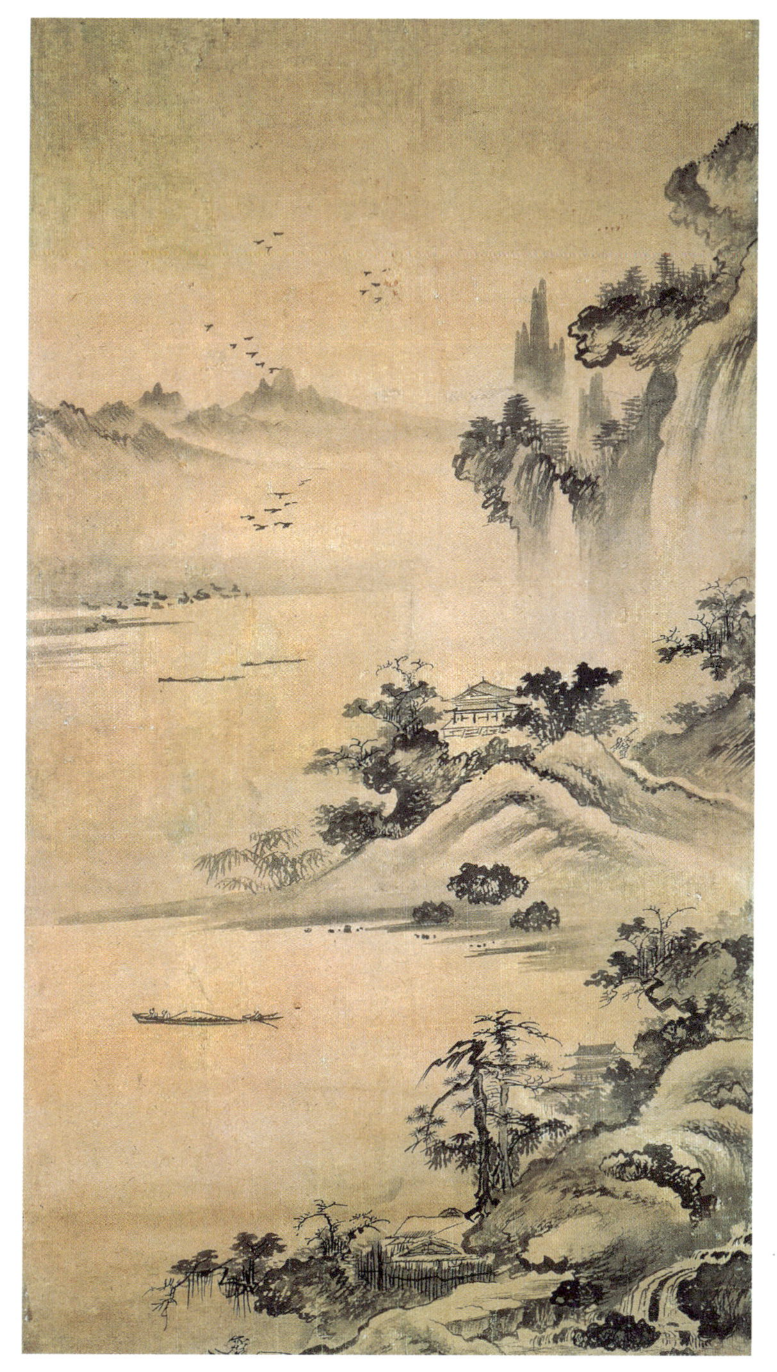

이징(李澄),
〈평사낙안(平沙落雁)〉
(소상팔경도 부분),
181×55cm,
국립진주박물관.

있던 그림, 그것이 바로 〈소상팔경도〉였던 것이다.

안평대군의 수장 목록에서 두드러지는 항목 중 하나는 '대나무'를 소재로 한 작품의 비중이다. 묵죽도(墨竹圖), 설죽도(雪竹圖), 풍죽도(風竹圖), 순죽도(筍竹圖) 등 다양한 형태로 표현된 대나무 그림은 조선 전기 회화에서 '대나무'가 차지했던 위상을 말해 준다. 대나무는 푸른 절개와 속이 빈 청허(淸虛)의 이미지를 상징하며, 문인의 기풍이 시각화된 기호로 기능했다. 특히 도화원의 화원 선발 시험에서 '묵죽'이 핵심 평가 항목으로 설정되었다는 것은 제도와 심미가 교차하는 자리에 '죽'이 놓여 있었음을 보여준다.

안평대군의 수장 활동은 개인의 취향의 차원을 넘어 문화·정치적 전략으로도 작동하였다. 왕실 구성원으로서 자신이 선택한 미적 기호를 통해 일종의 '문화 권력'을 형성했고, 이는 그가 누렸던 사회적 위상뿐 아니라 정치적 위기에서도 중요한 배경이 되었다. 비록 단종 복위 운동에 연루되어 불우한 최후를 맞이했지만, 예술사적으로 볼 때 그는 조선 문인화의 수용 구조에서 중국 전통 회화와의 교섭을 본격적으로 주도한 인물이었다.

안평대군은 조선 초 회화 감상의 층위를 감식의 체계로까지 끌어올리면서, 문인화의 수용 감각을 조선에 정착시킨 인물이다. 조선에서도 내면화된 회화의 수용이 시작된 것이다. 이렇듯 그의 역할은 조선 문인화의 형성 과정에서 선진 요소의 유입자에 그치지 않는다. 그는 좋은 그림의 선택과 배치, 재해석을 통해 조선 문인화의 심미적 기준을 조율한 문화 기획자이자 방향 제시자였다.

안평대군이란 존재는 조선 문인화가 '그림을 잘 그리는' 시대에서 '무엇을 그리고 왜 그리는가'를 고민하는 시대로 넘어가는 지점에 서 있다. 그리고 이는 곧 조선 회화가 '정신의 표현'이라는 미학적 기조를 중심으로 성장해 나가는 긴 여정의 서막이 되었다.

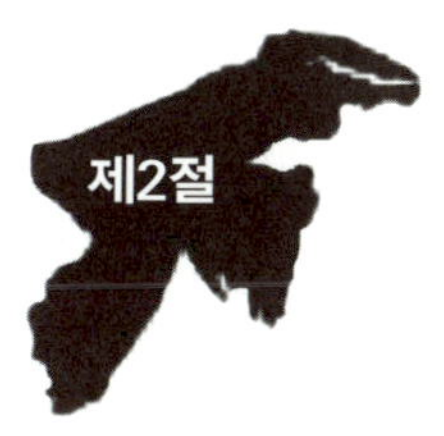

조선 중기(1592-1700)

—

조선 중기는 전란과 사상의 충돌 속에서 출발하였다. 임진왜란(1592-1597)과 병자호란(1636)은 조선 사회 전반에 깊은 상처를 남겼다. 조정과 민간 모두에 걸쳐 기존 질서에 대한 근본적인 회의를 불러왔다. 이 두 전쟁은 단순히 당파 정치의 실패나 방위 능력의 부족만을 확인시켜 준 게 아니었다. 그것은 조선이 의지하던 중화 문명의 안정성과 세계관이 균열되기 시작했음을 의미했다.

청(淸)과의 관계는 그 균열을 가장 선명하게 드러냈다. 청을 오랑캐로 규정하며 명(明)과의 대의를 고수하던 이념은 여전히 강고했지만 현실은 이를 허용하지 않았다. 효종(1619-1659)의 북벌론이 상징하듯 명분은 포기할 수 없는 과제였다. 그러나 실용적인 입장에서는 청의 문물과 기술, 사상을 수용하지 않을 수 없었다. 이러한 양면적인 감정은 정치와 사상에 복합적인 파장을 일으켰고, 결과적으로는 성리학 내부에서조차 변화의 사조가 태동하게 된다.

성리학은 여전히 조선의 지배적 이념이었지만 조선 중기는 그것을 보다 현실과 감정에 밀착시키려는 방향으로 전개되었다. 퇴계 이황(1501-1570)과 율곡 이이(1536-1584) 이후, 유학은 점차 명분 논쟁에서 벗어나 인간의 감정과 경험에 근거한 새로운 해석의 틀을 필요로 하게 되었다. 이 속에서 실학의 초기 형상이 싹트고 있었으며, 이는 후일 조선 후기 문화의 중요한 기반이 된다.

사회적 구조 또한 변화하고 있었다. 신분제의 동요, 몰락한 양반층의 증가, 중인과 상인의 부상은 새로운 문화 소비층을 만들어 냈다. 조선 전기의 문예가 철저히 사대부 중심이었다면, 중기 이후로는 그 주변부에서 보다 현실적이고 다층적인 미감이 떠오르기 시작했다. 이는 회화에 있어서도 이상의 모방을 넘어 실경과 감정, 개별적 사유를 담아내려는 시도로 이어졌다.

이러한 시대 상황 속에서 조선 문인화는 새로운 경로를 모색하게 된다. 문인 정신이라는 이상은 여전히 유효했지만, 그것은 이전보다 훨씬 복잡한 현실의 그늘 속에서 재정의될 필요가 있었다. 고결함과 초연함만으로는 다 담아낼 수 없는 시대의 질문들이 있었고, 그림은 점점 더 개인의 내면과 사유를 반영하는 매체로 자리 잡기 시작했다.

조선 중기는 전환의 시기였다. 문명과 질서의 균열, 감정과 현실의 대두 그리고 개인적 사유의 확대는 문예 전반에 새로운 빛을 드리우기 시작했다. 그 속에서 문인화는 더욱 복합적이고 깊은 결을 갖추게 되었다. 조선 문인화는 이제, 고요한 수묵의 세계 속에 시대의 동요와 개인의 진실을 함께 담아내는 예술로 거듭나고 있었다.

1. 외래의 거울, 내면의 미학

임진왜란과 병자호란으로 강토를 짓밟힌 조선 사회는 문명국이라는 자긍심에 깊은 상처를 입었다. 이들 두 병란은 국토의 침탈과 파괴뿐만 아니라, 사대부 사회의 가치와 세계관까지 뒤흔들어 놓았다. 명의 몰락과 청의 부상, 외교적 단절과 문물 교류의 중단은 조선 문인들에게 근본적인 회의와 불안을 안겨 주었다. 그러나 바로 그 긴장과 상실 속에서 새로운 감각과 사유의 전환이 조용히 시작되었다.

숙종(재위, 1674-1720) 말기에서 영조(재위, 1724-1776) 대에 이르러, 청과의 관계가 점차 안정을 찾으며 다시금 회화 관련 서적과 화보들이 조선에 유입되기 시작했다. 그 중심에 있었던 것이 바로 『개자원화보(芥子園畵譜)』였다.

『개자원화보』는 청 초기의 문인이자 작가였던 이어(李漁)의 수집본을 바탕으로 왕개(王概) 등이 1679년에 1집 5권을 내놓은 이후 1818년에 이르러서야 4집을 출간한 회화 총서이다. 이 책은 산수·수석, 매란국죽(梅蘭菊竹), 벌레·새·나비·짐승, 인물과 화훼에 이르기까지 회화 전반의 다양한 화풍과 화법을 체계적으로 수록한 교본용 실기서였다. 제1집 1권에서는 역대 화론의 요지와 채색법에 대해 설명했는데, 동기창(1555-1636)의 남종화론이 깊이 배어 있다. 특히 그가 『화안(畵眼)』에서 말한 기운생동(氣韻生動)과 골법용필(骨法用筆)* 같은 개념은 조선 문인들에게 낯설면서도 신선한 자극

* **골법용필** 사혁이 육법(六法)에서 제시한 골법용필은 회화의 생명은 붓을 운용하는 힘(筆力)에 달려 있다는 뜻이나, 동기창은 문인화의 필법과 정신을 강조하기 위해 글씨와 그림의 필법이 동일하다는 의미로 사용했다.

이 되었다.

남종 문인화의 모체가 된 송·원·명대의 화론과 실기의 유입은 조선 회화의 내적 성찰의 계기가 되었다. 1713년 연행에 나선 김창업(金昌業, 1658-1721)의 기록은 조선 문인들이 청의 회화에 깊은 관심을 가지고 있었다는 것을 잘 보여준다. 그는 북경의 서화상들과 교류하며 다양한 그림을 수집했다. 그러는 가운데 감식의 안목을 적지 않게 드러내곤 했다. 이와 같이 어떤 이는 청의 남종화를 숭상했고, 또 어떤 이는 그것이 조선의 미감에는 맞지 않는다고 비판했다. 선진 문화를 수용하면서도 무조건적인 모방이 아닌 사유를 통한 분별로 그것을 받아들인 것이다.

『개자원화보』는 이러한 인식의 전환을 이끌어내는 실질적인 기점이었다. 앞선 시대의 『고씨화보』가 단순한 감상용 안내서였다면 『개자원화보』는 어떻게 그리고, 왜 그려야 하는가를 묻는 철학적 스승이었다. 그림을 기교의 영역에서 끌어내어 문인의 내면과 교양, 사유의 세계로 이끌었다. 회화가 점차 사물의 묘사가 아니라 마음의 발현으로 인식되기 시작한 것이다.

그리하여 조선 문인화는 청나라 화보의 영향 아래에 있으면서도 점차 자율적인 미학을 추구하기 시작했다. 출발은 청의 그림책이었지만 그 종착은 조선의 산천과 정서, 그리고 고유한 문인 정신에 기반한 독자적인 회화로 이어졌다.

이 시기의 화보 유입은 단순한 선진 문화의 수입이 아니었다. 『개자원화보』는 조선의 문인화가들이 자기 자신을 비추고 새롭게 정의하는 거울이 되었다. 타자(他者)를 통해 자기를 성찰하고 외부의 이론을 발판 삼아 내면의 미학을 확립하는 계기로 작용한 것이다. 그리고 그 여정은 조선 문인화가 사유의 예술로 거듭나는 밑거름이 되었다.

2. 응시의 거울 _ 윤두서의 자의식과 문기

숙종 대(재위, 1674-1720), 회화는 새로운 국면을 맞이하고 있었다. 전란의 상흔은 여전했지만 문화의 중심은 모방과 형식의 시대를 넘어 자의식의 구현이라는 방향으로 옮겨가고 있었다.

그 전환의 선두에는 윤두서(尹斗緖, 1668-1715)가 있다. 윤두서는 붓을 잘 다루는 화가였을 뿐만 아니라 삶을 사유한 문인이었다. 그의 사유는 회화를 통해 구현되었다. 원대 예찬의 산수화에서 영향을 받은 그의 화풍은 흔히 정자 하나와 강을 사이에 둔 원경의 산세로 구성된다. 탈속(脫俗)의 정경을 간결하고 절제된 필선으로 담아냈다. 점묘풍과 갈필 등 다양한 기법을 운용한 그의 그림에는 언제나 문기가 감돌았다.

하지만 윤두서의 회화가 지닌 진정한 힘은 그 형식 너머에 있다. 그의 작품은 "무엇을 어떻게 그릴 것인가?"보다 "무엇을 어떻게 보고, 어떻게 살 것인가?"에 대한 내밀한 성찰에 더 가까웠다.

자화상은 그 대표적인 사례다. 정면으로 자신을 응시하는 이 초상은 존재의 근원을 묻는 강렬한 시선을 담고 있다. 조선 회화사에서 유례를 찾기 힘든 형식의 긴장과 의식의 깊이를 보여준다. 그는 형상과 똑같이 그려내는 것을 넘어 실질(實質)을 담고자 했다. 이것은 조선 문인화가 추구하던 이형사신(以形寫神)의 정신 그 자체였다.

윤두서의 예술은 깊은 이론적 기반 위에 세워졌다. 특별히 사숙한 스승은 없었지만, 그는 중국의 화론서와 화보를 필사하고 임모(臨摹)하거나 방작(倣作)하면서 전통 화법을 익히고 체화하여 자신만의 회화세계를 구축했다. 지금도 해남 윤씨 종가에 전하는 그의 화첩에는 『고씨화보』를 비롯한 중국 화보의 영향을 받은 작품들이 많이 있다고 한다.

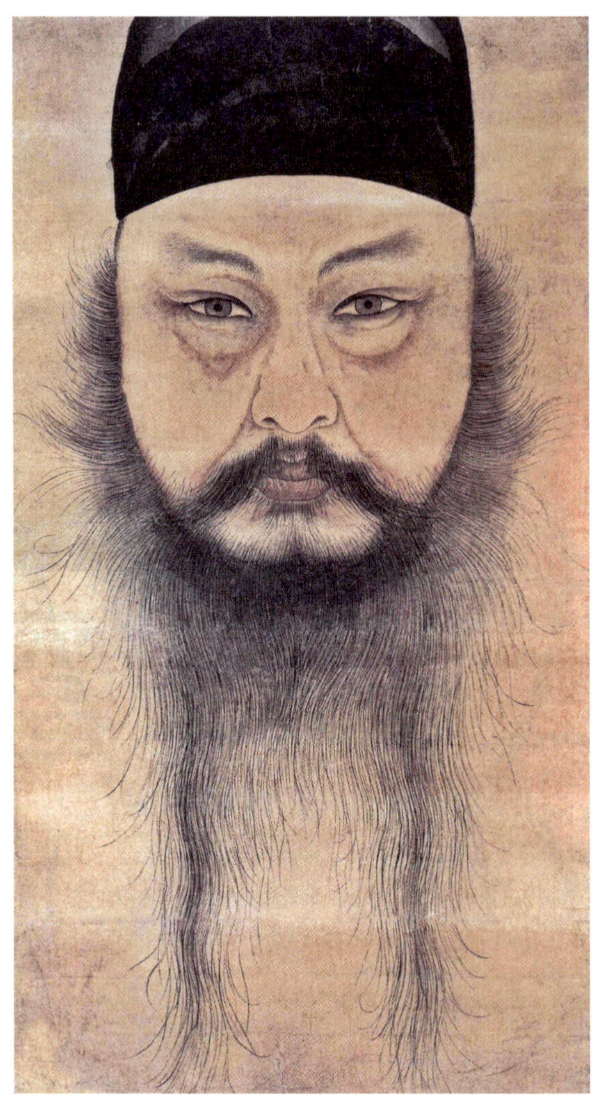

윤두서, 〈자화상〉,
종이에 수묵담채, 38.5×20.5cm,
ⓒ해남 윤씨 종가.

주목할 것은 그가 중국의 화보를 모사하는 데 그치지 않았다는 점이다. 특히 산수화의 경우 중국의 도상을 자신의 감성과 철학으로 새롭게 해석하여 시각적으로 풀어냈다. 전통 화풍을 따르면서도 독자적인 남종화를 추구

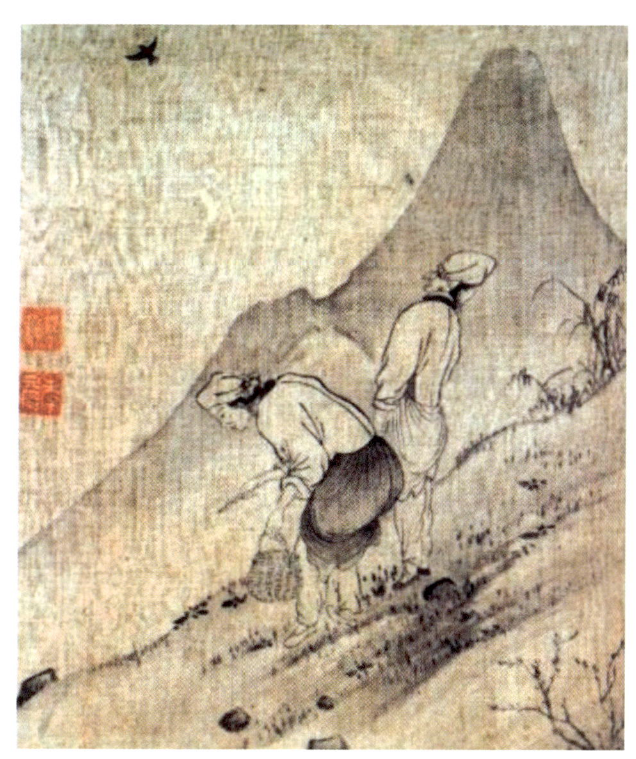

윤두서, 〈나물 캐는 여인〉,
모시에 수묵, 30.2×25cm,
ⓒ해남 윤씨 종가.

했던 것이다.

"우리나라의 옛 그림을 배우려면 마침내는 공재(恭齋, 윤두서)로부터 시작해야 한다."

후대의 김정희(金正喜)가 평했듯이, 윤두서는 중국의 최신 화보와 화론서를 두루 섭렵하고 조선의 작화법을 일신시킨 선구자였다. 중국의 그림을 모사하면서도 그것을 자신의 화풍으로 재창조한 능동적인 사유자였던 것이다.

이처럼 윤두서의 그림은 텍스트의 층위와 미감의 실천이 만나는 접점에 있었다. 고문헌을 사유한 뒤 붓으로 옮겨낸 그의 그림은 조선 문인화가 나아갈 방향을 결정짓는 중요한 전환점이 되었다.

특기할 점은 그가 천문도와 같은 서학(西學) 문헌을 소장하고 있었으며, 서양화법의 요소까지 수용했다는 사실이다. 〈자화상〉에서 보이는 정면 응시와 입체적인 묘사는 그러한 관심의 직접적인 산물이다. 비록 서구 원근법과는 결이 달랐지만, 명암과 공간 인식을 통해 새로운 조형 감각을 실험하고 있다.

〈자화상〉에서 보이는 그의 사실주의적 태도는 〈나물 캐는 여인〉, 〈짚신짜기〉 등의 풍속화로까지 이어졌다. 이전까지의 조선 회화에 등장하는 인물은 선비나 신선, 혹은 미인 정도에 불과했다. 윤두서는 그 자리에 나물 캐는 아낙네와 짚신 삼는 농부와 같은 서민을 등장시키는 진보적인 모습으로 조선 회화사의 전환점을 만들었다. 풍속화라는 새로운 장르를 창조한 것이다. 이러한 시도는 조선 화단에서 매우 이례적인 것으로 윤두서를 독보적인 위치에 놓이게 한다.

그의 회화는 고전은 물론 현실을 직시하며 사유된 세계의 시각적 언어였다. 윤두서의 붓은 고전 회화론과 문헌들을 통과하며 체화된 형식으로 드러났다. 그것은 현실 감각과 철학이 만나는 예술의 장이었다. 그는 그림을 정신의 거울로 삼았다.

조선 문인화는 그의 손을 거쳐 비로소 하나의 완결된 사유 체계로서의 위상을 획득하게 되었다.

3. 사군자에 담긴 시대정신

조선 중기, 사군자화(四君子畵)는 시대의 정신을 짙게 머금은 예술의 언어로 자리했다. 격변의 정치 속에서 살아가야 했던 선비들에게 사군자 – 매화·난초·국화·대나무 – 는 자신들의 이상과 기개를 투영하는 상징이었다. 특히 대나무는 사군자 중에서도 가장 두드러진 표현 대상으로 청절과 지조를 의미하는 선비정신의 표상이 되었다.

이즈음에는 사군자 가운데 두 가지 소재를 한 화폭에 담는 경향도 강하게 나타났다. 그중에서도 먹으로 그려낸 대나무와 매화, 곧 묵죽(墨竹)과 묵매화(墨梅畵)는 특히 문인들에게 깊은 울림을 주며 시대의 고결한 풍모를 대변했다.

묵죽의 거장 _ 이정(李霆, 1541-1622)

이정은 세종대왕의 현손으로 자는 중섭(仲燮), 호는 탄은(灘隱)이라 하였다. 그는 시·서·화 삼절에 두루 능했다. 특히 묵죽화에 있어서는 조선 회화사에서 빼놓을 수 없는 인물로 평가된다. 그의 붓끝에서 태어난 대나무는 절개를 지닌 인격체로 살아 숨 쉬었다.

명대(明代)의 하중소(夏仲昭), 주단(朱端) 등에서 영향을 받은 이정은 조선 초기의 묵죽 전통을 넘어서 보다 세련되고 정제된 화풍을 정립했다. 그의 이러한 표현은 후대 김세록(金世祿)과 유덕장(柳德章)에게로 이어졌으며, 묵죽이라는 장르에 생명력을 불어넣었다.

그가 81세에 한쪽 팔을 잃은 상태로 그려낸 〈묵죽도〉와 〈풍죽도〉는 특히 감동적이다. 짙은 농묵으로 표현된 양죽(陽竹), 엷은 담묵으로 그려낸 음죽(陰竹)은 먹의 농담 속에서 공간의 깊이를 창출하며, 선비 정신의 꼿꼿함과

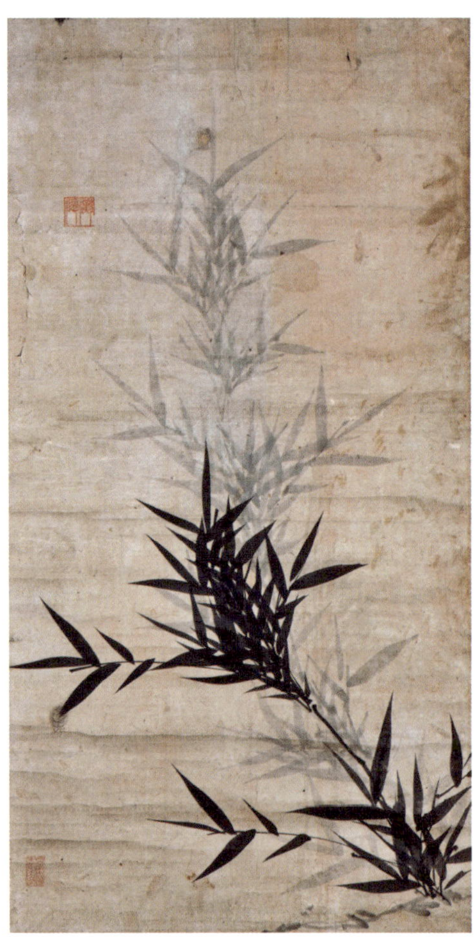

탄은 이정, 〈묵죽도〉,
종이에 먹, 188.4×54cm,
국립중앙박물관.

부드러움을 동시에 표현하고 있다.

고결한 절조 _ 어몽룡(魚夢龍, 1566~?)

사대부 가문에서 태어난 어몽룡은 매화를 통해 고결한 정신을 그려낸 화가로 기억된다. 특히 채색을 철저히 배제하고 수묵만으로 백매(白梅)를 그려낸 그의 묵매화는 그 자체로 하나의 시대정신이었다. 청백리의 삶, 그리고

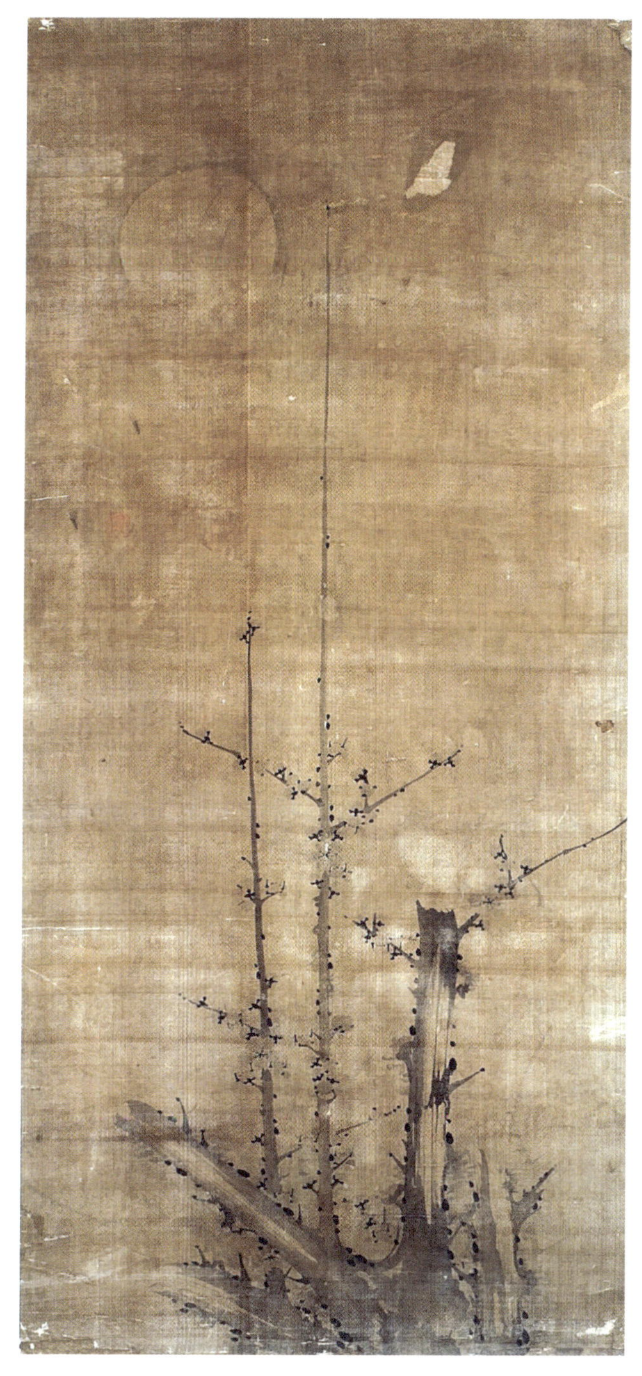

어몽룡, 〈월매도(月梅圖)〉,
비단에 수묵, 119.4×53.6cm,
국립중앙박물관.

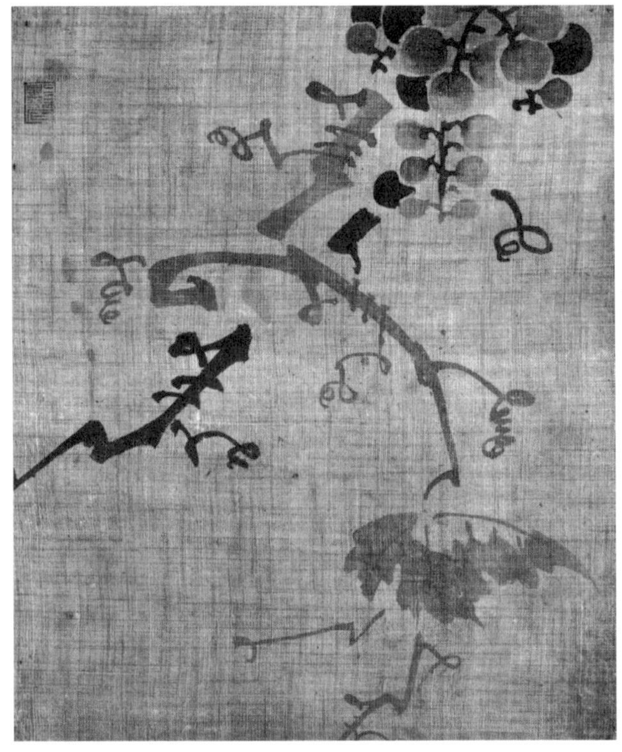

황집중, 〈묵포도도〉, 16세기, 모시에 수묵, 27×22.1cm, 국립중앙박물관.

꺾이지 않는 기개를 붓끝에 담고자 했던 그의 의도는 화면 곳곳에서 묵직하게 느껴진다.

대표작 〈월매도(月梅圖)〉는 특히 왜란과 호란, 당쟁으로 갈라진 현실을 반영하면서도 동시에 새로운 세상을 향한 갈망을 노래한다. 고목 위에 새로 움튼 매화 가지는 낡은 질서와 새 질서가 교차하는 시대의 단면을 상징하는 듯하다. 그럼에도 보름달 아래 펼쳐진 구성은 한 폭의 시처럼 서정적이다. 그의 매화는 시대를 향해 조용히 저항하는 의지의 상징이었다.

자유로운 생명력 _ 황집중(黃執中, 1533~?)

묵포도화(墨葡萄畵)의 대가로 손꼽히는 황집중은 사군자 전통과는 결을 달리하지만, 같은 문인 정신의 연장선에서 이해할 수 있는 인물이다. 그의 포도는 단정한 구도보다는 자유롭고 생동하는 필치를 통해 탄생한다. 번잡한 시대 속에서도 생의 에너지를 놓치지 않는 예술가의 태도를 보여준다.

대표작 〈묵포도도(墨葡萄圖)〉는 대각선 구도 안에 힘 있게 뻗은 넝쿨과 풍성한 포도송이, 그리고 벌레 먹은 듯한 잎사귀를 담고 있다. 농담의 대비, 직선과 곡선의 어울림, 평면과 입체의 조화를 완결시키는 황집중의 필법은 독창적이면서도 노련하다. 먹의 다양한 변화를 자유자재로 다루는 그의 붓질은 생명력과 함께 예술적 긴장감을 주기에 부족함이 없다.

이정의 대나무, 어몽룡의 매화, 황집중의 포도 - 이들이 남긴 그림은 격동의 시대를 살아낸 선비들의 초상이자 내면의 풍경이다. 사군자화는 그 자체로 조선 중기의 정신사(精神史)를 증언하며, 예술로써 사유하고 인격을 수양하고자 했던 문인의 삶을 대변한다.

이들의 그림은 그 시대의 바람 소리와 먹빛의 울림을 함께 들려준다. 그 속에는 자신의 삶을 냉철하게 응시했던 사라지지 않는 고결함의 흔적이 고요히 스며 있다.

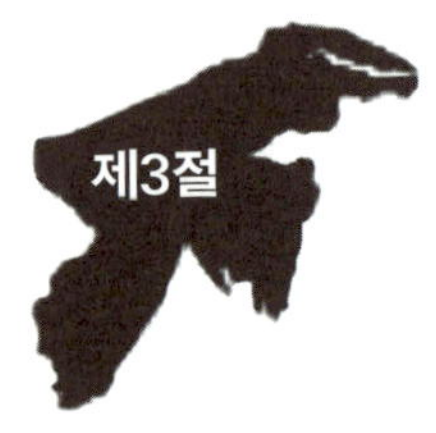

조선 후기(1700-1850)

—

조선 후기, 역사의 물줄기는 더 이상 과거의 잔잔함을 유지할 수 없었다. 17세기 이후로 이어진 사회경제의 변화는 전통적인 신분 질서를 서서히 허물었다. 삶의 자리와 문화의 주체는 이전과는 다른 얼굴을 띠기 시작했다. 조용하던 선비의 붓에는 현실의 그림자가 드리웠고, 화폭에는 점차 민중의 온기와 시대의 소리가 스며들었다.

경제력을 갖춘 중인 계층이 늘어나면서 신분 질서에도 변화의 조짐이 나타났다. 서민 계층은 더 이상 조용한 배경이 아니었다. 그들이 상공인으로 또는 기술인으로 성장하면서 새로운 문화를 창출하는 주체로 떠올랐다. 이들에 의해 조선은 점차 역동적인 사회로 나아갔고 그 흐름은 회화의 영역에서도 분명하게 감지되었다. 사대부들이 탈속(脫俗)의 정신으로 자신을 단련하는 동안 중인과 같은 비 양반 계층의 창작자들이 점차 화단의 새로운 중심으로 등장했다.

이 시기 회화는 그 변화의 가장 섬세한 기록자였다. 남종문인화, 진경산수화, 풍속화, 민화 등 다채로운 장르가 발전했고 이들은 각기 다른 방식으로 삶의 단면을 포착했다. 지금까지의 이상적이고 정제된 북종화 양식에서 벗어나 이제는 삶 그 자체가 예술이 되었다.

19세기, 외세의 침탈과 국내 정치의 혼란은 더욱 깊어졌다. 세도 정치, 쇄국 정책, 개화파와 수구파의 갈등, 기독교의 확산과 탄압 - 이 모든 격랑 속에서 조선의 회화는 생존을 위한 기록이 아니라, 혼돈 속에서 인간성과 민족 정체성을 확인하는 통로로 기능했다. 외형을 재현하는 데 그쳤던 화풍은 점차 마음의 깊은 결을 그리는 사의(寫意)의 정신으로 옮겨갔다.

이 시대의 화단을 주도한 것은 형사(形似)를 넘어 정신적 이상을 추구하는 남종화풍이었다. 전란으로 단절되었던 남종화 전통이 17세기 후반, 청과의 외교가 안정을 찾으면서 다시금 유입되며 영조 대에 이르러 본격적으로 개화한 것이다.

청의 회화 자료와 실학사상의 유입은 조선 회화의 재편을 가져왔다. 『개자원화보』와 『패문재서화보(佩文齋書畫譜)』 같은 청의 화보가 들어오면서 시·서·화 일체를 지향하는 문인의 이상이 사대부 사회에 빠르게 퍼져나갔다. 연행사를 통해 청을 다녀온 지식인들은 서적과 화첩, 그림들을 국내로 들여왔고 이는 조선 화단에 새로운 감식안과 화풍을 선사했다.

박지원, 유득공, 박제가, 정약용, 강세황, 윤제홍, 신위, 김정희 - 이들의 이름은 더 이상 학자나 문인으로만 머물지 않았다. 그들은 조선 회화의 지평을 넓힌 사유의 선각자였다. 그들의 눈을 통해 조선의 화가들은 전통 위에 새로운 감각을 쌓아 올렸고, 현실과 정면으로 마주하며 사유하는 그림을 그려낼 수 있었다.

정선을 중심으로 한 진경산수화도 그 결실 가운데 하나였다. 조선의 화가들은 이상세계의 모사에 그치지 않고 발로 밟고 눈으로 본 실경을 그리며,

그 속에서 민족의 정서와 문인의 사유를 아우르고자 했다. 이렇게 조선의 산수화는 자연의 재현을 넘어 이 땅에서 살아가는 이들의 마음을 그리는 일로 전환되고 있었다.

조선 후기는 문화의 꽃이 피어난 시기가 아니라, 예술이 '삶' 그 자체와 맞닿은 시대였다. 현실은 고통스러웠고 미래는 불확실했지만, 그것을 직시한 화가들은 침묵 속에서도 많은 말을 남겼다. 그리고 지금, 우리는 그 붓끝을 통해 조선의 숨결을 다시 마주하게 된다.

1. 붓끝에 깃든 현실 감각

조선 후기는 문인들의 붓이 가장 깊고도 섬세한 선을 그려낸 시대였다. 영·정조의 치세 아래 조선은 문화사적으로 최고의 문예부흥기를 맞이한다. 학문은 실학의 틀 속에서 현실을 향해 나아갔고, 문학은 이상에서 감각으로 내려왔으며, 서체는 동국진체(東國眞體)* 라는 독창적 형식을 꽃피웠다. 그리고 회화는 그 모든 흐름을 아우르며 하나의 정점을 그려냈다.

그림은 더 이상 사대부의 취미로 머무르지 않았다. 그것은 사유의 도구이자 현실의 거울이었고, 개인의 개성과 시대의 결을 담아내는 감각의 언어였다. 그렇게 조선의 감각으로 사유된 풍경과 인물이 태어난 시기가 바로 조선 후기였다. 진경산수화, 속화, 문인화 - 이 세 갈래의 회화는 모두 사실의 터전 위에서 자라난 조선 회화의 열매였다.

---

* **동국진체** 조선 전기에 확립된 한국적 해서체. 중국 해서체보다 획이 간결하고 단정하여 표준 서체가 되었다. 강희안이 「동국진체비」를 남겨 이름의 근거가 되었다.

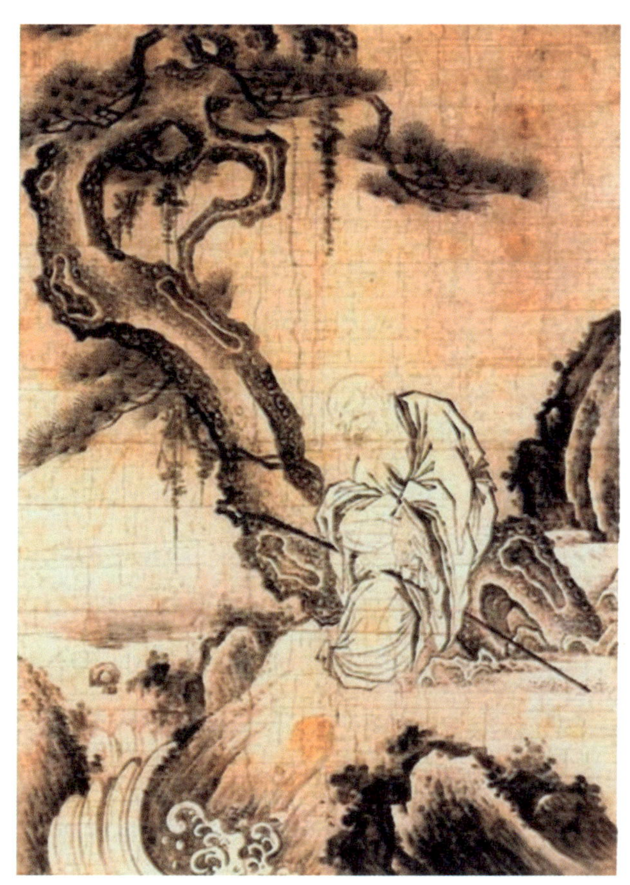

윤덕희, 〈송하인물도(松下人物圖)〉, 종이에 수묵담채, 155.7×109.7cm, 국립중앙박물관.

문인 심재(沈齋, 1624~1693)는 『송천필담』에서 다음과 같이 회고한다.

"조선 중엽 이전으로 거슬러 올라가면, 명수라 불리던 이들의 그림조차 옹색하고 거칠어 볼 것이 없었다. 하지만 공재 윤두서 이후로 점차 문로가 열려 속됨을 벗고 세련됨을 갖추게 되었다."

그의 말처럼, 공재 윤두서의 등장은 단지 한 화가의 출현이 아니었다. 그는 조선 회화의 새로운 문을 여는 마중물이었다.

18세기 조선 회화는 미감의 표현을 넘어 시대를 꿰뚫는 눈과 마음의 기록이 되었다. 속화는 일상과 민중의 삶을 그렸고, 진경산수는 현실의 경관을 바탕으로 한 감각적 묘사로 상상의 세계를 이 땅으로 끌어 내렸다. 문인화는 형식과 기교를 넘어 예술가의 인격과 개성을 담아냈다.

숙종 대 윤두서(1668-1715)에 의해 본격적으로 활용되기 시작한 남종화법은 그의 아들 윤덕희(1685-1766) 및 이하곤(1677-1724), 조영석(1686-1761)을 통해 더욱 넓게 수용되었다. 이후 영조 대에 이르러 심사정(1707-1769), 이인상(1710-1760), 강세황(1713-1791), 최북(1721-1786) 등에 의해 전면적으로 확산되며 내면을 사유하는 예술정신이 하나의 흐름을 형성했다.

또 다른 흐름은 정선(1676-1759)과 그의 문하들이 펼쳐낸 진경산수의 사실주의적 경향이다. 이들은 전국의 명산과 명승을 걸었다. 그리고 자신이 직접 본 이 땅의 산수를 그리며 성리학의 이념과 이상을 은유적으로 담아내던 관념산수화와 결별했다. 김홍도(1745-1818?)와 신윤복(1758-1814?) 또한 실제의 생활상을 산수와 인물, 풍속도로 그리며 그 흐름을 이었다.

하지만 이 모든 흐름은 순조 대를 전후로 정점을 찍고 점차 매너리즘에 빠지면서 퇴조의 그림자를 드리우게 된다. 그리고 그 자리에 김정희와 그의 추종자들이 새로운 언어를 들고 등장하면서, 조선 후기는 윤두서와 정선으로 시작되어 김정희로 완성되는 회화사를 남기게 된다.

한편, 조선 후기는 이전까지의 감상 중심의 평론에서 벗어나 화론과 회화비평이 유례없이 활기를 띤 시대이기도 했다. 회화 이론의 사유와 창작의 논의가 서로를 자극하며 하나의 미학을 형성했다. 예술가는 창작자일 뿐 아니라 철학자요 비평가였다. 그들은 붓을 들기 전에 먼저 사유했고, 그 사유

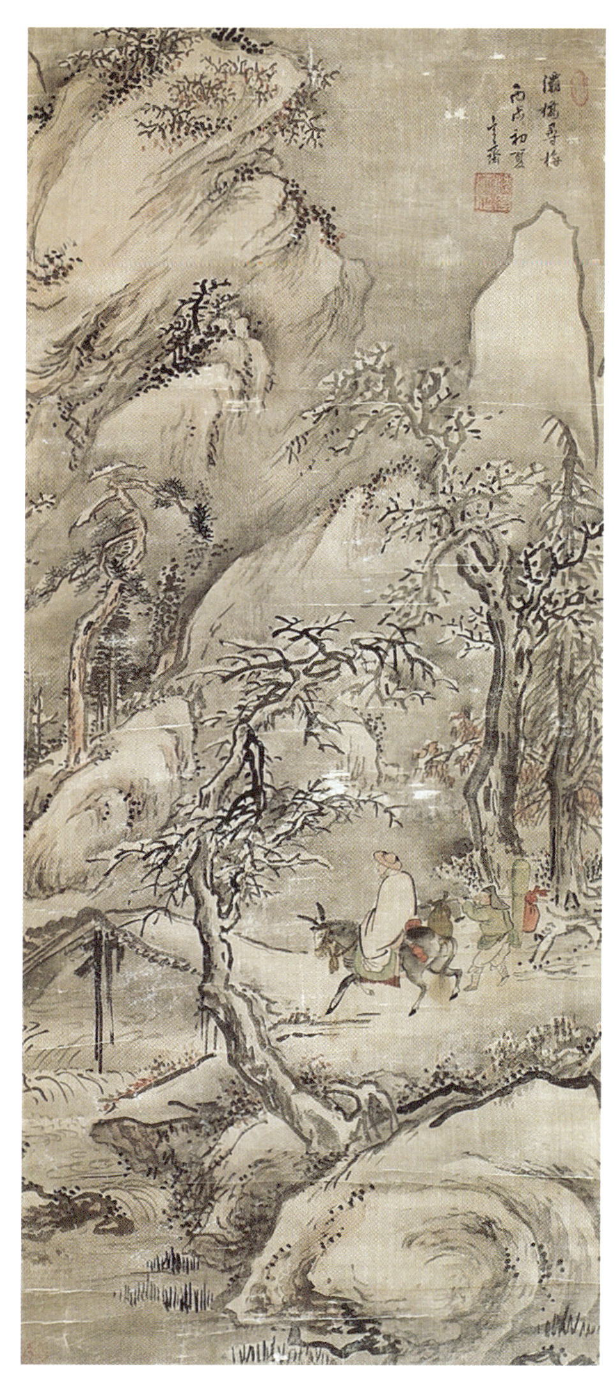

심사정, 〈설중탐매도(雪中探梅圖)〉, 1766년, 비단에 담채, 115×50.5cm, 국립중앙박물관.

는 철학적 깊이와 예술의 정수를 동시에 요구했다.

그 가운데서도 특히 주목할 것은 '사실주의 화론'이었다. 중국 화론의 전신론(傳神論) - 정신을 전한다는 이론 - 은 조선에 이르러 사진론(寫眞論) - 대상의 참모습[본질]을 그리는 것 - 으로 확장된다. 정신을 그리는 것에 그치지 않고, 대상을 있는 그대로 묘사하면서도 그 너머의 진실까지 꿰뚫는 사의적(寫意的) 표현을 강조한 것이다. 그리하여 화가는 사물을 그리는 동시에 존재를 묻는 자가 되었다.

조선 후기는 예술가가 현실을 직시하고 그 속에서 자신과 세계를 재구성하려는 태도, 곧 예술의 존재론적 질문이 시작된 시대였다. 속화와 진경산수화 또한 그저 새로운 소재의 실험이 아니었다. 그것은 예술의 근원을 묻는 질문이었고, 그 대답이었다. 회화는 더 이상 지식인의 교양이 아니었다. 그것은 인간의 존재 의의를 물었고 시대의 심연을 파고들었다.

이렇듯 조선 후기는 우리 회화사에서 가장 뜨거운 시대였다. 화폭을 적셨을 수묵의 붓질은 빛이 바랜 지 오래이지만, 그 속에 숨어 있는 사유의 편린들은 아직도 여전히 빛나고 있다. 그 조각난 기억들은 지금도 우리에게 많은 것을 묻고 있다.

2. 형상 너머를 본 사유의 기록들

조선 후기 회화를 설명할 때 자주 등장하는 단어가 '사실주의'다. 그렇다고 이 시대의 회화가 보이는 현실을 그대로 그리는 것에 치중했다는 말이 아니다. 오히려 그 너머의 결 - 본질, 생명감, 그리고 정신 - 을 어떻게 담아낼 것인가에 대한 치열한 사유가 중심을 이루었다.

화가는 더 이상 '형상을 옮기는 사람'이 아니었다. 그들의 눈은 외형을 좇았지만, 마음은 대상의 기운을 더듬었다. 조선 후기의 화론은 이를 '전신(傳神)' 혹은 '신운(神韻)'*이라고 불렀다. 회화의 진정한 목적은 대상을 '그 대상답게' 표현하는 데 있다고 여겼다. 그리하여 조선의 화가들은 보이는 것과 보이지 않는 것, 그 경계를 가로지르는 예술의 길 위에 서 있었다.

조선의 문인들은 성리학의 세계관 속에서 사물을 이기(理氣)**로 이해하고, 인간의 감정을 성정(性情)***으로 해석하였다. 이러한 사유는 회화에도 영향을 주었다. 문인들의 그림은 자연이나 인물을 묘사하는 것에 그치지 않았다. 대상의 본질, 즉 '천기(天機)'를 포착하려는 방향으로 나아갔다. '전신(傳神)'과 '신운(神韻)'을 강조한 것이 그러한 예라 할 수 있다.

전신론은 회화를 통해 정신을 전달하려는 중국회화 특유의 관점이다. 그런데 조선의 화론은 전신을 강조하면서도 '사실' 또한 놓치지 않는 특징을 보인다. 여기에서 '사실'이란 현실의 모사나 재현이 아니라, 대상에 내재한 본질 - 그 정신적 감응의 정확한 표현 - 을 의미한다. 이 시대 정선의 진경산수가 나타난 것도 이러한 철학적 기반이 형성돼 있었기에 가능했을 것이다.

'전신'과 '사실', 언뜻 보면 서로 반대되는 듯한 이 두 개념은 조선 후기 미학 속에서 서로를 보완하며 예술의 깊이를 넓혀 나갔다. 정확한 관찰과 정

---

* **신운** 화가의 정신과 기품이 그림 속 운치로 드러나 여운을 남기는 것. 전신이 '대상의 정신을 옮기는' 것이라면, 신운은 화가의 정신을 드러내는 것이다.

** **이기(理氣)** '이(理)'는 만물의 근본 원리이자 도덕적 질서이며, '기(氣)'는 그 원리가 현실에서 구체적으로 드러나는 물질적 기운이다. 이와 기는 서로 다르되 떨어질 수 없다고 본다.

*** **성정(性情)** '성(性)'은 인간의 본래 성품으로 선한 이(理)에 속하고, '정(情)'은 감정의 움직임으로 기(氣)의 작용이다. 성은 마음의 본체, 정은 그 발현이다.

밀한 묘사를 통해 정신과 생명력을 담아내고자 했던 이 시대의 화가들은 형상 속에 담긴 보이지 않는 내면의 진실을 추구했다.

중국 화론에서 말하는 '형사이득신(形似而得神)' - 겉모습을 닮되, 그 속에 깃든 정신을 얻는 - 과정으로 본 것이다. 하지만 조선 후기 화가들은 '형사이득신'이란 명제를 단순한 이상에 머물게 하지 않았다. 그들은 끊임없는 관찰과 신명을 다한 붓질로 대상 안의 생명과 감응을 길어 올리려 했다. 살아 있는 자연과 사람을 생동하는 그 모습, 그 느낌 그대로 남기려고 했다.

이 시기에 등장한 사진론(寫眞論)은 바로 이러한 사유의 확장이었다. 사진론은 전신을 부정한 것이 아니라, 정신을 담기 위해서라도 정밀한 형상이 필요하다는 자각에서 비롯되었다. 형상을 무시한 정신 표현은 허상일 뿐이었다. 따라서 조선 후기의 그림은 더욱 천천히 그리고 깊이 있게 생명력 있는 묘사로 나아갔다.

그들의 예술은 감응의 기록이었고 사유의 흔적이었다. 살아 있는 세계를 옮기되 그 안의 떨림과 결, 여운을 함께 담고자 했다.

조선 후기의 화론은 형상에서 출발하였으나 형상을 뛰어넘을 것을 요구했다. '이형득사(離形得似)' - 형상을 벗어남으로써 오히려 그 대상다움을 얻는다는 동양화의 정신은 조선 후기의 사유 속에서 더욱 깊고 분명한 철학으로 자리 잡았다.

중국 회화의 전통은 기운생동(氣韻生動)과 전신(傳神)을 중시하는 사의(寫意)의 흐름이 주를 이루었다. 동진의 고개지가 '형상으로 정신을 그린다'(以形寫神)며 '전신론'을 주장한 이래, 형상을 중시하는 사실주의는 줄곧 변방에 머물러 왔다.

그러나 조선은 달랐다. 조선 후기의 사진론은 형상의 적확한 묘사를 통해 정신을 드러내고자 했다. 그것이 중국회화의 한계를 넘어서려는 의식적 시도였는지는 알 수 없으나, 결국은 사의적 사실주의라는 조선 회화의 미학적 성취를 가져오는 계기가 되었다.

사진론은 예술의 본질을 물었다. 대상의 표현과 본질의 구현 사이에서 긴장할 수밖에 없었던 화가의 붓끝은 점점 더 사유의 먹빛을 더하였다. 조선 후기 화론은 그렇게 회화 철학의 전환점을 증언하는 미학의 언어가 되었다. 그것은 조선 회화사에 남겨진 또 하나의 선언이었다.

진실을 그린다는 것 _ 이하곤의 사실론

조선 후기의 회화는 현실의 감각과 사유의 깊이를 함께 담아 냈다. 이 시대 화론의 중심에는 '사실론(寫實論)'이라는 새로운 미학이 놓여 있었다. 이는 이 시대의 회화가 사실성과 현실성을 띠는 진경산수와 속화라는 장르로 탄생한 것과 무관치 않다.

이하곤(李夏坤, 1677-1724)은 이들 장르의 미학적 이론이라 할 '사실론'을 가장 먼저 주장한 인물 가운데 한 사람이다. 그가 중시했던 '사실'은 형사(形似)와 전신(傳神), 사생(寫生)과 사의(寫意)라는 대립적인 개념이 서로를 보완하는 사실로, 그 끝은 '진실을 그리는 것'(寫眞)으로 나아간다. 이는 조선 후기 화론이 전신론적 사실론 또는 사실론적 전신론으로 전개되는 바탕이 되었다.

이하곤은 대립해 온 두 개념을 하나의 좌표 위에서 다시 엮었고, 그 사유의 선두에 서 있었다. 그에게 있어서 회화란 보이는 것을 넘어서, 보이는 것 속에 깃든 진실을 찾아가는 일이었다. 그는 그림이 철저한 사실에서 비롯된다고 보았다.

또 시를 짓는 일이나 화공이 그림을 그리는 것 모두가 '사진(寫眞)' - 진실을 그리는 것 - 이라며, 다음과 같이 말한다.

"한 획, 터럭 하나라도 같지 않음이 없을 때에야 비로소 그 사람을 그렸다고(寫) 한다. 터럭 하나라도 같지 않으면 채색을 아무리 잘했다 해도 신정(神精)과 서로 통하지 않으니, 어찌 그 사람을 그렸다 할 수 있겠는가."

외형을 베껴놓는 것으로는 진실에 이를 수 없다는 선언이었다. 그는 '사실'을 감각의 기록이 아니라 정신을 향한 통로로 여겼다. 철저한 관찰과 사생만이 진정한 전신(傳神)에 이를 수 있다고 믿었던 것이다. 이것으로 보면 그의 화론은 '이형사신(以形寫神)'의 정신을 가장 진지하게 구현한 사례였다.

그렇다고 이하곤이 이형사신만을 주장한 것은 아니었다. 그는 한 그림을 평하며, "무릇 그림은 전신이 어렵다. 형사를 7~8할만 얻어도 역시 고수라 할 수 있다."고 말했다. 이는 대상 재현의 완벽성보다 사생의 진정성을 더 소중하게 여긴 그의 미학을 보여준다.

형사의 완성도에 대한 존중은 있으되, 거기에만 얽매이지 않는 너그러움과 깊은 이해를 보여주는 것이다. 그에게 그림을 그리는 일은 진실을 마주하는 정신의 작업이었다. 그는 형상을 세심하게 좇았지만, 그 형상은 결국 내면의 울림을 길어 올리는 통로였다.

이러한 이하곤의 사진론적 사실론은 조선 후기 사실주의 회화의 한 정점을 이루었다. 그것은 시대의 요청에 응답한 화론이면서, 동시에 시대를 넘어서려 했던 사유의 흔적이었다. 진실을 그리는 붓 - 그것은 눈에 보이는 세계를 향했지만, 결국은 마음의 진실에 다가가는 길이었다.

형상 속의 정신 _ 남태응의 전신론과 천기론

조선 후기 화단의 풍경에서 남태응(南泰應, 1687-1740)의 회화론은 유독 깊은 무게로 다가온다. 그가 저술한 『청죽화사(聽竹畫史)』는 조선시대 화론 중 가장 본격적인 이론으로 그 양과 질에 있어서 타의 추종을 불허한다. 특히 17세기의 대표적인 화가인 김명국, 이징, 윤두서의 작품세계를 논한 부분이 눈길을 끄는데, 별도로 이들 3인의 특징과 장단점을 비교한 '삼화가유평(三畫家喩評)'을 남기기까지 했다.

남태응 화론의 핵심은 '전신(傳神)'과 '천기(天機)'라는 두 개념으로 응축된다. 전신은 형상에 담긴 생기와 정신을 포착하는 일이다. 하지만 그는 전신을 추상적인 것으로만 이해하지 않았다. 오히려 '이형사신(以形寫神)', 곧 형상을 통해 정신을 그린다는 태도를 견지했다. 정신을 잡기 위해서는 무엇보다 먼저 정밀한 형상 포착이 필요하다는 입장이다.

그가 세 화가의 작품세계를 논하며, 윤두서가 그림에 임하는 장면을 묘사한 다음 글은 이러한 그의 사실주의적 태도를 잘 보여준다.

> "윤두서는 … 마구간 앞에 서서 종일토록 살펴보고, 말의 모습과 의태(意態)를 마음의 눈으로 꿰뚫어 보아 털끝만큼도 비슷함에 의심이 없게 한 뒤에야 붓을 들어 그렸다."

형상을 보는 것에서 본질을 꿰뚫어 보는 것까지 이뤄진 뒤에야, 비로소 그리는 행위로 나아가는 사유의 흐름을 강조하고 있는 것이다. 정밀한 관찰 없이는 '정신의 포착(전신)'에 이를 수 없다는 이 자각은 조선 후기 사실주의가 결코 외형 모사에 머물지 않았음을 일깨운다.

남태응은 또한 아무리 뛰어난 형상이라도 예술로 승화되기 위해서는 '천기(天機)' – 하늘이 부여한 기운 – 곧, 자연의 섭리와 그 감응이 깃들어야 한다고 보았다. 예술은 기교만으로 이루어지지 않는다. 그것은 감응과 통찰,

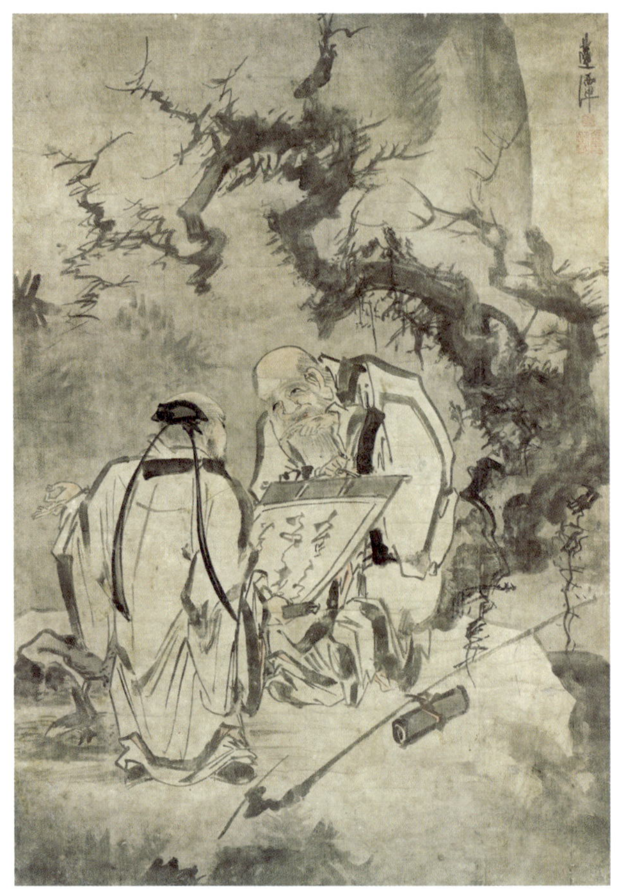

김명국, 〈비급전관도(祕笈展觀圖)〉,
17세기 초, 종이에 담채, 121.5×82.5cm, ©간송미술문화재단.

내면의 울림을 향한 여정이며, 그 여정의 끝자락에 도달했을 때 비로소 작품은 예술로 완성된다.

이와 같은 예술의 경지를 그는 '삼품론(三品論)'이라는 자신만의 기준으로 분류해 제시했다. 그는 세 화가의 작품 세계를 가리켜 김명국은 신품에, 이징은 법품에, 윤두서는 묘품에 가깝다며 다음과 같이 말한다.

"신품은 태어나면서 아는 것이며(生而知之), 묘품은 배워서 아는 것이고(學而知之), 법품은 노력해서 아는 것이나(困而知之), 이루어지면 매한가지다."

다시 말해 신품(神品)은 타고난 재능으로, 묘품(妙品)은 배움을 통해서, 법품(法品)은 끊임없는 노력으로 다다를 수 있는 경지란 것이다. 그러나 그 끝에 이르면 다 똑같다고 말한다. 그림에 이르는 길은 달라도 궁극의 도는 하나라고 통찰하고 있는 것이다. 예술은 한 가지 방식으로만 오를 수 있는 산이 아니다. 그것은 저마다의 길로 도달하는 정신의 봉우리라는 그의 인식을 엿볼 수 있다.

이렇듯 삼품론에 근거한 남태응의 천기론은 조선 후기 사실주의가 단순한 감각적 리얼리즘이 아니라는 것을 보여준다. 그것은 정신을 향한 길이며, 형상을 철저히 통과한 자만이 도달할 수 있는 세계였다.

그의 화론은 조선 후기의 미학을 넘어, 예술의 본령을 묻는 오늘날에도 여전히 유효한 사유의 좌표가 아닐 수 없다.

진실을 그리는 눈 _ 조영석의 사실론

조선의 회화가 점차 일상의 감각과 살아 있는 자연의 숨결을 품어 안기 시작하던 시대, 선비정신을 놓지 않은 문인화가가 등장했으니 그가 바로 조영석(趙榮祏, 1686-1761)이다. 인물화에서 일가를 이뤘던 그는 세조와 숙종의 어진을 모사하라는 영조의 명을 받고도, "기예로 왕을 섬기는 것은 선비의 도리"가 아니라며 왕명을 거부하여 파직되기도 했을 만큼 꼿꼿한 선비였다.

그렇게 화원의 역할은 거부했지만 그는 그림과 함께 평생을 살았다. 그에

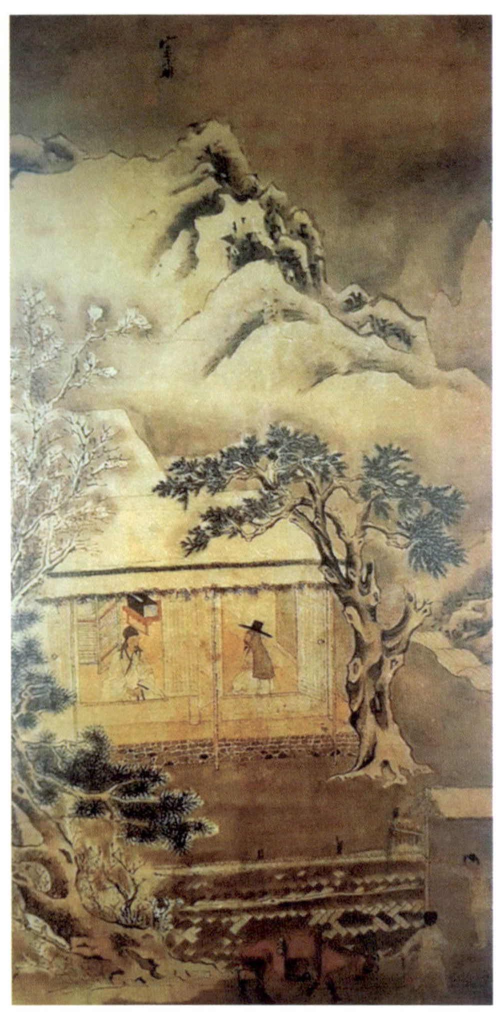

조영석, 〈설중방우도(雪中訪友圖)〉,
18세기 중엽, 종이에 채색,
115×57cm,
국립중앙박물관.

게 있어 그림이란 형상 너머의 진실과 마주하는 일이었다. 1984년 발견된 육필본 『관아재고』는 그림에 대한 그의 사상을 잘 보여준다.

『관아재고』에 나타난 조영석의 화론에는 사실을 향한 충실한 여정과 형상 너머의 여운이 짙게 배어 있다. 그는 회화의 중심을 '사생(寫生)'에 두고 있었다. 그는 사물을 정확히 관찰하고 그 외형을 옮기되, 대상의 기색(氣色)

과 분위기, 감정의 결까지도 포착하고자 했다. 이러한 그의 사유는 조선 후기 진경산수의 사실주의와도 일맥상통한다. 정선의 진경산수가 자연에 대한 감응의 산물이었다면, 조영석의 회화는 인간에 대한 감응의 산물이었다고 말할 수 있다.

그의 사실론은 결코 건조한 리얼리즘이 아니었다. 그는 정확한 묘사를 기반으로 하면서도 언제나 여백과 여운, 그리고 사의(寫意)의 숨결을 존중했다. 사생은 그에게 있어 자연의 형상화가 아니라, 마음의 통찰로 완성되는 깨달음이었다.

이를 잘 보여주는 일화가 있다.

그가 그린 〈노인부장도(老人扶杖圖)〉를 본 이들이 그의 벗 이병연의 초상 같다고 말하자, 조영석은 이렇게 응답했다.

> "그것이 내가 그린 그림인지 알 수 없고, 아무리 생각해 보아도 어느 해에 그렸는지도 모르겠다. … 이것은 다만 필묵의 자취 밖에서 마음으로 깨닫는 것일 뿐이니, 어찌 눈썹이나 머리카락 따위를 따질 것인가."

그가 갖고 있던 그림에 대한 철학을 그대로 보여주는 말이 아닐 수 없다. 그가 회화에서 가장 중요하게 생각한 것은 대상이 지닌 존재의 느낌과 그것을 응시하는 화가의 마음이었다.

조영석은 눈으로 보고 손으로 그리되, 마음으로 깨닫기를 원했다. 그렇다고 해서 그가 사의의 자유로움만을 추구한 것은 아니었다. 그는 정밀한 사생의 태도를 결코 놓지 않았다. 다만 그 사생이 도달해야 할 지점은 감각의 정확함이 아니라, 감각과 사유가 만나는 경계였다. 그의 회화는 현실에 기반을 두었으되, 그 현실을 통하여 인간의 내면과 존재의 결을 함께 느끼게

하는 예술이었다.

조영석의 사실론은 기법이나 표현의 문제가 아니었다. 그것은 예술가의 태도, 다시 말해 보는 눈과 그리는 손, 느끼는 마음이 하나의 흐름으로 어우러질 때 비로소 완성되었다.

그 길은 조선후기 회화가 살아 숨 쉬는 생명으로 나아가고자 했던 또 하나의 길이었다.

3. 사의의 시대 _ 조선 후기 화단의 흐름

조선 후기의 회화는 이전과는 다른 방향으로 움직이기 시작했다. 이 시대의 화가들은 단순히 사물을 재현하는 데에서 벗어나, 자신의 사유와 정서를 화폭에 담아내고자 했다. 그들의 그림은 형상의 충실한 반영을 벗어나 그 너머에 존재하는 뜻과 기운, 정신을 담아내는 통로가 되었다.

그러한 움직임의 중심에 있었던 것이 바로 '사의(寫意)'의 흐름이었다. 이 변화의 배경에는 중국 문인화의 전통, 특히 남종화풍의 유입이 있었다. 남종화는 형사(形似)보다 사의(寫意)를 중시하며, 화가 개인의 인격과 정신의 표현을 중심에 두는 장르이다.

남종화가 본격적으로 소개되면서 조선 화단은 큰 자극을 받았다. 그것은 조선 화단을 인간 내면과 시대의 감각을 함께 포착하는 방향으로 이끌었다.

조선 중기까지의 회화는 대체로 절파계의 영향 아래 있었기에 기교와 형식의 완성도에 중심을 둔 경향이 강했다. 그러나 18세기에 접어들며 실학의 대두와 함께 보다 현실 지향적인 사유의 흐름이 형성되었고, 이 지점에서 남종화풍의 문인화 정신과 조선 화단이 조우했던 것이다.

이러한 변화를 이끌었던 대표적인 인물이 윤두서, 정선, 조영석, 이하곤 등이다. 그들의 그림은 남종화의 표현 방식을 조선의 정서와 감각 속에서 재해석한 결과물이었다.

이후 심사정, 강세황, 이인상, 최북 같은 화가들이 그 흐름을 이어받는다. 그들은 중국의 화보를 열람하고 방삭하며 그 양식을 익혔다. 당시 유통된 『십죽재화보』·『고씨화보』·『당시화보』 등의 명·청대 화보는 조선 화가들에게 새로운 창작의 길잡이가 되었다. 그러나 단순한 모방에 머무르지 않고 조선의 현실과 작가 개인의 감각을 담아내는 방향으로 발전시켰다.

조선 후기 화단은 그렇게 외래 양식을 수용하면서도 그 안에 조선의 정서와 시대의 감각을 불어넣으며 새로운 회화 세계를 형성해 나갔다. 이러한 흐름은 사대부 계층에만 국한되지 않았다. 화원 출신의 작가들 또한 남종문인화의 미감을 적극적으로 받아들였고, 절제된 필묵과 자유로운 구도를 통해 문인화의 깊이를 더욱 풍요롭게 만들었다. 조선의 화단은 점차 다채롭고 유연한 미감을 갖추게 되었다.

중요한 것은 조선 화가들의 이러한 시도가 무비판적인 수용이 아니라 어디까지나 '조응'에 가까웠다는 것이다. 그들은 중국에서 건너온 남종화의 정신을 자신들의 감각과 시대 현실에 맞게 다듬었다.

그림 속에는 점차 문기(文氣), 문자향(文字香), 서권기(書卷氣)와 같은 정신의 흔적들이 깃들었다. 하지만 그러한 요소들은 격조 높은 양식의 상징이라기보다, 그림을 통해 세상과 자신을 성찰하고자 했던 내면의 세계를 반영한 것이었다.

이렇듯 조선 후기 화단은 단순한 기법의 전환이 아니라, 예술에 대한 태도와 시선 그리고 작가 자신을 바라보는 관점의 변화 속에서 성장해 나갔다. 그림은 더 이상 사대부로 대표되는 상류층의 전유물이 아니었다. 그것은 보다 다양한 계층과 감각 속에서 탄생한 시대의 정서이자 개인의 자취가 되었다.

그런 점에서 조선 후기의 사의적 회화는 '조선의 문인화'라기보다, 중국의 정신을 바탕으로 하되 조선의 감각으로 응답한 절충적이고 사유 깊은 예술의 한 장이었다고 말할 수 있을 것이다.

4. 남종의 붓길 위에서 _ 주요 작가들의 경향

조선 후기 화단은 어느 한 가지 틀에 머무르지 않았다. 남종화라는 공통된 예술 언어 속에서도 각기 다른 기질과 취향을 지닌 화가들은 자신만의 방식으로 그 세계를 펼쳐 보였다. 그들의 그림은 문인의 정신을 품되, 표현은 정형화되지 않았고 오히려 시대의 감각과 개인의 사유가 어우러진 다채로운 모습으로 나타났다.

그 중심에 있었던 인물이 심사정(1707-1769)이었다. 그는 『고씨화보』·『십죽재화보』·『개자원화보』 등 당대에 유입된 다양한 중국 화보를 바탕으로 남종화의 고법을 섭렵했고, 발묵과 담채를 조화롭게 사용하며 활달한 화면을 만들어 냈다. 때로는 남종과 북종의 양식을 넘나들며 혼융의 경지를 시도하기도 했다. 그의 그림에는 전통에 대한 존중와 더불어 형식을 넘어서려는 자유로운 감각이 공존했다.

강세황(1713-1791) 또한 빼놓을 수 없는 인물이다. 그는 팔대산인과 고기패 등 청대의 새로운 문인화 양식을 폭넓게 수용했고, 그 정신을 조선의 감각으로 번안하는 데 탁월한 역량을 보였다. 동기창의 화법을 따르면서도 단순한 재현에 그치지 않고, 자신만의 필치로 조형성과 실험성 강한 새로운

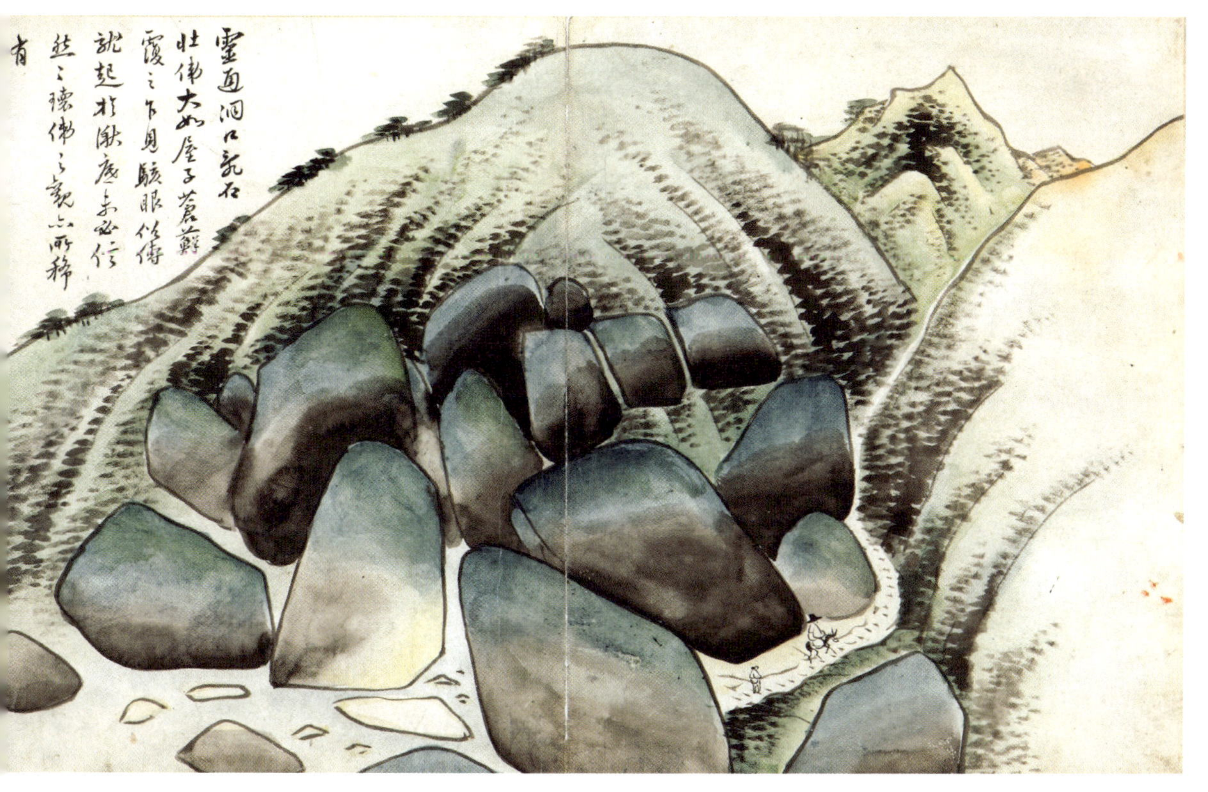

강세황, 〈영통동구도(靈通洞口圖)〉(송도기행첩), 18세기 후반,
종이에 담채, 32.8×53.4cm, 국립중앙박물관.

미감을 창출했다. 그의 화풍은 후대에도 큰 영향을 끼쳐 신위, 김홍도 같은 화가들이 그의 정신을 이어받았다.

이인상(1710-1760)은 강세황과 함께 조선 문인화의 품격을 높인 인물로 평가된다. 그는 남종화의 표현 양식을 정제된 서법과 조형 감각으로 구현해 냈고, 단아하면서도 절제된 문기(文氣)를 화면에 머금게 했다. 그의 작품은 당대 사대부들이 추구하던 이상을 시각적으로 형상화했으며, 문인화가 지닌 사유의 깊이를 잘 보여준다.

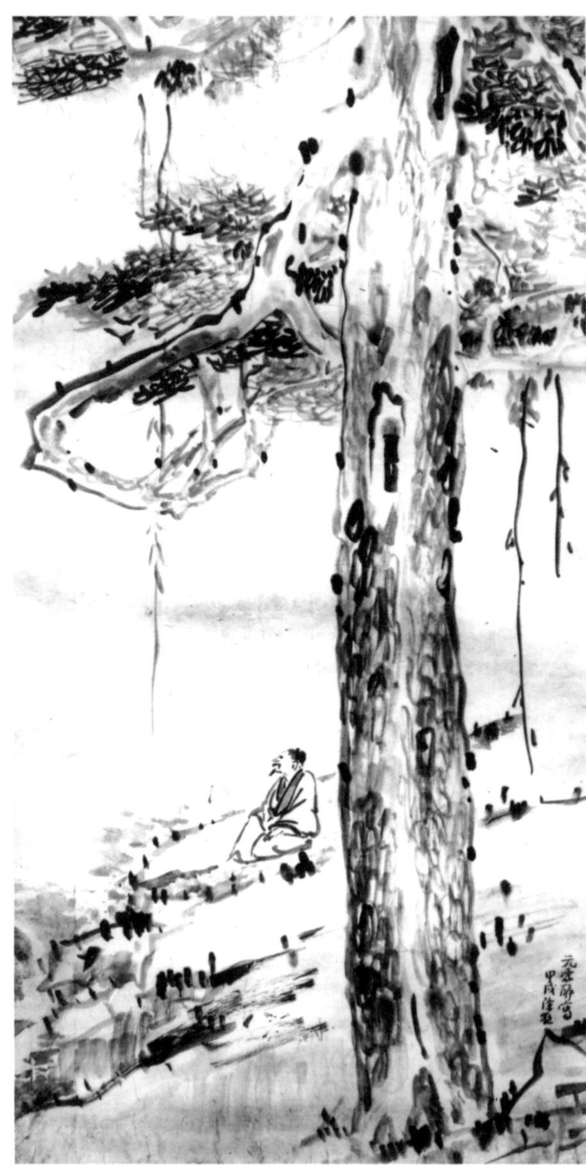

이인상, 〈송하독좌도(松下獨坐圖)〉, 18세기 전반, 종이에 수묵, 조선미술박물관(평양), 기록필름, 국립중앙박물관.

이와는 결을 달리하는 존재가 중인 출신의 최북(1721-1786)이다. 그는 생업으로 그림을 그렸으나 그의 화폭 안에는 자유롭고 방일한 정서가 스며 있

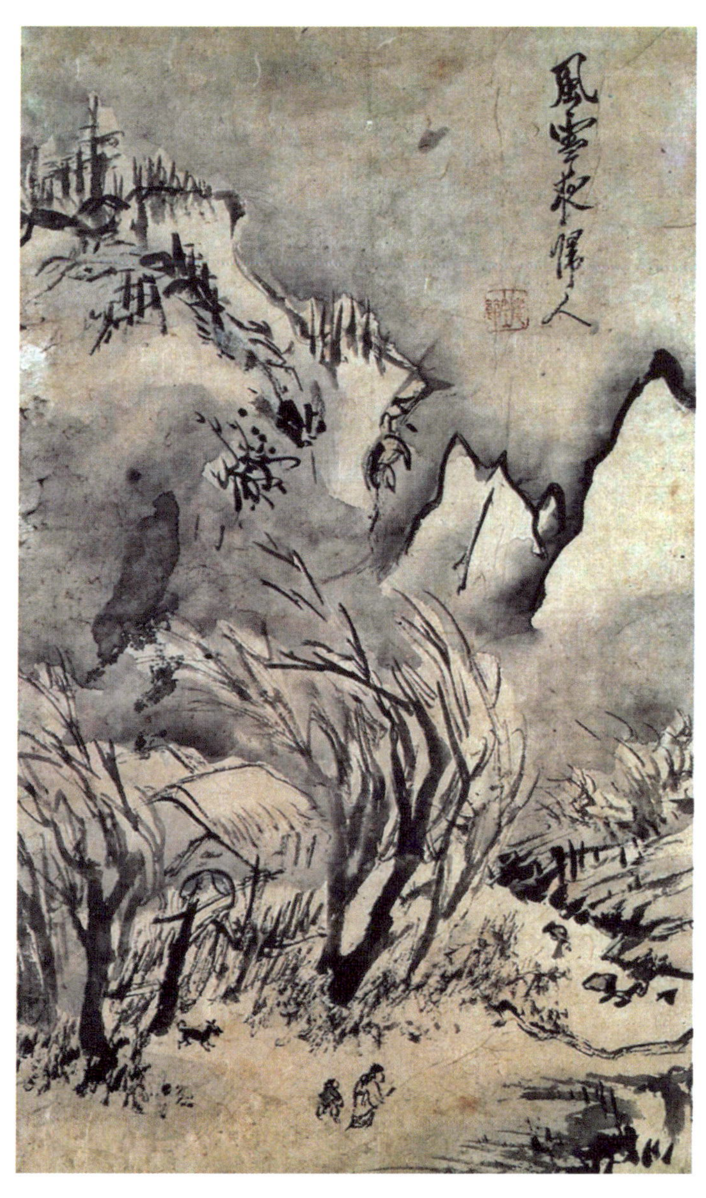

최북, 〈풍설야귀인(風雪夜歸人)〉, 18세기 중엽, 종이에 담채, 66.3×42.9cm, 국립중앙박물관.

다. 남종화의 전통을 습득했으면서도 자신만의 분방한 필치와 고담한 색감을 통해 활기 넘치는 독자적 회화를 이루어냈다. 그의 그림은 문인화의 틀 안에서 이례적일 만큼 생기와 감정이 살아 숨 쉬는 세계를 보여준다.

조선 후기 문인화의 흐름은 시간이 흐를수록 점점 더 다양한 배경을 지닌 작가의 등장으로 이어진다. 특히 중인과 화원을 아우르는 여러 층위의 화가들이 등장하며 문인화는 특정 계층의 전유물이 아니라 하나의 문화 현상으로 자리 잡아간다.

이처럼 조선 후기 화단은 단일한 경향으로 정리되기 어렵다. 하나의 전통을 공유하면서도 각기 다른 개성과 철학이 공존하는 다층적 구조를 이루었다. 그들의 그림은 조선이라는 시대를 살아낸 이들의 정신과 감정, 그리고 각자의 삶을 반영한 자취였다. 남종화라는 외래의 붓을 쥐고 있었지만, 그 붓으로 그려낸 것은 조선의 풍토였고 동시에 그들 자신의 고유한 세계이기도 했다.

5. 실경의 미학과 민중 감각의 형성

조선 후기의 회화는 새로운 감각을 향해 나아가고 있었다. 그들의 붓은 더 이상 이상향의 공간을 재현하는 데 그치지 않았다. 그림 속의 자연은 관념 속의 소재 대신, 조선의 땅 위에 펼쳐진 삶의 무대로 바뀌기 시작했다. 화가는 그것을 있는 그대로, 혹은 느낀 대로 담아내려 했다. 그 변화는 조용하면서도 조선 화단을 뒤흔들기에 부족함이 없었다.

이러한 변화의 저변에는 시대의 흐름이 있었다. 경제력을 갖춘 중인계급이 늘어나면서 실용성과 감수성이 힘을 얻었고, 실학과 같은 현실에 기반한 사상이 사대부 내부에서도 점차 확산되고 있었다. 이러한 사회 분위기는 회화의 관심을 추상적이고 이상적인 세계에서, 구체적이고 실감 나는 현실의 장면으로 옮겨 가게 만들었다. 그리하여 실제의 풍경, 즉 '실경'을 주제로 삼는 화풍이 조금씩 모습을 드러내기 시작했다.

이 변화는 새로운 회화 양식의 창출이라는 의미를 넘어, 조선의 땅을 조선의 시선으로 바라보고자 한 자각의 시작이었다. 조선의 산수는 이제 중국 화보 속의 이상적인 풍경을 모방하는 데 만족하지 않았다. 화가는 이 땅의 산수를 걷고 느끼고 관찰하며, 눈앞의 경치를 마음으로 그리는 데 주저하지 않았다. 회화는 그렇게 서서히, 그러나 분명하게 조선의 풍토 속으로 발을 내디디기 시작했다.

이러한 흐름은 점차 사대부의 그림을 벗어나 보다 폭넓은 감각 속으로 퍼져 나갔다. 중인과 화원, 민간 화가들에 의해 그려진 풍속화와 민화는 조선 후기 화단의 또 다른 표정을 형성했다. 실제 삶의 장면과 정서를 있는 그대로 담으려는 시대의 지향점과 맞물리며 회화의 지평은 더욱 넓어졌다. 이 모든 움직임은 결국 '현실을 향한 감각'이라는 하나의 줄기로 엮인다.

그리고 이 변화의 물결이 무르익은 자리, 그 한가운데에 겸재 정선이 서 있었다. 그는 이 흐름을 누구보다 예민하게 감지했고 자신만의 붓으로 조선의 산천을 조선의 눈으로 그려내고자 했다. 진경산수*라는 새로운 회화 세계는 그렇게 문을 열 준비를 마치고 붓의 손길을 기다리고 있었다.

정선, 조선을 보다

정선(鄭敾, 1676-1759)의 집은 백악산 아래에 있었다. 그는 산수를 그리고 싶으면 앞산을 보며 그리고 또 그렸다. 그렇게 산을 받아들이고 마음속에

---

* **진경산수** 18~19세기 문인들의 화평(畵評)에 나타나는 '眞景'이란 표현을, 뒷날 학계에서 개념화하면서 '진경산수화'라는 용어가 정착되었다.

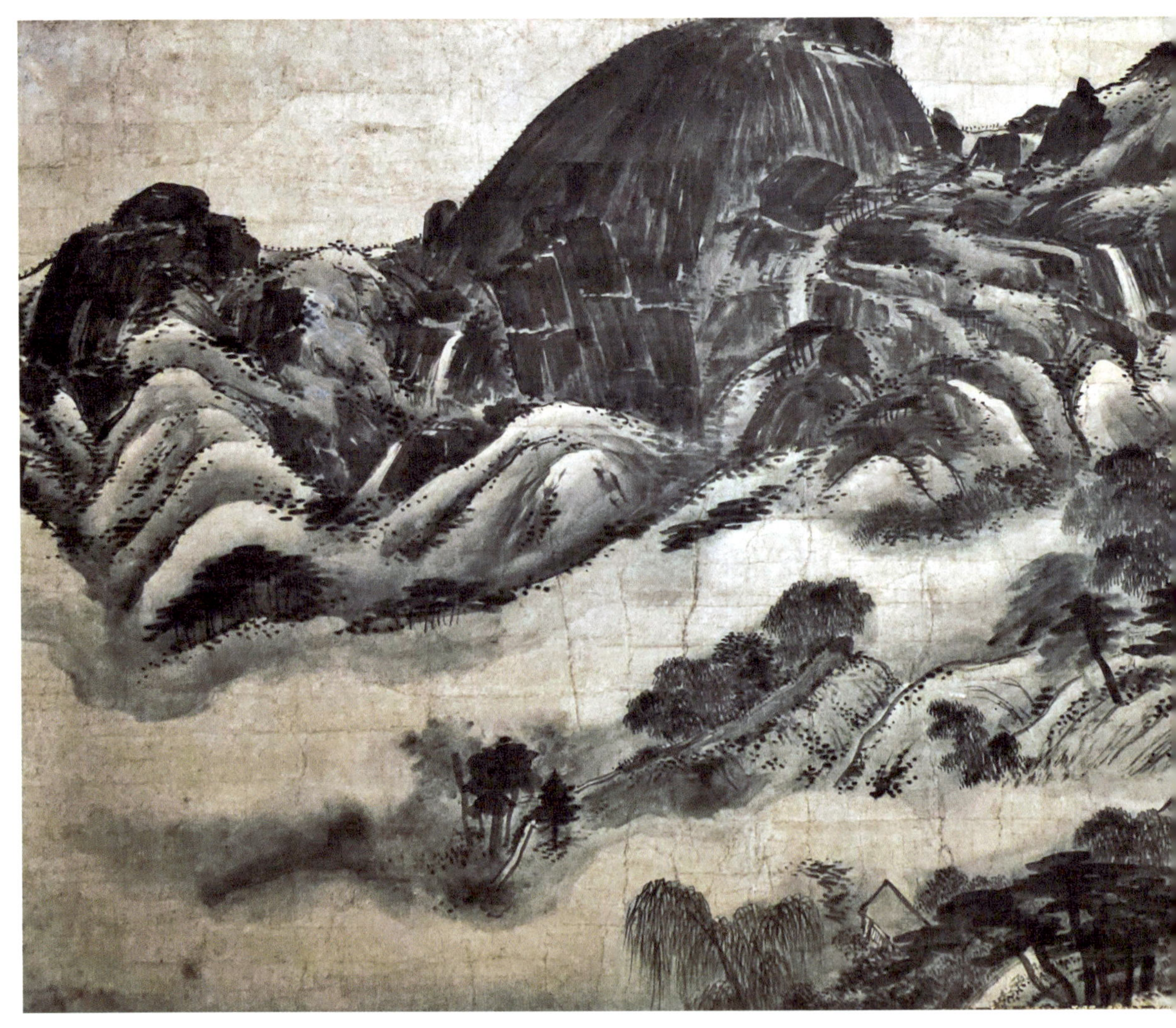

정선, 〈인왕제색도(仁王霽色圖)〉, 1751년,
종이에 수묵, 79.2×138.2cm, 국보 216호, 국립중앙박물관.

들어온 산을 표현하며 필법의 활용과 먹의 농담을 씀에 저절로 깨우침이 있었다. 금강산 안팎을 두루 드나들고 조선 땅의 여러 경승지를 걷고 걸었다. 비로소 조선의 땅과 물, 산의 형태가 가슴속에 다 들어왔다. 그리고 그것을

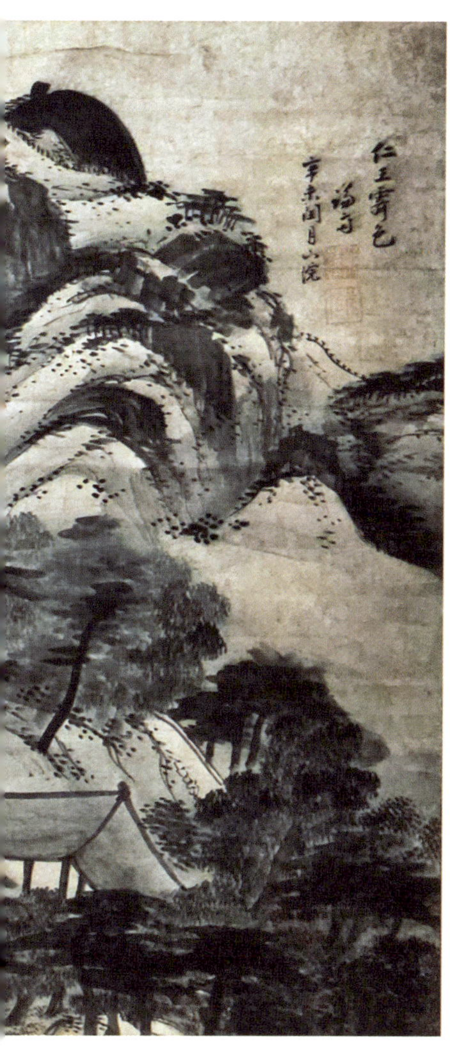

그리느라 닳아진 붓이 무덤을 이룰 무렵이 된 뒤에야, 그는 다음과 같은 찬사를 받는다.

"스스로 새로운 화법을 창출하여, 우리나라 산수 화가들이 한결같은 방식으로 그리는 병폐와 습성을 씻어버리니, 조선의 산수화법은 정선에 이르러 비로소 새롭게 출발하게 되었다."

정선의 『구학첩(丘壑帖)』에 쓴 조영석의 발문이다. 당대에 이미 우리나라 산수화의 새로운 장을 연 인물로 평가받았다는 것을 보여주는 대목이다. 하지만 정선을 어느 날 문득 조선 화단에 나타난 천재 화가로 보는 것에는 무리가 있다.

송 황제에게 〈금강산도〉를 그려 보냈다는 고려의 기록으로 본다면 실경산수를 그리는 산수화의 전통은 이미 고려 때부터 있었고, 이것이 조선시대로까지 이어졌다고 볼 수 있기 때문이다. 그럼에도 정선의 진경산수(眞景山水)를 평가해야 할 것은 중국의 화법에서 벗어나 조선의 화법으로 그렸다는 데 있다.

정선은 긴 사유의 축적 끝에서 남종화의 관습화된 양식을 떨쳐버리고 자신만의 화풍을 빚어냈다. 그는 조선 후기 문인화의 흐름 속에서 단절보다는 연속의 길 위에 서 있었다. 그의 붓은 조선의 산하를 온몸으로 끌어안고 그 속에 스며 있는 자의식을 화폭에 드러내기에 주저하지 않았다.

정선은 『고씨화보』나 『개자원화보』와 같은 중국 화보들을 섭렵하면서도, 그에 머물지 않고 조선의 풍토와 감각으로 변형해 독특한 자신의 조형 세계를 구현해 냈다. 『관아재고』를 쓴 조영석, 『두타초』의 저자인 이하곤, 김창협·김창흡 형제 같은 문인들과의 교유는 그의 내면에 문기(文氣)를 심었고, 이는 그림을 넘어 세계를 대하는 인식의 변화를 불러왔다. 형식의 답습이 아닌 변주의 감각으로 진경산수화라는 전례 없는 미학의 전환을 이뤄낸 것이다.

정선에게 산수란 책 속의 이상향이 아니었다. 그는 자신이 걸었던 산천, 눈으로 바라본 능선, 뺨에 와닿은 바람의 감촉을 화폭에 담았다. 〈인왕제색도〉의 먹빛 너머로, 〈박연폭포〉의 흩날리는 물안개에서, 〈금강산도〉의 겹겹이 쌓인 거친 산줄기에서 우리는 그가 호흡했던 이 땅의 산수를 마주하게 된다. 그것은 실경의 기록이라기보다는 '조선의 산수화란 이와 같다'는 하나의 선언으로 읽힌다.

그는 화면 구도에서 남종화의 잔영을 지우지 않되, 이를 자기화하는 데 집중했다. 대각선의 응용은 경물에 긴장감을 더했고, 수직준* 과 부벽준** 은 공간을 절제하면서도 생동하게 했다. 농묵의 소나무와 습윤한 피마준*** 은 그의 자연관을 정묘하게 드러냈다. 무엇보다도 그의 묵법은 형과 신, 사의와 감흥이 어우러진 복합의 언어였다.

---

* **수직준(垂直皴)** 바위나 산의 면을 수직으로 곧게 떨어지는 선으로 표현하는 준법. 북송의 산수에서 높고 깊은 산세를 웅장하게 표현할 때 많이 쓰였다.

** **부벽준(斧劈皴)** 바위나 절벽의 면을 도끼로 찍어낸 듯 표현하는 준법. 남송의 마하파에서 시작된 기법으로 강한 기세와 힘을 드러낼 때 쓰였다.

*** **피마준(披麻皴)** 삼베를 펼쳐놓듯이(披麻) 유연한 붓질로 산의 능선과 바위의 결을 묘사하는 기법. 동원과 거연의 화풍을 대표하는 기법으로 강남 산수의 온화하고 습윤한 기운을 드러내는데 즐겨 쓰였다.

"형사를 추구하지 않고 다만 그 정신만을 구한다."

그는 남종화의 철학을 계승하되, 그것을 조선인의 현실 감각과 접목해 새로운 예술정신으로 전환 시켰다. 그의 진경산수화는 일회적인 화풍이 아니었나. 그것은 조선의 회화가 품고 있던 가능성을 발현시킨 정신적 기폭제였다.

그의 그림에는 계절이 깃들고, 역사와 정서가 스며 있으며, 무엇보다 한 시대를 살아낸 조선인의 눈과 마음이 담겨 있다. 조선의 산수를 그렸다기보다는 조선이라는 땅의 '존재 방식'을 그려낸 것이다.

정선은 실경을 직접 보고 그것을 받아들인 뒤에야 이 땅의 산수를 그렸다. 그는 자연을 바라보는 예술가의 인식이 얼마나 중요한지를 그림으로 증명해 냈다. 그의 붓끝에 실린 것은 조선인의 자의식이었고, 그것이 곧 진경산수의 본질이었다.

진경산수, 그 후

정선의 붓이 멈춘 자리에 새로운 사유의 길이 열렸다. 진경산수화는 그저 한 사람의 천재가 만든 회화 양식이 아니었다. 그것은 조선의 화가들이 자연을 대하는 방식과 현실을 해석하는 시선, 그리고 예술을 통한 자각의 미학을 형상화한 긴 사유의 궤적이었다.

정선의 진경산수는 그의 손자 정황과 제자 심사정은 물론이고, 강희언·김응환·김석신·김윤겸·정충엽·최북·이인문·김홍도 등 동시대는 물론 후대의 화가들에게 큰 영향을 끼쳤다.

그들은 정선의 그림에서 흘러나온 사유의 결을 각자의 방식으로 받아 안았다. 정선의 구도를 차용하면서도 그대로 답습하지 않았고, 그의 기법을

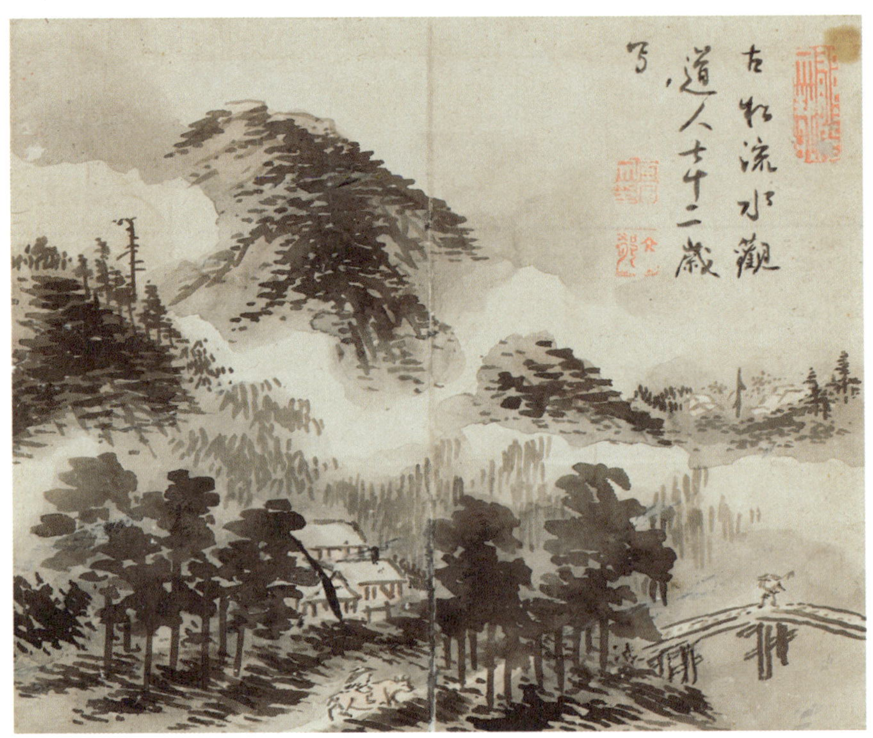

이인문, 〈산수도〉, 비단에 수묵, 29.4×21.2cm, 국립중앙박물관.

익혔으나 다시 빚어내는 데 주저하지 않았다.

김홍도는 진경산수의 정신을 현실에 더욱 밀착시켰고, 이인문은 담채* 와 미점** 으로 사의(寫意)의 풍경을 그려냈으며, 김윤겸은 형상의 섬세한 묘사 위에 진경의 서정을 정밀하게 수놓았다.

---

* **담채(淡彩)** 먹 선 위에 은은하게 색을 덧입히는 기법. 화려한 채색 대신 절제된 색감을 통해 담백하고 청아한 멋을 드러낸다.

** **미점(米點)** 미점산수(米點山水). 먹을 둥글게 점찍어 산의 능선이나 숲을 나타내는 기법. 흔히 구름 낀 산수나 안개 낀 풍경을 표현할 때 쓰였다.

이러한 흐름은 18세기 후반을 넘어 19세기 초반까지 이어졌다. 그들의 붓끝에서 진경의 정신은 보다 절제되고 상징적으로 변모했지만, 여전히 '무엇을 그리는가?'보다 '왜 그리는가?'를 묻는 태도에는 변함이 없었다.

이런 점에서 본다면 정선의 등장은 조선 회화의 정신적 전환점, 나아가 근대적 자각의 전조였다고 볼 수 있다. 그는 전통의 화보를 따르는 대신 오직 내면의 철학에서 우러난 시선으로 조선의 산천을 다시 보았고, 그것으로 조선 회화의 새로운 길을 열었다. 그는 이 땅의 산수를 보며 그 안에서 인간의 감정과 세상에 대한 인식을 새롭게 정립했다.

그리고 이러한 정선의 사유는 한 폭의 그림보다 더 긴 여운으로 남아 조선 후기 화단을 물들였다.

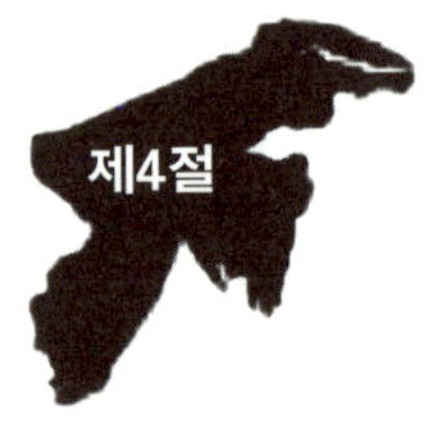

조선 말기(1850-1910)

—

조선 말기, 나라는 안팎으로 흔들리고 있었다. 세도정치의 말기적 징후와 동학농민운동, 병인양요와 신미양요, 운양호 사건이 잇달았고, 그 끝에서 조선은 결국 국권을 잃었다. 이 거센 격랑은 예술에도 깊은 그림자를 드리웠다. 흥미로운 것은 이러한 혼란이 문인화의 입장에서는 오히려 그 지형을 재편하는 토양이 되었다는 점이다.

격변의 시대, 문인화는 정신의 순수성과 형식의 다양성 사이에서 새로운 균형을 모색하기 시작한다. 사대부 계층의 전유물이었던 문인화는 점차 중인과 여항(閭巷)문인들에 의해 수용되면서 그 경계를 넘어선다. 문인화는 도성 안의 고상한 기호를 벗어나, 거리의 감각으로 내려왔고 삶의 현장 속에서 다시 그려지기 시작했다.

화단을 지배한 것은 여전히 남종문인화였다. 이는 18세기부터 이어져 온 흐름의 연장이었지만 19세기 후반에 들어서면서 그 양상은 달라진다. 조선 화단은 절파(浙派)의 양식은 물론 양주팔괴(揚州八怪)로 대표되는 청대 문인화의 자유로운 필치를 활발하게 수용하면서, 전통적인 회화론에서 벗어난 감상용 회화의 흐름 또한 포용하게 된다. 남종화의 형식을 지키되, 실용적인 취향과 감성적 변화가 스며들기 시작한 것이다.

조선 말기 화단의 중심에는 추사 김정희(金正喜, 1786-1856)가 있었다. 그는 남종화의 정신을 강하게 수창했다. 문기(文氣)와 서권기(書卷氣), 고증학을 바탕으로 한 학문적 미감을 앞세운 그의 화론은 당대 회화의 기준이 되었다.

추사는 그림이 인격의 표현이며 학문의 연장선이라는 믿음을 갖고 있었다. 그는 중국 전통의 남종화론 신봉자였다. 중국의 사상과 문화에 심취해 그것만을 흠모했던 그의 태도는 조선 말기의 화단을 남종화 지상주의로 흐르게 했다. 이는 조선 회화의 토착성과 자생력을 억누르는 한계로 작용했다.

하지만 그런 획일적인 흐름만이 전부는 아니었다. 추사의 이념과 다른 길을 걷는 이들도 있었다. 대표적인 인물이 조희룡(趙熙龍, 1789-1866)이었다. 그는 여항문인들과 함께 벽오사(碧梧社)를 결성하여 남종화를 수용하되, 이를 조선인의 감성과 정서로 재해석했다. 그들의 그림은 사의와 구상, 여백과 채움 사이를 자유롭게 넘나들며 정서적인 감응과 개성을 중시했다. 이 감성의 회화는 이후 20세기 한국화단으로 이어지는 감성주의적 전통의 밑거름이 되었다.

문인화는 더 이상 사대부 문인만의 전유물이 아니었다. 중인 계층과 여항문인들은 이제 '그리는 자'이자 '유통하는 자'였고, 화가이자 감식가, 수장가로 등장하며 회화 문화를 이끄는 실질적인 주체가 되었다. 그들은 회화를 품격 있는 은자의 표현이 아닌, 교류하고 거래되는 문화로 확장시켰다. 자율성과 직업성이라는 차원에서 기존 문인화와 구별되는 새로운 흐름이 일어난 것이다.

이렇듯 조선 말기의 문인화는 단일한 흐름으로 설명되지 않는다. 김정희를 중심으로 한 전통 남종화가 주축을 형성한 가운데, 조희룡을 위시한 감각주의적 여항문인화, 그리고 시장 속에서 실용적 자율성을 키운 직업 화가들까지 각기 다른 붓의 흐름이 조선 화단의 스펙트럼을 넓혔다. 이러한 다양한 흐름은 이후 근대 한국회화로 이어지는 복합적인 출발점이 된다.

조선 말기, 문인의 붓은 더 이상 은자의 서재에만 머물 수 없었다. 그것은 세상과 마주하며 계층을 넘었으며 전통과 근대, 정신과 감각, 문인과 시장 사이에서 끊임없이 유동했다. 격동의 시대, 문인화는 그렇게 스스로를 다시 그려나갔다.

1. 여항의 붓, 신분의 문턱을 넘다

19세기의 조선은 문화의 문턱이 낮아진 시대였다. 오랫동안 사대부의 전유물로 여겨졌던 문학과 회화는 점차 중인층, 곧 '여항(閭巷) 사람'들의 손끝으로 흘러 들어갔다. '골목 안의 사람들'을 뜻하던 여항인은 더 이상 피동적인 존재가 아니었다. 이들은 스스로 문학과 예술의 중심을 향해 나아갔고, 회화의 유통 구조와 감상 지형을 새롭게 재편한 실천적인 문화 주체였다.

여항문인은 본래 중·서인(中庶人) 계층의 하급 관료가 중심이 된 문예인들을 가리킨다. 그러나 이들이 가진 복합적인 성격은 출신 신분만으로 지칭하기에는 부족함이 많다. 이들은 시·서·화에 능했으며 무엇보다 독자적인 감식안과 문화적 안목을 갖춘 인물들이었다. 이들은 17세기 후반부터 서서히 자신들의 존재감을 드러내기 시작했는데, 18세기 후반을 거쳐 19세기

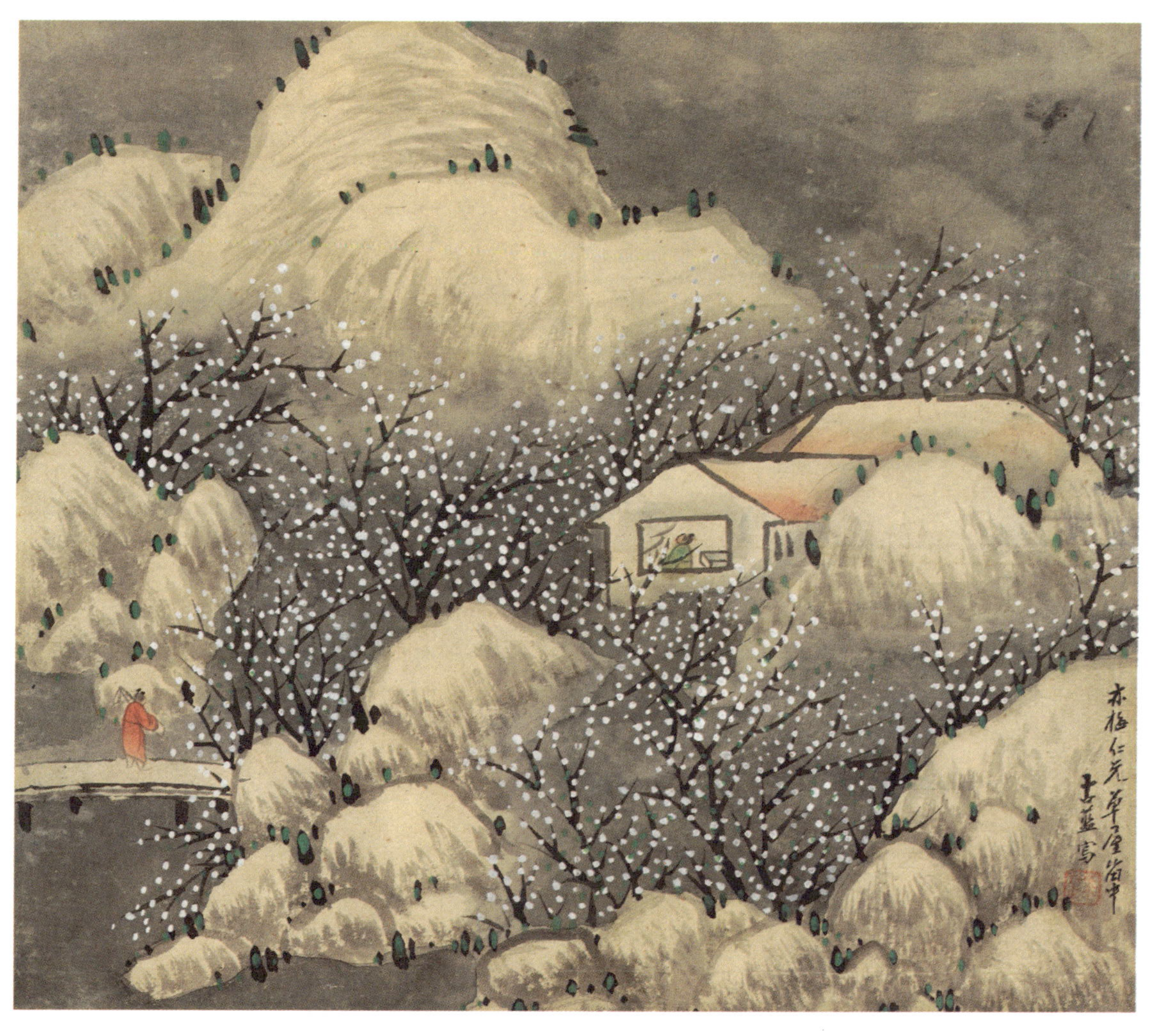

전기, 〈매화초옥도(梅花草屋圖)〉, 1849, 한지에 담채, 29.4×33.3cm, 국립중앙박물관.

중엽에 이르면 예술을 추동하는 중심 세력으로 성장하며 자신들의 위상을 공고히 했다. 이들은 회화의 향유자이자 수장가였고, 때로는 창작자였다. 그들의 위상 또한 사대부와 어깨를 나란히 할 만큼 높아졌다.

여항문인의 등장은 문화를 향유하는 '계층의 확산'만을 의미하지 않았다.

이들은 문인화의 전통적 이념인 시·서·화 일치와 사의(寫意)의 존중, 문기(文氣)의 중시를 그대로 수용하면서도, 실용성과 감상의 유희를 동시에 추구했다. 김정희를 비롯한 정통 사대부 문인들과 시회(詩會)를 나누고, 그림의 제작을 청하는 수요자가 되어 유통 구조를 바꾸었다. 더 나아가서는 청나라 문인들과의 교류를 통해 회화의 지평을 외부로 넓혀나갔다. 문인의 세계는 이제 골목의 사람들로 인해 외연을 확장하고 있었다.

이렇듯 여항문인들은 문화의 소비자이자 생산자, 감식가이자 유통자로서 회화 문화를 주도했다. 직업을 통해 축적한 경제력을 바탕으로 작품을 수장하고, 화원을 고용하거나 직접 교류하며 회화 제작을 위촉했다. 역관이었던 이상적(1803~65)과 그의 제자 오경석(1831-1879)처럼 청나라를 직접 왕래하며 감식안의 외연을 넓힌 인물들도 등장했다. 이는 조선 후기 회화의 대중성과 국제성을 동시에 지탱하는 기반이 되었다.

여항문인들은 자신들의 존재를 기록하고 정리하는 데도 적극적이었다. 조희룡의 『호산외기』, 유재건의 『이향견문록』, 이경민의 『희조일사』 등은 단순한 여항문인들의 열전이나 일화집이 아니었다. 그것은 새로운 예술 주체로서 여항문인들이 남긴 자기 정체의 선언이자, 조선 문화 지형의 구조적 변화를 증언하는 생생한 기록이었다.

이 흐름의 정점에 서 있었던 상징적 인물이 바로 조희룡이었다. 그는 사대부 출신이었지만 여항 예인들과 스스럼없이 어울렸고, 사대부적 이상과 중인 계층의 현실을 가로지르며 조선 회화사의 분기점을 만들어냈다. 특히 그가 유배 중에도 여항문인들에게 그림을 부탁받았다는 사실은 조희룡이 당대 여항 문인화단의 좌표로 인정받았다는 것을 보여준다.

조선 말기의 여항문화는 '변방의 문화'가 아니었다. 그것은 사대부 중심의 경직된 문예 체계에 균열을 내고, 보다 감각적이며 개방적인 회화 공간을 열어젖힌 활력이었다.

여항문인들은 '좁은 골목[閭巷]의 사람'들이었지만 그들이 펼쳐낸 공간은 조선 말기의 회화 판도를 바꿔 놓을 만큼 넓고도 깊었다.

2. 환(幻)의 산수, 붓끝의 진경

19세기의 조선 산수화는 어딘가 어긋난 듯한 인상을 준다. 산을 그렸으나 산이 없고, 물을 그렸으나 그것은 우리가 보아왔던 실경이 아닌 어떤 기억이거나 환상에 가깝다. 정선 이후 이어지던 진경산수화의 흐름은 점차 잦아들고, 대신 현실과 동떨어진 이상향의 산수가 화면을 채운다. 이 변화는 회화 양식의 이완에서 비롯된 것이 아니었다. 그것은 '산수'라는 개념에 대한 인식이 변하고 있음을 보여주는 시대의 징후였다.

조선 초기 문인들에게 산수화란 실재하는 경관의 재현이었다. 진경을 옮기되 그것은 '가(假)를 통해 진(眞)을 빼앗는' 조형의 환치였다. 신숙주(1417-1475)의 말처럼, "가로써 진을 빼앗는다."는 것은 눈앞의 경치를 모사하는 것이 아니라, 이상화된 감각의 산수로 다시 태어나게 하는 예술적 시도였다.

그러나 임진왜란 이후, 특히 17세기 중후반부터 산수화에 대한 관념에 미묘한 균열이 나타난다. 김창협(1651-1708), 김창흡(1653-1722) 형제는 그림이 실재 산수의 모사에 머무르지 않고, 현실 너머 '환(幻)'의 세계를 구현하는 예술일 수 있음을 강조했다. 산수는 더 이상 존재하는 것을 그리는 것이 아니라, 존재하지 않기에 아름다운 어떤 형상으로 바뀌어 갔다. 이러한 논의는 이후 조선 회화 전반의 인식 전환을 촉진했다. 그림이 대상의 반영

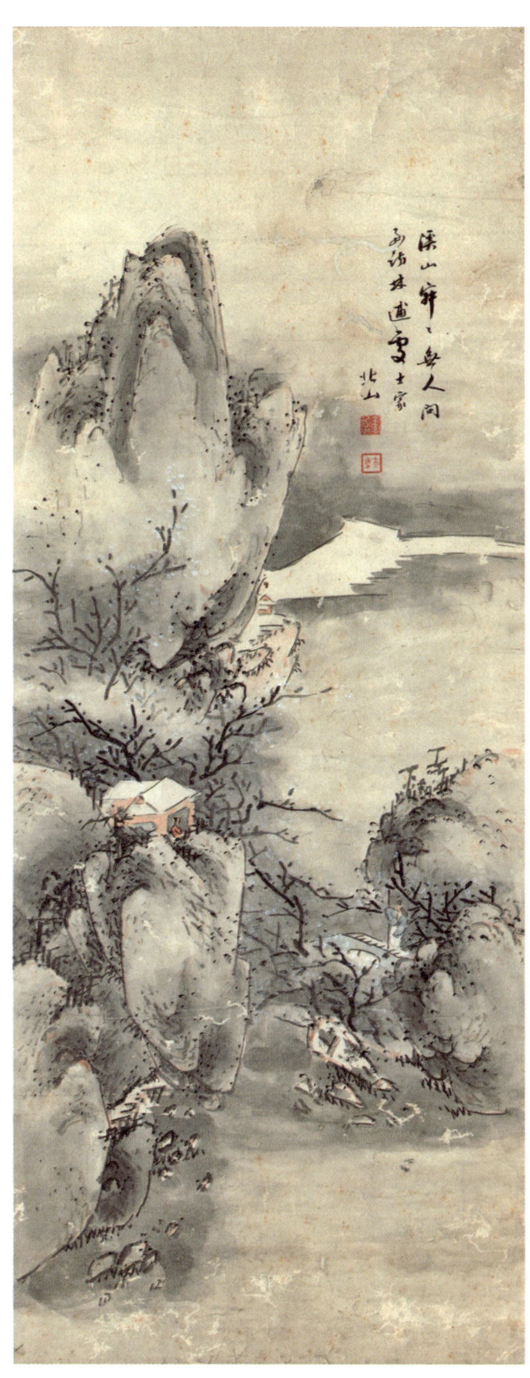

김수철, 〈동경산수도(冬景山水圖)〉,
19세기, 비단에 수묵담채,
119×46cm,
국립중앙박물관.

이 아닌, 독립된 조형 세계라는 자각으로 이어진 것이다.

정선의 진경산수는 바로 이 인식 전환기의 실험이었다. 그는 실제 풍경의 외형을 충실히 따르면서도 그것을 감각의 필터를 거친 환상의 세계로 재구성했다. 현실의 풍경을 재구성한 〈삼부연〉과 같은 작품에서 드러나는 구성과 구도는 현상의 복제가 아니라, 그것을 넘어서고자 하는 조형적 상상이다. 그의 산수는 진과 환, 자연과 예술의 경계를 흐릿하게 만들었고 회화는 새로운 진실의 차원으로 확장되었다.

이 흐름은 18세기를 거치며 더욱 정교해진다. 조귀명(1693-1737)은 "훌륭한 그림은 붓 가는 대로 써서 산을 이루기도 하고 물을 이루기도 하며 초목을 이루기도 한다."며 사의(寫意)를 강조했다. 그런가 하면 박지원(1737-1805)은 "비슷한 것은 가짜"라며 유사성 자체를 문제 삼는다. 회화는 더 이상 자연의 모방이 아닌, 인간 정신의 표현이어야 한다는 인식이 확고해진 것이다. 이는 명백히 사의(寫意)의 산수화로 나아가야 한다는 선언이나 다름없었다.

19세기의 조희룡(1789-1866)은 이러한 사유의 정점에 서 있다.

> "사람들 모두 실제 산을 사랑하지만, 나는 홀로 그림 산에 들어가리라."

그는 실경을 모사하지 않겠다는 회화 철학을 떳떳하게 밝힌다. 회화의 진실은 자연에 있는 것이 아니라, 오히려 그림 그 자체에 있다는 자각이었다. 소치 허련(1809-1892) 또한 동기창의 말을 빌려, "경치의 기괴함은 그림이 산수만 못하지만, 필묵의 정묘함은 산수가 따르지 못한다."(〈소림모정〉 제발)며 자연을 초월하는 조형의 힘을 회화에 부여했다.

19세기의 많은 화가들은 더 이상 실경의 구현에 연연하지 않았다. 그들이 그린 산수는 현실의 반영이 아니라, 붓과 먹이 만들어낸 자율적인 조형세계였다. 농담의 번짐, 여백의 감각, 붓의 기세는 모두 실재의 재현이 아니라, 회화가 보여줄 수 있는 또 하나의 진실을 탐색하는 과정이었다.

20세기 초, 서양의 추상미술이 '회화 그 자체'에 주목하며 대상의 재현에서 벗어난 것처럼, 19세기 조선의 문인화는 그들보다 앞서 산수와 산수화의 관계를 해체하고 있었던 것이다. 조선의 산수화는 이제 산천을 그리지 않았다. 그것은 붓끝에서 피어난 환(幻)의 이미지였다. 그 안에는 자연보다 더 짙은 내면의 풍경과 시대의 감성이 담겨 있었다.

'산수를 떠난 산수화'가 환영받던 시대, 그러나 바로 그 떠남 속에서 조선회화는 오히려 자기 자신을 찾았는지도 모른다.

3. 예술과 사유의 경계에서 _ 추사 김정희

격변하던 조선 말기, 문예의 중심에는 추사 김정희(金正喜, 1786-1856)가 있었다. 그는 시대의 정신을 품은 지식인이자 예술가로 존재하며 후대에 길이 남을 흔적을 남겼다.

그러나 격변의 시대였던 만큼 그의 삶 또한 평탄치만은 않았다. 문과에 급제한 뒤 세자시강원과 규장각, 성균관 대사성을 거쳐 병조참판에 오르기까지 그의 관직 생활은 화려했지만 딱 거기까지였다. 안동 김씨의 세도정치 아래 유배의 길로 내몰린 그는 55세에 제주도로 유배되어 9년만에 풀려나지만, 얼마 후 또 다른 사건에 휘말려 함경도 북청으로 유배되는 고통의 시기를 보낸다. 두 차례에 걸친 유배 생활을 끝낸 그는 부친의 묘소가 있는 경기도 과천에 은거한다. 이후 세속의 정치에서 물러난 그는 학문과 서화로 후학을 지도하다가 71세로 생을 마쳤다.

추사 김정희라 하면 보통은 '추사체'를 완성한 서예가로 기억되지만 그의 학문과 예술혼은 실학과 금석학, 고증학, 훈고학, 불교학, 서화론 등 미치지 않은 곳이 없을 정도이다. 어려서부터 비범했던 그의 재능은 24세 무렵, 사은사(謝恩使)로 파견된 부친 김노경을 따라 청나라 연경(현 베이징)을 방문하면서 본격적으로 꽃을 피웠다. 이때 옹방강(1733-1818)과 완원(1764-1849) 등을 만나 교유할 수 있었는데, 이들은 청나라 말기 고증학과 금석학의 대가로 시문에도 뛰어난 문사였다. 이들과의 만남은 그의 지적 여정에 결정적인 전환점을 마련해 주었다. 후일 무학대사비로 구전되어 오던 〈진흥왕순수비〉를 고증하여 밝혀낸 것 역시, 이와 같은 학문 기반에서 비롯된 성과였다.

흥미로운 것은 이렇듯 화려하면서도 굴곡진 김정희 삶을 관통하는 사상의 여정에서 불교가 큰 비중을 차지한다는 점이다. 성리학적 사고와 실학의 기풍 속에서도 그는 '해동의 유마거사'라 불릴 만큼 불교를 깊이 있게 성찰한 재가불자였다. 그는 간화선처럼 추상적이거나 형식적인 선문답보다는 경전 독송과 사경(寫經), 염불을 통해 체득되는 실천적인 수행을 중시했다. 이는 실사구시(實事求是)의 태도와도 맞닿아 있으며, 조선 후기 재가불자 지식인의 참모습을 보여준다. 그는 임종 직전까지 강남 봉은사에서 불경 간행에 힘을 쏟았다. 그의 마지막 유작으로 남아 있는 봉은사 '판전(板殿)' 현판은 삶의 끝자락까지 이어진 수행의 기록이다.

이러한 성향은 예술관에서도 그대로 나타난다. 김정희는 유가의 선비 정신과 불교의 선리(禪理)를 하나로 엮어 시·서·화·선의 일체화라는 통합적 미학을 지향했다. 이는 송대 문인화의 이상이었던 소식의 '시중유화 화중유시'(詩中有畫 畫中有詩)의 전통을 계승하면서도, 그것을 초월하여 자기만의 독자적 형식을 정립해 낸 것이었다.

그가 남긴 시문과 서간, 잡저 가운데 상당수는 불교적 사유를 담고 있다. 『완당선생전집』에 실린 370여 편의 한시 가운데 40여 편이 불교 소재이며, 초의(草衣, 1786-1866)선사와 주고받은 서간만 해도 38편에 이른다. 잡저 32편 중 17편 이상이 불교와 관련되어 있다는 사실은 추사의 철학과 예술의 뿌리가 어디에 있었는지를 웅변해준다.

그의 문인화는 외형의 재현보다 내면의 흉중일기(胸中逸氣)* 를 표현하는 사의(寫意)적 태도에 바탕을 두고 있다. 그 정신은 그림뿐만 아니라 그의 글씨, 곧 '추사체'로 응집되었다. 추사체는 철저한 내면화 과정을 거친 조형으로 조선 서예의 정점을 이룬 독창적인 성취였다.

김정희는 유가와 불가, 실학과 예술, 학문과 수행을 하나의 맥락으로 꿰어낸 조선 후기의 지성을 대표한다. 유배의 고난은 그를 침잠하게 했지만, 동시에 그를 단련시켰고 결국은 조선 문예 정신의 정점에 이르게 했다. 그의 삶은 불교와 실학, 문예와 인간적 고뇌가 만나 한 시대를 통째로 품었던 지성과 예술의 결정체였다.

고요한 먹빛과 마음의 빛

추사 김정희는 붓을 든 수행자였다. 그의 글씨와 그림은 예술의 차원을 넘어서 내면의 길을 걷는 자의 자취였다. 유가의 교양과 실학의 비판정신을 지녔으면서도, 그의 정신은 불교에 깊이 닿아 있었다. 그에게 서화는 곧 수행의 도구였으며, 마음을 맑히는 또 다른 길이었다.

그의 예술관을 구성하는 중심에는 선리(禪理)가 있다. 추사는 달마 이후

* **흉중일기** 가슴 속에서 자연스레 흘러나오는 호방한 기운.

선종, 특히 조선 후기에 성행하던 화두선의 병폐를 지적하며 초기 불교로 돌아가 선의 본래 정신을 회복할 것을 주장했다. 그리고 사경(寫經)* 이나 묵좌(默坐)** 같은 실천적 행위를 통해 체득되는 깨달음을 중시했다. 이는 화폭이나 서간에서 뚜렷이 드러난다. 추사체 특유의 긴장과 절제, 고요 속에 깃든 힘은 단지 필력만으로 설명될 수 없다. 그것은 마음의 훈련이 만들어 낸 자취이다.

그는 한 점의 그림에도 감정의 농도를 싣기보다는 고요한 감응과 붓의 이법(理法)을 중시했다. 그렇다고 형식주의에 치중했던 것은 아니다. 추사에게 있어 회화란 감흥을 불러일으키는 행위가 아니라, 마음과 손의 움직임이 하나 되어 발현되는 진경(眞境)의 체험이었다. 글씨에 있어서도 옛 법을 답습하지 않고 자신만의 조형 감각과 내면의 긴장으로 서풍을 창조했다. 그의 글씨는 마음을 따라 발현되는 조형의 언어였다.

김정희는 문인화의 이상을 계승하면서도 그것을 새롭게 체득하고자 했다. 추사는 예술을 통합된 감각으로 보았다. 시는 감정의 노래가 아니라 형이상학적 통찰이며, 그림은 물상(物象)의 재현이 아니라 진경의 형상화였고, 서예는 법도(法度)의 훈련을 통해 드러나는 정신의 응결이었다. 그리고 이 모든 게 불이(不二)*** 의 원리로 엮여 있었다. 그에게 예술과 수행, 학문과 깨달음은 분리되지 않는 하나의 길이었다.

그의 글씨와 그림에는 격정이나 과시가 없다. 대신 그것은 침묵처럼 다가오며, 오래 바라볼수록 그 안에서 진실이 솟아난다. 붓은 멈추었지만 먹빛

---

* **사경** 불교 경전을 베껴 쓰며 마음을 닦고 공덕을 쌓는 수행 방식.

** **묵좌** 말없이 가만히 앉아 마음을 고요히 하는 참선의 한 방법.

*** **불이** 선악·유무·생사와 같이 대립하는 개념이 본질적으로 다르지 않다는 불교사상.

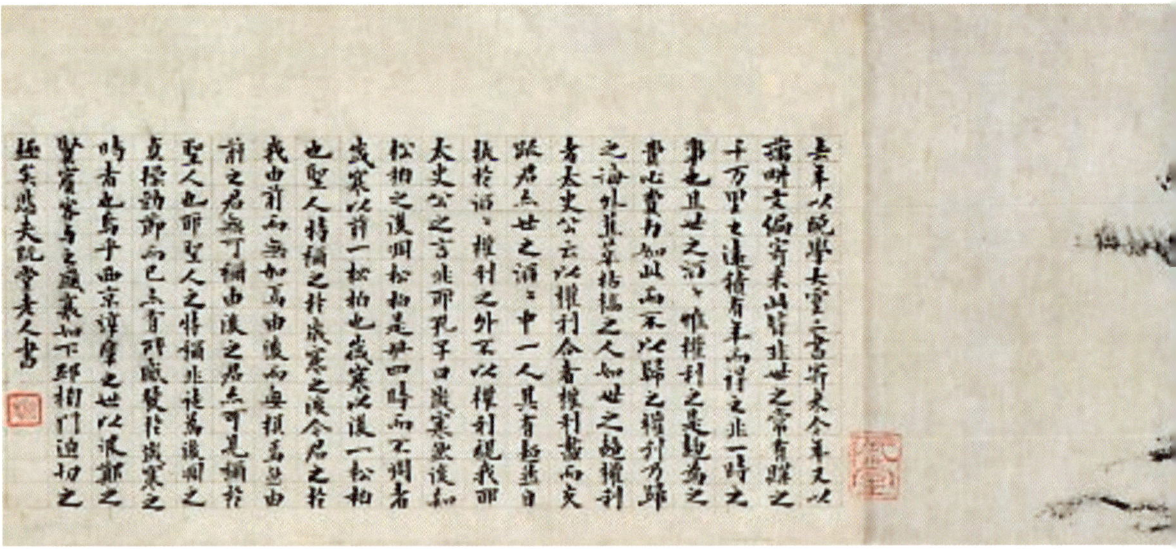

속에서 마음은 오히려 더욱 깊어진다.

김정희는 그렇게 도를 통해 예술을 갈고닦았으며, 예술을 통해 도를 말했다. 여기에서 우리는 그가 걸었던 길 위에 선 바람결을 느낀다. 말보다 더 깊은 울림, 형상 너머의 감응 - 추사의 예술정신은 바로 그것이었다.

세한, 침묵의 미학을 걷다

겨울이 깊어지면 소나무와 잣나무만이 푸르름을 잃지 않는다고 했다. 김정희는 이 고사성어의 진의를 삶의 가장 외로운 시절에, 가장 고결한 붓으로 옮겨냈다. 〈세한도(歲寒圖)〉는 한 폭의 그림으로만 설명하기엔 너무 많은 이야기를 담고 있다. 그것은 유배라는 고립된 환경 속에서 마주한 절개 푸른 선비의 기상이며, 서화에 깃든 조선 선비정신의 마지막 자리였다.

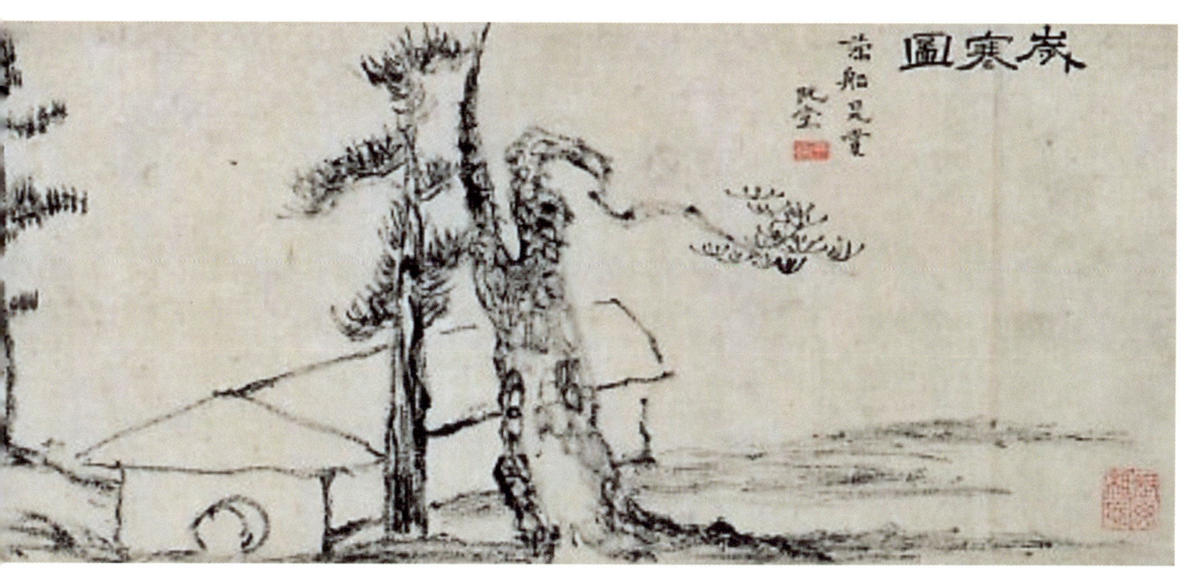

김정희, 〈세한도(歲寒圖)〉, 1844년, 종이에 수묵, 23.3×108.3cm, 국보 180호, 국립중앙박물관.

1844년, 추사는 나이 예순을 앞두고 있었다. 제주도 유배 생활도 이미 5년째였고, 세상과 단절된 외딴섬의 삶은 절망과도 같은 나날이었을 것이다. 그런 그에게 제자 이상적(1804-1865)은 청나라를 오가며 수집한 책과 물품을 꾸준히 보냈는데, 제주도까지 직접 찾아오기까지 했다. 그 절개와 의리에 감동한 추사는 깊은 감회 속에서 답례로 〈세한도〉를 그려 보낸다. 문인의 도(道)와 예술의 이상을 응축시킨 한 장의 선문(禪文)과도 같은 그림, 이상적은 스승의 그림을 안고 청나라로 향했다. 그리고 무려 16명에 이르는 청나라를 대표하는 문인들의 감상평을 받았다. 이는 지금도 〈세한도〉의 가치를 더욱 높여주고 있다.

〈세한도〉는 전통적인 문인화 정신을 따르되, 표현 방식에 있어서는 그 누구와도 비교되지 않는 '추사만의 방식'을 분명히 보여준다. 소나무와 잣나무는 소략하고 건조하게 표현되었지만 그 안에는 한 치의 흐트러짐도 없는 정신의 응결이 있다. 김정희는 황공망(黃公望, 1269-1354)이나 예찬(倪瓚, 1301-1374)의 문인화 전통을 따르면서도, 자신의 예서풍 필법을 고스란히 녹여 독창적인 묘법을 완성해 냈다. 갈필(渴筆)과 건묵(乾墨)* 은 형상은 감추되 뜻을 드러내고, 아무것도 없는 여백은 말보다 더 많은 이야기를 들려준다.

여기에서 우리는 김정희의 불교관을 엿볼 수 있다. 그는 늘 마음의 근원을 중시했다. 외재적 형식보다 내면의 자각을 예술의 본령으로 삼았다. 이 점에서 〈세한도〉는 고고한 선비정신의 응결로만 볼 수 없는 지점이 있다. 의지할 데 없는 백천간두에 홀로 서야 하는 선(禪)의 정신을 읽을 수 있기 때문이다. 세속의 평가에서 물러나 내면의 본성과 조우하는 길, 그것은 불가의 수행자들이 걷는 길과 다르지 않다.

세상의 권세와 이익을 따르지 않고 자신을 따르는 제자 이상적에 주는 글인 '발문' 또한 그림 못지않은 감동을 준다.

> "어찌 그대는 권세가와 재력가를 붙좇는 세속의 도도한 풍조로부터 초연히 벗어나, 권세나 재력을 잣대로 삼아 나를 대하지 않는단 말인가? 사마천의 말이 틀렸는가?"

해서(楷書)로 쓰인 이 글씨는 예서의 기운을 품으면서도 단정하고 장엄하다. 그의 대표적인 해서체로 평가받는 이 발문은 격조와 엄정함을 넘어, 절제된 감정의 깊이를 보여준다. 예술과 정신이 하나로 엮일 때, 글씨는 단순

---

* **건묵** 붓에 물을 덜 먹인 마른 묵으로 거칠고 메마른 느낌을 내는 필법.

한 문자가 아니라 하나의 선(禪)이 된다.

〈세한도〉는 한 사람의 절개와 감정이 만든 조형물이지만, 그것이 오늘날까지 감동을 주는 이유는 단지 회화적 완성도에 있지 않다. 그것은 추사의 삶과 그가 평생 붙잡아 온 예술과 사유, 불교사상과 문인 정신이 절묘하게 교차하는 지점에 위치하기 때문이다. 형상을 줄이고 여백을 넓히는 그의 방식은 마음을 비우는 불가의 행위와 닮아 있다. 더욱이 이 그림에는 '마음에 담긴 것이 붓을 따라 나왔다'는 그의 예술론이 가장 투명하게 실현되어 있다.

조선 문인화의 결정체라고 평가받는 〈세한도〉는 조선 선비의 사유의 초상화이자, 정신의 결로 남았다. 삶의 마지막 고비에서 내면으로 침잠하며 붓에 의지해 존재의 의미를 묻고 또 그려낸 추사 김정희, 그는 찬 바람이 불수록 더욱 푸르른 잣나무로 남아 지금도 여전히 우리 앞에 고요히 서 있다.

무심히 핀 난초, 불이(不二)의 그림자

추사 김정희가 가장 오랫동안 몰두한 대상은 '난초'였다. 삼십 년 넘게 반복해 그린 난초는 그의 예술관과 심미 의식, 사상 전반이 응축된 상징이었다. 그중에서도 〈불이선란도(不二禪蘭圖)〉는 그의 정신이 가장 순도 높게 구현된 작품이다.

그는 "중국의 유명한 역대 묵란화가들의 진적을 보고 배웠는데, 백 작품 중 한 작품도 비슷하지 않았다."며 "옛 명인들의 화풍을 배우는 일이 매우 어렵다는 것을 늦게서야 깨달았다."고 술회한다. 고전의 형식을 자기화하는 데 있어서 그만큼의 고통과 통찰의 여정이 따른다는 것을 들려주는 말이 아닐 수 없다.

김정희는 조선 지식인의 회화 취향을 대나무 중심에서 난초 중심으로 전

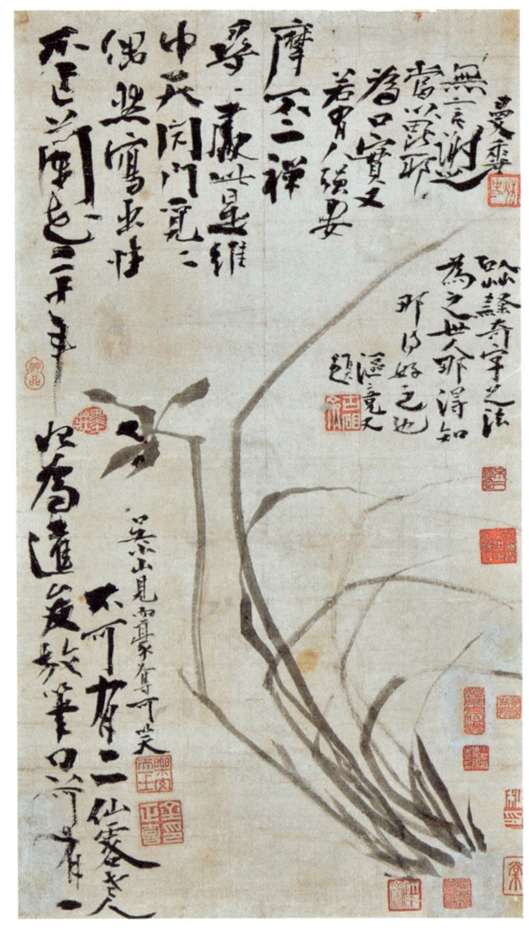

김정희, 〈불이선란도(不二禪蘭圖)〉, 19세기 중엽, 종이에 수묵, 55×30.6cm, 국립중앙박물관.

환시킨 선구자라 할 수 있다. 그의 난초는 이하응(李昰應, 1820-1898), 민영익(閔泳翊, 1860-1914) 등 후대 문인들에게도 큰 영향을 끼쳤다.

그의 묵난도 중에서도 특히 두드러지는 작품이 〈불이선란도〉이다. "불이선란은 김정희의 서예적 조형 방법과 선(禪)적인 화의로 인해, 누구도 모방할 수 없는 독자적인 문인화풍을 지닌 뛰어난 작품"이라는 평처럼, 〈불이선란도〉의 난초는 필법과 화법, 심법이 하나로 조화된 추상의 절정이다.

화폭을 가득 채운 긴 제화시도 인상적이다.

"난초를 그리지 아니한 지 스무 해/ 우연히 그려진 건 천성(天性)일러라./ 문 닫고 깊이 깊이 찾고 보니/ 이것이 바로 유마의 불이선*일세."

이 제화시는 묵란도에 대한 그의 고백이나 다름없다. 스무 해 동안 붓을 꺾었던 그가 어느 날 무심히 다시 난초를 그렸고, 그 순간 마음속 이상에 가까운 난초가 탄생했다. 추사는 그 경지를 '유마(維摩)의 불이선(不二禪)'이라 명명한다. 여기서 우리는 회화가 단지 형상의 재현이 아니라, 하나의 깨달음의 형식이 될 수 있다는 사실을 다시금 확인하게 된다.

추사는 난초를 그릴 때 삼전법(三傳法)을 중시했다. "난초를 치는 데는 반드시 세 번 굴리는 것을 묘법으로 삼아야 한다."는 그의 말은 붓놀림 하나하나에 담긴 심법의 중요성을 말해준다. 그것은 단지 기법을 말함이 아니다. 그 안에 응결된 정신의 흐름이야말로 그가 말한 '묘법'이었다.

필선은 예서풍을 품었고, 화면 전체는 문자향과 서권기를 머금은 구조를 이룬다. 고졸하면서도 정묘한 선은 형상의 규범을 넘어선다. 여기에서 난초는 그림을 넘어 하나의 글씨이자 시이며, 선(禪)의 언어로 존재한다.

〈불이선란도〉에서 추사가 말하고자 했던 것은 조형의 기법이나 문인의 품격만이 아니었다. 그것은 마음 깊은 곳에서 일어나는 자각, 곧 불이(不二)의 선적 체험이다. 그가 시에서 말한 "문 닫고 깊이 깊이 찾고 보니"라는 구절은 자아와 대상의 경계를 닫고 진여(眞如)의 마음으로 세계를 다시 바라

---

* **불이선(不二禪)** 유마거사의 불이법문(不二法門)을 바탕으로, 대립을 초월해 하나 됨을 깨닫는 선 수행을 지칭함.

보는 수행의 고백과 다르지 않다. "이것이 바로 유마의 불이선일세."라며, 유마거사가 침묵으로 설법했던 『유마경』의 불이법문을 마지막 행으로 쓴 것도 이 때문일 것이다.

그림이 침묵 속에서 진리를 말하듯, 추사는 난초를 통해 언어를 뛰어넘는 지혜의 작용을 드러냈다. 그는 중생의 마음으로 난을 그리면 난을 잘 치겠다는 망념이 일어나 진여본성의 지혜 작용을 가로막는다고 보았다. 오히려 그런 일체의 번뇌와 망념을 소멸한 무심한 마음으로 그렸더니 비로소 오롯한 난초가 되었다.

〈불이선란도〉의 제화시는 예술과 수행이 어디에서 충돌하고 어디에서 만나야 하는지를 꿰뚫고 있다. 무심한 상태에서 그려진 난이야말로 불가사의한 진여 본성의 지혜 작용 – 곧, 진공묘유(眞空妙有) – 의 실현이라 보았던 것이다.

김정희에게 있어서 불이선이란 자아와 대상의 분별, 작위와 결과의 구분, 선악과 미추의 상대적 판단을 모두 내려놓은 곳에서 비로소 이루어지는 작용이었다. 그러한 통합된 마음에서 붓이 움직이고 형상이 나타났으며, 정신은 그림 속에 머물 수 있었다.

〈불이선란도〉는 마음을 비운 자만이 남길 수 있는 침묵의 문장이고, 분별의 언어를 뛰어넘은 선의 화답이다. 김정희는 난초를 통해 스스로 깨닫지 못했던 지혜의 한순간을 포착했고, 그것을 후세에 남겼다.

4. 감각을 꿰뚫다 _ 우봉 조희룡

조희룡(趙熙龍, 1789-1866)은 19세기 조선을 살아간 문인화가 가운데 가장 개성 강한 인물 중 한 사람이다. 시와 서, 그림에 두루 뛰어나 '삼절(三絶)의 예술가'로 불렸던 그는 시대를 감지하고 이에 응답한 실천적 예술인이었다. 그는 전통을 따르면서도 거기에 머무르지 않았다. 그는 근대로 이행하는 시대의 문턱에서 새로운 감수성과 표현 방식을 끊임없이 실험한 예인이었다.

경기도 양주 출신의 명문가 후손이었던 조희룡은 일찍부터 과거 시험을 등한시하고 시문(詩文)과 서화에 몰두했다. 20대 후반, 부모를 여의고 재산을 물려받은 그는 경제적 여유 속에서 시문과 서화 수집을 즐겼고, 시회(詩會)에 참석하며 당대의 문인들과 폭넓은 교류를 나눴다. 그의 벗 유최진은, 조희룡이 새로 지은 집이 만 칸에 달했다고 회고하기도 했는데, 이는 그가 예술인으로 살아갈 수 있는 안식처로서의 공간을 갖고 있었음을 말해준다.

조희룡이 본격적으로 그림에 몰두하기 시작한 것은 30대 무렵부터였다. 이 시기, 그는 스스로 "술과 고기를 끊고 침식을 잊을 정도"로 그림에 몰두했다. 그림은 그에게 취미 생활이 아닌 존재의 근거였다. 그리하여 "누구에게도 배우지 않고 우연히 난을 그리기 시작했는데, 옛사람의 그림과 같았다."고 말할 만큼, 그는 직관과 감각으로 그림을 익혔다. 십여 년의 담금질 끝에 열에 일곱 정도는 흉내 낼 수 있게 되었다는 그의 회상은, 예술을 대하는 그의 진중하면서도 자유로운 태도를 잘 보여준다. 이즈음, 그는 헌종의 총애를 받아 궁중기물 관리 부서인 액정서(掖庭署)에서 일하며 문향실(聞香室)의 편액을 쓰기도 했다.

조희룡의 삶에서 가장 중요한 전환점은 유최진, 전기 등 9명의 동료들과 함께 '벽오사(碧梧社)'를 결성한(1847) 일이었다. 이들은 모두 남종화를 배우고 싶어도 스승이 없어서 혼자서 배운 사람들이었다. 그러함에도 벽오사는 김정희가 주도한 남종화를 그대로 답습하지 않고, 조선인의 정서로 새롭게

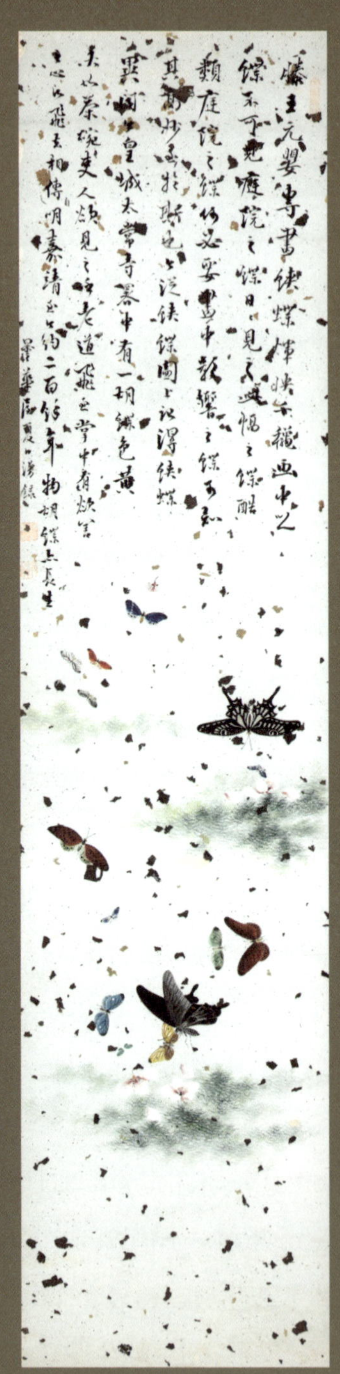

조희룡, 〈군접도(群蝶圖)〉, 19세기 중엽, 종이에 채색, 112.9×29.8cm, 국립중앙박물관.

해석하며 문인화의 새로운 장을 열었다.

조희룡은 추사와 같은 시대를 살았지만 그와는 다른 예술 세계를 일구었다. 그것은 예술을 바라보는 시각에서부터 비롯되었는데, 예술관은 물론 인간적인 거리감도 뚜렷했다. 훗날 세도정치의 와중에 김정희의 일파로 간주되어 유배형을 받기도 했지만, 이는 정치적 연루였을 뿐 교류는 거의 없었다. 두 사람은 예술가로서 경쟁자였고, 조희룡은 독립된 목소리로 시대를 응시했다.

하지만 무엇보다도 큰 김정희와 조희룡의 차이점은 신분에 대한 인식이라 할 수 있다. 조희룡은 스스로 '위항지사(委巷之士)'임을 자처했다. 위항은 '골목 안'을 뜻하는 여항(閭巷)의 또 다른 표현이다. 이들 여항의 문사들은 조선 후기라는 격변의 시대에 신분을 뛰어넘어 조선의 국제화를 추구하던 지식인이었다. 이것으로 보면 조희룡이 '위항지사'란 특정 계층을 드러냄으로써, 신분 질서를 뛰어넘는 새로운 예술가 집단의 정체성을 선언하고자 한 것인지도 모른다.

그가 여항인들의 전기인 『호산외기(壺山外記)』를 직접 쓰고, 또 그들의 이야기가 담긴 『고금영물근체시』와 『이향견문록』의 서문을 썼다는 것은 그러한 정황을 잘 보여준다. 이 책들은 조선 후기 여항문화의 예술적 감수성과 지형 변화를 기록한 소중한 증언이다. 이렇듯 여항 문인들은 조정의 고관대작부터 하층민에 이르기까지 폭넓은 교류를 이끌었고, 신분을 넘어선 예술의 연대도 조직했다.

그리고 조희룡은 그 중심에 있었다. 그는 여항인들이 독립적인 자의식을 갖추고, 회화가 직업적 예술 행위로 이행해 가는 전환점에서 당당히 자신의 존재를 드러낸 인물이었다. 그는 매화 한 송이를 그리면서도 자신이 살아가는 시대를 날것 그대로 받아들였다. 시대와 사람을 끌어안은 채 적극적으로 세상과 마주했다. 조희룡은 그렇게 19세기 조선 예술사에 자신만의 족적을 뚜렷하게 남긴 예인이었다.

평행선 위의 두 시선 _ 조희룡과 김정희

19세기 조선의 문예계를 돌아볼 때, 김정희는 남종 문인화의 정통을 도입하여 절개와 고통의 미학을 작품에 새겼고, 조희룡은 조선의 감성과 도시적 감각으로 문인화를 새롭게 변주하며 시대의 중심에 선 대표적인 인물이다. 두 사람은 동시대를 살았지만 그들이 걸었던 길은 사뭇 달랐다. 그들은 문인화라는 같은 지향점을 향해 서 있으면서도 그 길은 서로의 궤적을 의식하며 걸어간 긴장된 평행선이었다.

조희룡이 결성한 벽오사는 조선 문인화가 나아갈 길을 찾고자 한 실험장이나 다름없었다. 그는 정통 문인화의 엄격한 규범보다는 조선인의 정서와 취미에 맞는 그림을 꿈꾸었다. 그의 붓은 매화의 향기를 따라갔으며 그 향기에 스며있는 조선 사람의 감정의 여울을 그렸다. 그는 그림의 목적을 '유희'에 두었다.

> "나도 때로는 벼루에 임하여 연지로 꽃을 그려내면서 스스로 유희를 삼았다."

위의 말은 예술에 대한 그의 태도를 상징적으로 보여준다.

반면, 김정희에게 있어서 예술이란 '선비 정신을 지키는 행위'의 연속이었다. 그는 유배지에서 〈세한도〉를 그리며 시련 속에서도 꺾이지 않는 마음을 담았다. 조희룡이 봄날의 매화를 그릴 때, 김정희는 눈보라 속 소나무를 그렸다. 한 사람은 따뜻함을 즐기고, 다른 이는 추위를 견뎠다. 그들은 서로 다른 풍경을 그렸고, 서로 다른 마음을 품었다.

그 차이는 결국 충돌로 이어졌다. 조희룡과 김정희는 화법은 물론 사유의 방향에서도 엇갈렸다. 김정희는 중국 문인화의 논리를 그대로 받아들였으며 그것을 절대 기준으로 삼았다. 그의 서화 평가는 예외가 없었고 상대에 따라 타협하지도 않았다. 그는 서권기(書卷氣)와 문자향(文字香)이 없는 그림은 가치가 없다고 보았다. 때로는 "우리나라 사람들의 그림은 모두 망작"이라고 단언하기도 했다.

김정희의 이런 배타적 태도는 조희룡에게도 날을 세웠다. 특히 그가 제주 유배 중 아들 김상우에게 보낸 편지에서, 그를 가리켜 "조희룡의 무리들"이라 폄하한 대목은 두 사람의 관계를 상징적으로 보여준다. 감정의 문제를 떠나, 문인화의 정통성과 위계를 둘러싼 김정희의 강한 비판의식을 엿볼 수 있다. 문인화를 바라보는 시각의 차이뿐만 아니라 당대 예술계에 숨겨진 권위와 저항의 구도가 드러나 있는 것이다. 김정희는 자신의 기준에서 벗어난 이들을 공공연히 비판했고, 조희룡은 그런 비판의 대상일 뿐이었다.

그럼에도 조희룡은 유연했다. 그는 김정희의 제자 소치 허유의 그림을 칭찬하며 교류했고, 일방적인 단절보다는 느슨한 공존을 택했다. 이러한 그의 유연함은 1849년, 화단의 양대 세력이 참여한 서화경연대회로 이어졌다.

이 서화경연은 당대의 젊은 예인을 대표한다고 자부하던 '묵진 8인'(글씨)과 '화루 8인'(그림)이 참여하여, 묵진은 제시된 문장을 쓰고 화루는 각각에게 주어진 화제(畵題)를 그리는 방식으로 진행되었다. 눈길을 끄는 것은 참여 인물들의 면면인데 중서인(中庶人)이나 도화서 출신 화가들까지 망라하고 있다는 점이다. 특히 글씨와 그림 두 부분에 모두 참여한 인물이자, 경연의 과정을 『예림갑을록(藝林甲乙錄)』으로 기록한 전기와 유재소는 조희룡이 결성한 벽오사의 일원이었다.

이 경연의 좌장은 제주 유배에서 돌아온 김정희와 여항문인의 영수 조희룡이었다. 이때 조희룡은 화루 8인의 그림에 시를 붙였고, 김정희는 묵진과 화루의 글씨와 그림을 평하였다. 젊은 예인들의 그림에 화답의 시를 적은 조희룡과 남종문인화의 잣대로 이들의 작품에 날 선 평가를 남긴 김정희 – 예림갑을 경연은 당대 예술계의 두 거장이 평면 위에 함께 등장한 최초의 사건이었다. 그리고 보름에 걸쳐 진행된 이 경연은 분열되어 있던 서화계가 잠시나마 통합되는 계기가 되었다.

하지만 2년 뒤, 이 사건은 뜻밖의 결과를 낳는다. 안동김씨 정권은 영의정 권돈인과 관련하여 김정희를 함경도로 유배하며, 조희룡을 김정희의 '복심'으로 간주하고 그에게도 유배형을 내렸다. 그들에게는 예림갑을 경연 외에는 평생동안 별다른 접점을 찾을 수 없다. 그럼에도 두 사람을 한 사건으로 엮어서 귀양을 보냈다. 예림갑을 경연 이후, 그들을 보는 위정자들의 시선에 변화가 생겼으리란 것 외에는 달리 설명할 길이 없다.

그렇다고 해도 조희룡이 추사와 다른 길을 걸었다는 사실에는 변함이 없다. 그는 김정희와 함께 문인화의 시대를 통과했지만 같은 길을 걷지 않았다. 김정희가 남종문인화의 충실한 도입을 통해 기준을 세웠다면, 조희룡은 조선화된 감각으로 그 길을 넓혔다. 둘은 공존보다는 병렬의 관계였다. 그 속에는 여전히 미묘한 긴장이 흘렀고 서로를 인정하면서도 경계했다. 그 팽팽한 긴장 속에서 조선 문인화는 풍요로운 갈래를 갖게 되었다.

예술은 언제나 충돌의 자리에서 자란다. 조희룡과 김정희 – 두 거장의 엇갈림은 불화가 아니라, 하나의 예술사가 균열 속에서 다시 쓰이는 방식이기도 했다.

손끝의 사유 _ 조희룡의 수예론

조희룡의 회화는 기교를 앞세우지 않는다. 대신 감정이 배어든 붓놀림과 직관적 구성, 감상자의 상상력을 자극하는 여백이 어우러져 그만의 독특한 회화 언어를 형성한다. 그는 '수예론(手藝論)'을 통해 예술을 타고난 재능과 깊은 수련이 빚어내는 '고귀한 노동'으로 보았고, 그 속에서 '화가'라는 직업의 정체성을 자각한 문인이었다.

붓을 드는 일은 마음을 드러내는 일이다. 그러나 마음이 있다고 해서 반드시 좋은 그림으로 이어지는 것은 아니다. 마음에 품은 뜻이 아무리 훌륭하다고 해도 손끝이 이를 옮기지 못한다면 그것은 다만 사유일 뿐이다.

조희룡은 '손의 예술가'였다. 그가 말한 '수예(手藝)'는 마음과 손 사이에 놓인 긴장을 이해하고 감각의 독립성을 자각한 예술 철학이다. 그는 유려한 감각의 문인이었다. 그러나 그의 감각은 선천적이라기보다는 수련의 산물이었다.

> "글씨와 그림은 모두 수예에 속하며, 수예가 없으면 총명한 사람이 몸이 다하도록 배워도 할 수 없다."

마음에 뜻이 있어도 손이 따라주지 않으면 아무것도 이룰 수 없다는 이 자각은, 남종화 전통이 강조하는 '심의(心意)' 중심의 화론과는 전혀 다른 출발점이었다.

조희룡은 대나무를 그릴 때 청나라 양주팔괴의 한 사람인 정섭(鄭燮, 1693-1765)의 화법을 따랐다. 정섭은 대나무의 실체가 아니라 그림자를 그렸다. 창문 너머의 어슴푸레한 형상, 달빛 아래 흔들리는 실루엣 속에서 그는 '가슴속의 대나무'(胸中之竹)를 거쳐 '손안의 대나무'(手中之竹)에 도달했다.

정섭의 화론은 조희룡에게 강한 인상을 남겼다. 그는 아무리 마음속에 완벽한 상을 그린다 해도, 손의 기량 없이는 그것을 구현할 수 없다는 것을 깨달았다.

조희룡의 손이 가장 깊은 사유에 닿은 시기는 전라도 신안의 임자도(荏子島)에서 유배 생활을 할 때였다. 60대 초반, 그는 바람 거센 섬에 갇혔다. 고립된 채 외로움과 병고에 신음하던 그는 매화 대신 대나무에 몰입했다. 그의 붓은 곧 그 자신이었다. 매일 조석으로 대숲을 거닐며 바람 소리를 듣고, 그림자를 바라보며 묵죽을 그렸다. 그가 얼마나 대나무에 몰두했는지 "대 그림이 많아져 매화나 난 그림은 도리어 열에 하나"일 정도였다.

유배의 시기, 조희룡은 자신을 감싸고 위로한 존재에 대한 응답으로 대나무를 그렸다. 유배지의 창문 밖에 서 있던 두어 그루 대나무는 그를 붙들고 지켜준 친구이자 스승이었다. "빈 산에 만 그루의 대나무가 모두 나의 스승"이라던 그의 말은, 자연을 법으로 삼았던 조희룡의 예술관을 단적으로 보여준다.

그는 대나무를 초서 쓰듯 그렸다. 셋을 모으면 다섯을 모으고 숫자에 구애받지 않았다. 형식이나 틀보다는 내면의 흐름을 좇았다.

> "나의 대나무는 본래 법이 없고 다만 가슴속의 느낌으로 그렸을 따름이다."

이 무법(無法)의 화법은 오히려 하나의 깊은 법으로 귀결되었다. 그것은 손의 기량이 만든 자유였고 자연과의 교감에서 비롯된 무심함이었다.

조희룡의 수예론은 회화의 완성이 심의(心意)에서 비롯되는 것이 아닌,

감각과 수련의 문제라는 것을 선포한 조선 문인화의 조용한 혁명이었다. 그는 '심의'에 과도하게 의존하는 남종화의 전통 관념을 거부하고, 조선인의 손에서 다시 태어난 '감각의 미학'을 주장했고 또 실천했다. 조희룡의 묵죽은 생활이자 육화된 철학이었다.

임자도 유배는 조희룡의 예술을 완숙으로 이끄는 계기가 되었다. 자연을 법으로 삼고 대를 그리며 그 안에서 손의 길을 찾았다. 조희룡의 수예론과 묵죽은 그렇게 조선 말기 문인화가 그려낸 가장 조용하고도 단단한 예술의 한 경계가 되었다.

붉은 꽃, 감각의 우주 _ 조희룡의 매화 세계

조희룡 그림의 대표적인 화제는 매화다. 그는 매화를 시와 감정의 대상으로 삼아 예술로 체화한 인물이었다. 매화를 주제로 쓴 백 편의 시를 엮어서 『매화백영(梅花百詠)』이란 시집을 낸 것만 보아도 그의 매화 사랑을 충분히 알 수 있다.

그에게 매화는 내면을 비추는 거울이었고, 고단한 세파 속에서 품을 수 있는 또 하나의 우주였다. 누군가는 매화를 청정과 고결의 상징으로 보았고, 누군가는 시절을 알리는 계절의 언어로 이해했다. 그러나 조희룡은 매화 속에서 용을 보았고, 부처를 보았으며, 그것을 그리는 행위를 하나의 불사(佛事)*로 여겼다.

그의 매화도는 기존 문인화의 틀을 흔들었다. 섬세하고 소략하게 그리는 백매(白梅)의 미학에서 벗어나, 격렬한 붓질과 화려한 색감으로 가득한 홍매

---

* **불사(佛事)** 부처의 가르침을 전하기 위해 전각을 짓고, 불화를 그리고, 경을 설하는 등의 절에서 이뤄지는 모든 일을 가리킨다.

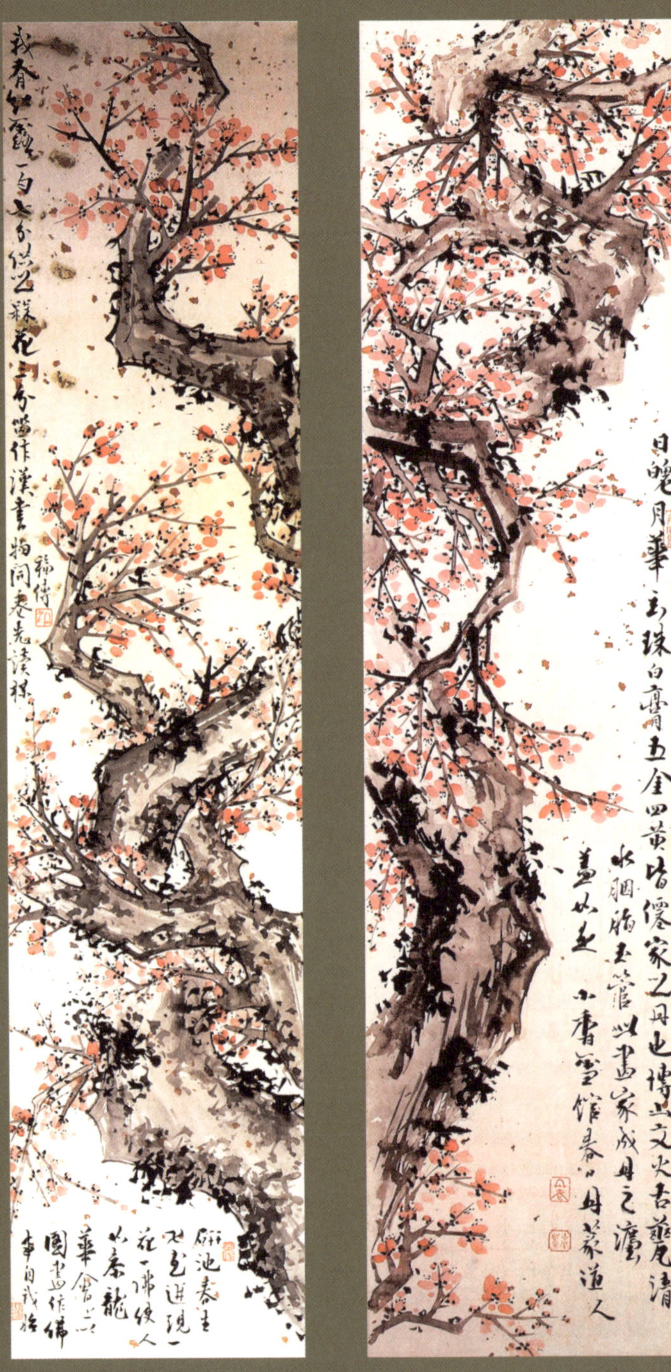

조희룡, 〈홍매〉(대련), 19세기 중엽, 종이에 담채, 각 폭 127.5×30.2cm, 국립중앙박물관.

(紅梅)의 세계를 열었다. 특히 그가 창안한 〈장륙매화(丈六梅花)〉는 이름 그대로 불상의 신장을 연상케 할 만큼 위압적인 크기와 형상을 지닌다. 키가 일장 육척이나 된다는 불상의 크기에 빗댄 이 매화는, 감각적 형상이 영적인 상징과 만나는 지점에 놓여 있다.

"장륙매화는 나로부터 시작한 것이다."

그의 이 말은 단순한 자부심이 아니라, 새로운 매화 화법의 기원을 선언하는 문장이었다. 〈홍매도〉 대련은 그의 화풍이 정점에 이른 순간을 보여주는 대표작이다. 두 폭이 마주한 대련 형식의 이 작품은 마치 두 마리의 용이 마주 보고 승천하는 듯한 장면을 연상시킨다. 수백 수천의 붉은 꽃송이와 꿈틀거리는 줄기, 그리고 그 안에 흐르는 기운은 매화를 묘사한 것이라기보다, 생명의 움직임 그 자체다.

"매화를 그릴 때 얽힌 가지, 오밀조밀한 줄기에 만 개의 꽃잎을 피게 할 곳에 이르면 나는 용의 움직임을 떠올리면서 크고도 기이하게 굽은 변화를 준다."

그의 말처럼 줄기는 용이 되었고, 꽃은 천수관음의 자애로운 손이 되어 세상의 고통을 어루만졌다.

그는 스스로 청대의 동옥(1740-1813)과 나빙(1733-1799)의 계보를 이어받았다고 했지만, 곧 그 틀을 넘어섰다. 그의 매화는 선비의 심성을 상징하는 소재에 그치지 않았다. 조희룡은 매화를 불교적 상상력과 결합시켜 종교적인 형상으로 확장했다. 매화가 부처요, 부처가 매화인 인식의 확대 - 그것은 기존 묵매화의 차원을 초월한 예술적 전환이었다. "그림으로 불사를 이루는 것은 나로부터 시작되었다."는 그의 선언은 허언이 아니었다. 조희룡은 매화를 통해 하나의 세계를 창출했다.

그의 매화도는 지극히 감성적이다. 그는 『한와헌제화잡존(寒窩軒題畫雜存)』이라는 화제집을 남기며, 매화에 대한 연정을 직접 기록했다. 매화는 그림의 화제일 뿐 아니라 정을 나누는 대상이자 가족처럼 함께 살아가는 존재였다. 그는 매화를 가까이 두고 한시도 떨어지려 하지 않았다. 매화와 자신이 하나가 되는 물아일체(物我一體)의 경지를 꿈꾸었던 것이다.

조희룡은 조선 회화의 분위기가 아(雅)에서 속(俗)으로 이동하는 19세기 '신감각파'의 선두에 서 있다. 회화사적 위치로 보아도 조희룡의 매화는 독보적이다. 중국 화풍의 충실한 재현에서 벗어나 '조선화 된 매화'를 창출한 것이다. 이성보다는 감성으로 접근한 그의 태도는 기존 문인화의 고아하고 담박한 백매가 아니라, 강렬하고 산뜻하며 때로는 혼란스러운 홍매의 새로운 미감을 가능케 했다.

조희룡은 손의 예술가였다. 글씨의 필법을 매화의 줄기로 끌어와 전서, 주서, 초서를 섞고 화선지 위를 휘감듯이 붓을 휘둘렀다. 거침없는 선묘로 그린 줄기와 가지는 어느 순간 장육상의 한 그루 매화로 완성되었다. 이는 마음속에서 피어난 형상이 손을 통해 구현된 결과였다. 여기서 '수예(手藝)'는 단순한 기교가 아닌 감각과 존재의 표현으로 드러났다.

사유를 통한 형상과 형상 너머의 정신, 그리고 손길과의 만남 – 바로 이것이 조희룡의 매화였고 그의 예술이었다. 이렇듯 조희룡은 매화를 통해 조선 문인화의 지형을 바꾸었고, 그 자신도 매화 속에서 피어났다.

5. 주류를 향한 붓의 여정 _ 소치 허련

허련(許鍊, 1808-1893)은 흔히 조선의 마지막 문인화가로 회자되지만, 그의 삶은 이 수식만으로 다 담기지 않는다. 그는 남도의 끝자락 출신으로 붓을 든 채 평생을 떠돌았고, 고향으로 돌아와 붓을 내려놓을 때까지 오롯이 그림과 함께 걸었다.

몰락한 양반가의 후손으로 진도라는 외진 섬에서 태어난 그는 문화의 주변부에 있었다. 정규 교육도, 스승도 없던 그가 붓을 든 것은 그림만이 자신이 살아갈 수 있는 유일한 길이었기 때문이다. 허련의 그림 공부는 윤두서의 화풍이 남아 있는 진도의 분위기 속에서 모사와 임모를 거쳐 이루어졌다. 그 과정은 독학의 고단함을 고스란히 품고 있다.

허련의 삶에 전환점이 된 것은 대둔사 초의선사와의 만남이었다. 초의는 직접 그림을 가르치진 않았지만, 공제 윤두서의 후손 윤종민을 통해 그에게 『공제화첩』과 『고씨화보』와 같은 명화첩을 접할 수 있게 해 주었다. 허련은 며칠 밤을 새워가며 그림을 베꼈고, "비로소 그림에 법이 있다는 것"을 알았다. 이 깨달음은 문화의 변방에 머물던 허련이 중앙의 문화를 향해 내디딘 첫걸음이었다.

이후 추사 김정희와의 만남은 그를 중앙 문화의 본류로 이끄는 결정적인 계기가 되었다. 그러나 그가 마주한 중앙은 결코 너그럽지 않았다. 그는 도화서라는 관직에 있지도 않았고, 궁중화원도 아니었으며, 상류층의 문벌도 갖추고 있지 않았다. 그가 인정받을 수 있는 유일한 길은 자신의 붓으로 세상의 인정을 받는 것뿐이었다. 마침내 그는 세상으로 나아가는 '주유(周遊)'의 방식을 택했다.

허련은 평생을 떠돌며 살았다. 서울과 진도, 때로는 잠시 거주했던 전주를 오르내렸던 그의 궤적은 단순한 유랑이 아니라, 문화적 소외와 예술의 성취에 대한 열망이 교차하는 여정이었다. 서울은 그의 그림이 팔리고 평판이 형성되며 명사들과 교류할 수 있는 장소였던 반면, 진도는 그가 숨을 고르며 예술의 본질로 돌아가는 안식처였다. 그는 이 두 공간을 오가며 자신을 단련했고 그림을 검증받았다.

이 방랑은 생계를 위한 유랑과도 거리가 멀었다. 그는 자신을 '그림을 팔러 다니는 자'로 여기지 않았다. 오히려 명망가들과 교유한 기록을 세세히 남기며 이를 자부심으로 삼았다. 그 기록들은 자칫 과시처럼 읽히기도 하지만, 한편으로는 문화의 변두리에 머무는 존재가 아님을 증명하고자 했던 한 예인의 '투쟁'으로도 읽힌다.

스승 김정희가 유배되자 그는 제주까지 찾아가 가르침을 받았고, 칠십을 넘어서까지 경성을 오르내리며 흥선대원군을 비롯한 여러 고관들과 교유했다. 이러한 행로는 그가 '문화적 정체성'을 지키기 위해 얼마나 노력했는지를 보여주는 듯하다. 그는 몰락한 사대부의 후예로서 그 전통을 계승하기 위해 '문화적 복권(復權)'이라는 꿈을 품고 있었는지도 모른다.

그가 교유한 인물들은 시대의 중심에 있던 이들이었다. 흥선대원군 이하응, 권돈인, 김홍근, 신관호, 민영익 등 당파를 달리하는 다양한 실세들과의 교류는 그에게 자부심의 원천이자 문화적 동질성을 확인하는 계기로 작용했다. 그들에게 받은 대접과 정황을 세세히 기록한 것만 보아도, 그저 그림 잘 그리는 지방의 예인으로만 머물지 않으려 했던 그의 의지를 엿볼 수 있다.

허련이 고향 진도에 운림산방을 마련한 것은 스승 김정희가 눈을 감은 1856년, 그의 나이 49세 때였다. 하지만 그는 이 모든 여정이 끝난 뒤에야 운림산방으로 돌아가 안주할 수 있었다.

허련은 붓 하나로 세상을 주유한 타고난 예인이었다. 그의 성취는 장승업처럼 극적이지 않았고, 권위나 제도 속에 머물지도 않았다. 그의 주유는 문화의 중심부를 향한 발길이었던 동시에 내면으로의 회귀였다. 그림은 그 여정에서 결코 놓을 수 없었던 유일한 동반자였다.

허련은 종종 "그림을 팔기 위해서가 아니라, 뜻이 통하는 이에게 주기 위해" 그린다고 말했다. 그의 말처럼 허련은 붓을 통해 끊임없이 문화의 중심과 자신의 간극을 좁히고자 했다. 그의 그림은 문인의 태도와 정신을 담고자 했던 실천의 기록이었다.

마치 조선 문인화처럼 평생을 문화의 중심을 향해 걸었던 그는 그렇게 조선 문인화의 마지막 여백을 남겨 놓았다.

스승을 좇는 길

소치(小癡) 허련의 삶에서 추사 김정희는 스승을 넘어서 그가 닿고자 한 정신의 경지이자 예술의 중심이었다. 초의선사로부터 허련의 습작을 건네받은 추사는 "이미 품격은 이루었으되 다만 견문이 좁아 그 솜씨를 펼치지 못한다."고 평하며, 서둘러 상경해 안목을 넓히라 권했다. 서찰의 그 한 문장은 허련의 삶을 다른 궤도로 이끌었다.

그는 기꺼이 남도의 삶을 접고 서울로 향했고, 이내 추사의 문하에 들었다. 스승은 '소치(小癡)'라는 호를 지어주며 그에게 문인화의 본령을 일깨웠다. 문기(文氣)와 격조를 품은 사유의 세계를 열어 준 것이다.

허련은 '추사 정신'의 계승자가 되었다. 그는 추사의 가르침을 삶 전체로 체득하고자 했고, 그 실천의 하나로 스승의 그림을 방작(倣作)하는 데 주저함이 없었다. 실제로 그의 화첩과 현존하는 작품들 가운데에는 추사의 고사인물화나 묵죽도, 난초화를 방작한 흔적이 다수 보인다. 당시의 문인화 학습 방식이 그러했듯, 방작은 '모방'이 아니라 정신적 내면화를 위한 과정이었다.

조선의 화단에서 방작이란 행위는 단순한 기법의 연습을 넘어 흠모의 표현이며, 궁극적으로는 정신의 동일화였다. 이는 허련이 노년에 이르러서도 스승의 작품을 방작한 것에서 더욱 뚜렷이 드러난다. 그가 단순히 스승의 유풍(遺風)의 계승한 것이 아니라 오히려 자발적인 문인 정신의 연출자로 거듭났음을 알 수 있다.

허련은 그 어떤 제자보다도 추사의 정신을 품으려 했다. 그가 제주도에 유배 중인 스승을 세 번이나 찾아가 수개월씩 머물며 가르침을 청한 것은 그 대표적인 예이다. 1841년, 1843년, 1847년. 배 한 척에 의지한 제주행은 목숨을 건 선택이었다. 헌종(재위, 1834-1849)이 그 위험한 길을 어찌 감행했느냐고 묻자, 그는 "생사를 하늘에 맡긴 것뿐"이라고 담담히 답했다. 그것은 예의를 넘는 헌신, 그리고 문인의 길에 대한 절실한 자기 고백이나 다름없었다.

그렇다고 그가 추사의 그림을 무비판적으로 좇거나 흉내 낸 것도 아니었다. 방작을 하되, 자신만의 시선과 해석을 통해 새로운 문기와 분위기를 만들어 냈다. 추사의 유작을 모사할 때도 그의 필치는 한결같이 담백하고 절제되어 있었으며, 그 안에 '소치다움'이 살아 있었다. 그리하여 그는 '스승을 좇되, 자신의 길을 만든' 예술가로 남았다.

허련이 중앙에서 주목받을 수 있었던 배경엔 물론 추사라는 존재가 있었다. 헌종을 비롯해 권돈인, 신관호 등 당대의 문화 권력자들은 추사의 제자라는 이유 하나만으로도 허련을 반겼다. 그러나 그런 기회를 진정한 인연으로 바꾼 것은 허련 자신의 품성과 태도였다. 그는 그림에 있어서나 사람과의 관계에 있어서 한결같았다. 누구보다 치열했고 또 누구보다 담백했다.

조선 말기, 추사라는 이름은 문화적 권위 그 자체였다. 하지만 허련은 그 권위 뒤에 머무르지 않았다. 그는 오히려 추사의 정신을 자기의 삶에 옮겨 놓았다. 그리고 스승의 정신을 가장 올곧게 따른 사람으로 남았다.

스승을 좇는다는 것은 자신이 누구인지를 확인하는 여정이기도 하다. 허련은 그 길을 묵묵히 걸었고, 마침내 스승의 이름 곁에 자신의 자취를 남겼다.

스승의 정신을 그리다 _ 〈완당선생초상〉

초상화를 그린다는 것은 대상의 얼굴을 그대로 재현하는 일이 아니다. 오히려 눈에 보이지 않는 인물의 정신과 기질, 그리고 살아온 생애의 무게를 화폭에 응축시키는 작업이다. 그래서 초상화는 '그린다'는 말보다 '마음을 담는다'는 게 더 어울린다. 허련이 그린 스승 김정희의 초상이 바로 그런 작품이다. 아니 그런 마음의 형상이라 하는 편이 더 적확한 표현일 것이다.

〈완당선생초상〉과 〈완당선생해천일립상〉 - 허련은 두 번에 걸쳐 스승을 향한 자신의 마음을 그렸다. 추사는 결코 쉽게 그릴 수 있는 인물이 아니었다.

> "풍채가 빼어나고 도량이 화평하되, 의리와 이욕을 가를 때는 논조가 우레 같고 창끝처럼 날카로웠다."

그의 후손이 묘비명에 남긴 평은 추사가 지닌 인격의 복합성을 잘 보여준다. 겉으로는 유유자적하고 너그러웠지만 내면은 단호하고 결기가 있었다. 허련은 이처럼 상반된 스승의 면모를 두 점의 초상화에 담아냈다. 하지만 그가 주목한 것은 스승의 권위가 아니었다. 그는 스승의 인간적 풍모와

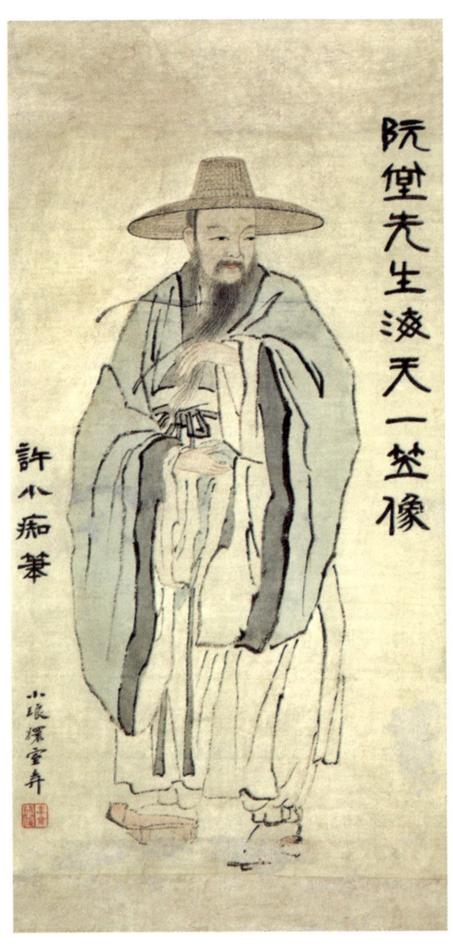

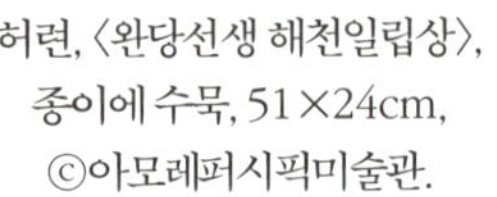
허련, 〈완당선생 해천일립상〉,
종이에 수묵, 51×24cm,
ⓒ아모레퍼시픽미술관.

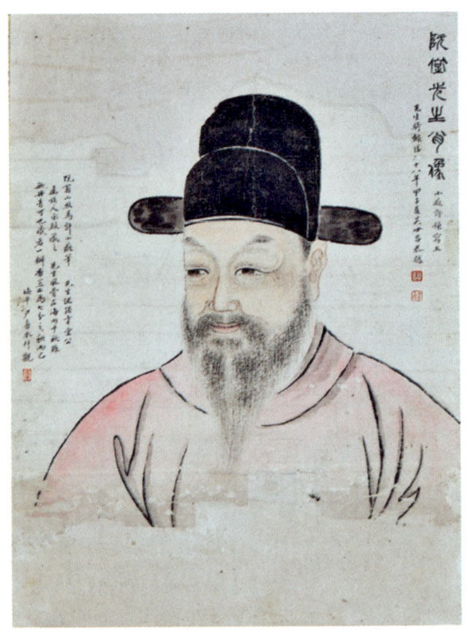

허련, 〈완당선생초상〉,
종이에 수묵 담채, 36.5×26.3cm,
국립중앙박물관.

사유의 결을 그렸다.

〈완당선생초상〉은 그 대표적인 사례다. 정면을 응시한 단정한 자세, 절제된 선묘와 담담한 표정은 위엄보다는 평온을 드러낸다. 굵지 않되 안정된 선은 얼굴의 주름과 입술 선, 눈매를 조용히 감싼다. 무표정 속에서도 온기가 배어 있는 모습 - 눈동자의 흐름, 입술의 기색 - 은 감정이 드러나지 않음에도 오랜 관찰과 정서적 교감이 배어 있다. 스승을 오랫동안 마음에 담아온 제자만이 그려낼 수 있는 인물의 내면이다.

〈완당선생해천일립상〉은 보다 상징적인 표현을 담고 있다. 삿갓을 쓴 채 허공을 응시하는 추사의 모습은 현실의 인물이라기보다, 유배지에서 사유하는 철인의 이미지에 가깝다. 삿갓의 무거운 실루엣과 단정한 얼굴선 사이에서, 외형과 정신이 교차하는 순간을 형상화하고 있다. '추사의 내면'을 시각화한 한 폭의 사의화(寫意畵)가 아닐 수 없다.

이 두 점의 초상은 기량의 출중함이 스승과의 오랜 관계에서 비롯된 깊은 시선의 결과라는 것을 보여준다. 허련에게 추사는 예술의 문을 열어준 스승에 그치지 않는다. 그는 허련이 문인화 정신의 중심으로 나아가게 해준 정신적 지표였다.

허련에게 있어서 추사의 얼굴을 그린다는 것은 스승의 가르침에 대한 응답이자, 감응이었다. 유배지의 추사를 세 차례나 찾아가 가르침을 받은 허련, 그는 스승의 얼굴에서 힘과 권위를 과장하지 않았다. 대신 평온함과 사유의 흔적을 정중하게 담았다.

조선 말기 초상화는 두 갈래로 나뉜다. 하나는 의례와 기록을 위한 초상이고, 다른 하나는 정신을 재현한 초상이다. 허련이 그린 추사의 초상은 분명히 후자에 속한다. 그것은 기록을 의식하지도, 실재의 정확한 재현을 추구하지도 않았다. 오히려 스승에 대한 기념과 추앙의 고백만이 담겨 있다.

〈완당선생초상〉과 〈완당선생해천일립상〉은 한 시대의 정신이 한 예술가에게 어떻게 전이되고, 그것이 어떻게 그림으로 형상화되는지를 보여주는 문화사적 장면이다. 형사(形似)를 넘어선 사의(寫意)의 경지 - 허련은 스승의 얼굴을 통해 자신이 평생 품어온 정신의 원형을 기록했다. 인물화의 수

작을 넘어, 조선 문인화단이 남긴 마지막 정신의 형상으로 읽히는 까닭이 여기에 있다.

이 두 점의 초상화는 권위보다 존경을, 거리감보다는 신뢰의 깊이를 보여준다. 그것이 허련이 스승을 추앙하는 방식이었다. 그리고 허련의 붓이 지닌 가장 깊은 삶의 결이었다.

마음의 풍경을 짓다 _ 허련의 작품세계

허련은 풍경이라는 외형 너머에 잠재된 마음의 결을 화폭에 옮긴 화가였다. 그의 산수화 속에는 겹겹의 산과 물이 등장하지만 그것을 바라보는 시선은 언제나 사유에 잠겨 있다. 그 출발점은 스승 김정희에게 배운 문기와 정신, 그리고 예찬과 황공망으로 대표되는 남종문인화의 고답적 이상이었지만, 그것은 어디까지나 여정의 시작에 불과했다.

허련은 조선 화단의 제도권 밖에서 출발했다. 따라서 그가 구축한 예술세계는 무엇보다도 문인으로서의 정체성을 회복하려는 내면의 투쟁에서 비롯되었다. 그것은 자기 자신을 산수의 형상 안에 투사하는 방식으로 나타났다. 그의 그림에는 중심을 향한 끊임없는 정신의 진동이 감지된다. 피마준의 병렬과 담묵의 조율, 절제된 선묘와 여백의 사용은 격렬함보다 사유를 선택한 화가의 태도를 그대로 반영한다.

1856년, 추사 김정희의 타계 이후 허련의 화풍은 뚜렷한 변화를 보인다. 이후 그는 고향 진도의 운림산방으로 낙향했는데, 이 시기를 전후하여 그의 붓끝은 보다 거칠어졌고 묵의 농담은 깊어졌다. 구도는 정제되었고, 여백은 단순한 공백이 아니라 화면 전체의 기류를 이끄는 정신적 공간으로 기능했다. 지천명(知天命)을 지나며 허련의 화풍은 완숙기에 접어들었고, 문인화가로서의 독립과 자기완성을 향해 나아갔다.

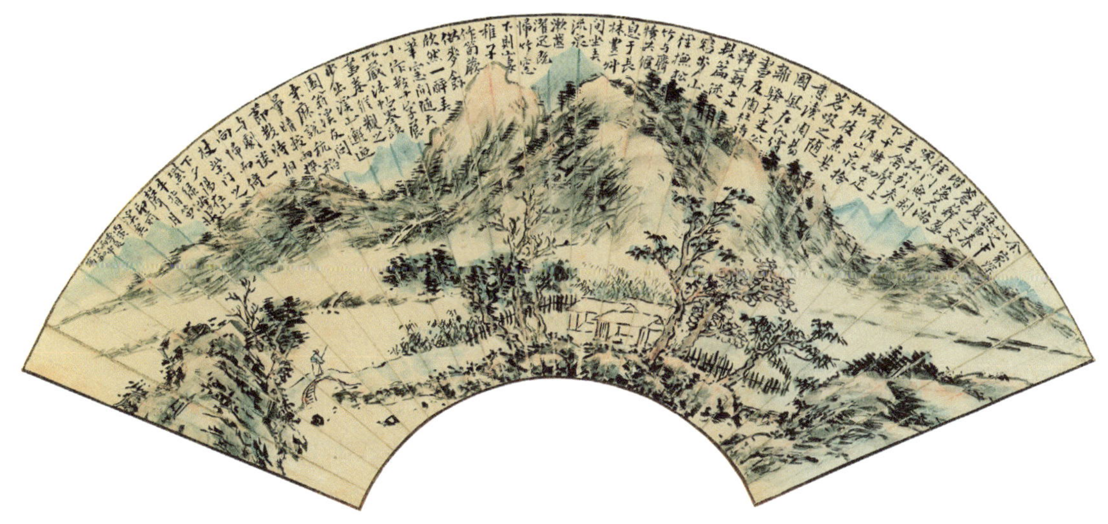

허련, 〈선면산수도〉, 1866, 종이에 담채, 21×60.8cm,
ⓒ서울대학교박물관

그 정점은 1868년, 그의 환갑 무렵에 제작된 『호로첩(壺老帖)』에 집약되어 나타났다. 중국과 조선의 명가 그림을 방작한 29점의 회화와 3점의 서예로 구성된 이 화첩은 허련이 평생 품어온 문인화의 계통과 이상을 되짚는 여정이자, 그의 예술적 자신감을 집약한 성취였다. 이 중 6점은 김정희의 작품을 방작한 것인데, 이는 방작을 통해 정신의 연결을 추구했음을 보여준다.

『호로첩』에 나타나는 담청색의 운용은 특히 주목할 만하다. 수묵에 은은하게 스며든 청색과 엷은 채색은 평면적 구성 속에서도 깊이와 기류를 만들어내며, 허련이 수묵 문인화에만 머무르지 않았음을 보여준다. 이는 또한 조선 후기 회화가 수묵과 채색, 문인과 화원, 감성과 기교의 경계를 유연하게 넘나들었다는 사실을 잘 보여주는 예이기도 하다.

그가 80세(1887)에 제작한 『노치묵존(老癡墨存)』도 눈길을 끈다. 여전히 중심을 이루는 것은 예찬풍의 구도와 묵선이지만, 수목(水木) 묘사에 들어간 섬세한 색감과 강한 터치는 오히려 젊은 화가의 긴장을 방불케 한다. 그의 산수는 나이 먹을수록 형식이란 외피를 걷어냈다. 일부러인 듯 흐트러뜨린 필선(筆線)은 산수를 현실에서 탈피시키고 있다. 감정의 집중과 이입, 그것은 한 예술가가 삶의 말미에 도달한 정신적 침잠이었다.

조선 문인화와 남종문인화가 가장 정제된 대화를 나누고 있는 『호로첩』, 그리고 형사를 넘어 사의미(寫意美)를 구현해 낸 『노치묵존』의 그림을 비롯한 그의 수많은 산수화는 허련이 단순한 남종화의 계승자가 아닌, 문인화의 재창조자였음을 보여준다.

오늘날 허련의 산수화는 남종문인화 전통의 마지막 계승이자, 근대를 향한 문인화의 변주로 평가된다. 그의 그림은 풍경이 아니라 마음의 지도였다. 그의 산은 솟기보다 울리고, 그의 물은 흐르기보다 감정의 여울로 번져나간다. 그가 그린 것은 그 자신의 정념이며 중심과 주변을 오갔던 한 인생의 흔적이었다. 그것은 추사로부터 이어받은 정신의 뿌리에서 피어나, 마침내 '허련의 산수'로 완성되었다.

허련의 그림은 시대를 견디며 정신을 지키려 했던 한 예인의 고투이자, 그 삶을 온전히 담아낸 예술의 기록으로 남았다.

손끝의 도(道) _ 허련의 지두화

붓을 내려놓고 손끝으로 먹을 찍는다는 것, 그것은 기교의 전환이 아니라 정신의 전환이다. '지두화(指頭畵)'는 형식의 파격일 뿐만 아니라 예술가의 내면이 화면으로 직결되는 고백이다. 허련에게 지두화는 일회적인 실험이 아니었다. 그것은 몸과 마음이 한 점으로 모이는 절제된 수행이자, 그 자신이 발견한 또 하나의 '도(道)'였다.

지두화의 전통은 오래되었다. 이미 중국 당대에 그 시작이 보였고, 명·청대를 거치며 꾸준히 실험되었다. 특히 청대의 고기패(1645-1704)는 지두화의 미학을 주장하여 이 기법의 철학적 위상을 높였다. 조선에서도 정선(1676-1759), 심사정(1707-1769), 이인문(1745-1821) 등이 간헐적으로 시도했으나, 그것이 독립된 양식으로 발전한 것은 19세기, 허련과 그의 스승 김정희에 이르러서였다.

허련은 손끝의 궤적으로 먹의 번짐과 끊김, 문지름과 찍음이 만들어 내는 우연성을 적극적으로 수용했다. 붓의 유연함 대신 손의 무딘 압력이 주는 둔중한 기세는 오히려 남종화의 내적 긴장감을 더욱 직접적으로 드러냈다.

『소치화품(小癡畵品)』(1843)은 이러한 실험의 정수가 담긴 화첩으로, 그의 지두화에 대한 치열한 탐색을 보여준다. 이 화첩은 제주도 유배 중인 김정희를 두 번째 찾아갔을 때 제작된 것으로, 총 아홉 점 중 일곱 점이 지두화다. 그는 손끝에 먹을 묻혀 산을 세우고 물을 그렸다. 여백은 더욱 비어 있고 필선은 거칠었지만, 오히려 그 안에 살아 있는 회화의 정신이 맨살로 드러났다. 추사는 이 화첩을 받아 들고 이런 말을 남겼다.

> 손톱자국 소용돌이 지문, 이는 선(禪)의 교외별전* 같은 것.
> 뒤틀리고 기이하고 괴상스러움이 절로 천연스럽네.
> 만약 그림을 통해 선가의 깊은 깨달음에 든다면
> 손가락 끝 선(禪)에서 천룡(天龍)을 취하리라.

김정희는 지두화를 통해 허련이 형사(形似)를 넘어 사의(寫意)로 나아간

---

* **교외별전(敎外別傳)** 경전의 문자에 의존하지 않고, 마음에서 마음으로 전하는 깨달음.

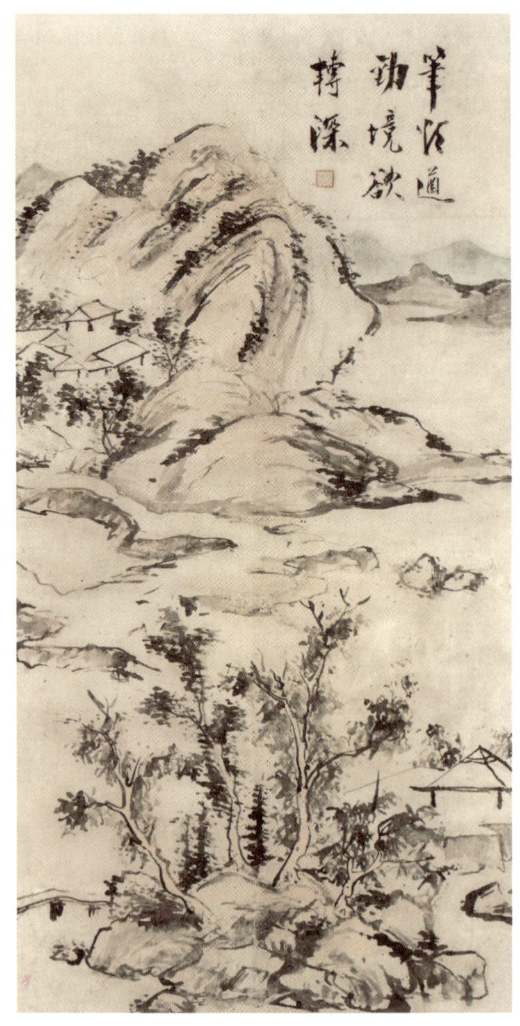

허련, 〈지두산수〉, 19세기 중엽, 종이에 먹,
96.7×48.8cm, ⓒ전남대학교박물관.

순간을 찬탄하고 있다. 그리고 그 감응의 깊이를 예술 너머의 경지로까지 끌어올렸다.

1849년, 허련이 헌종을 알현한 자리에서도 지두화는 중심에 있었다. 헌종이 "손가락으로 매화를 그려 보라."고 하자, 허련은 곧장 지두로 매화를 그리고, 옆에 화제를 썼다. 지두화라는 실험이 왕실 문화로까지 수용된 상징적인 장면이 아닐 수 없다.

허련에게 지두화는 변형된 회화 기법의 하나가 아니었다. 그것은 중심을 향한 또 다른 길이었다. 형식을 무너뜨리는 것이 아니라, 오히려 형식을 더욱 안쪽으로 밀어붙여 남종화가 가진 사의적 성격을 한층 더 날것의 형태로 드러내는 기법이었다. 손끝은 붓보다 더 가까이 종이에 닿았고 그림과 사람 사이의 거리는 더욱 가까워졌다. 그것은 문인의 품격이라는 외피를 넘어 실존과 사유가 맨살로 맞닿는 지점이었다.

지두화는 물성과 정신, 감각과 노력의 경계에서 태어나는 형식이다. 허련은 표현의 자유에 대한 절박한 열망으로 그 경계를 넘어섰다. 그러나 손가락으로 그림을 그렸다는 사실보다 더 중요한 것은 그 손끝에 담은 마음이었다. 그는 손끝에 자신의 예술 전체를 담았다. 그리고 격동의 시대, 예술의 중심을 손끝으로 밀고 나갔다.

文人畫

다섯째 마당

문인화의 현대적 전환

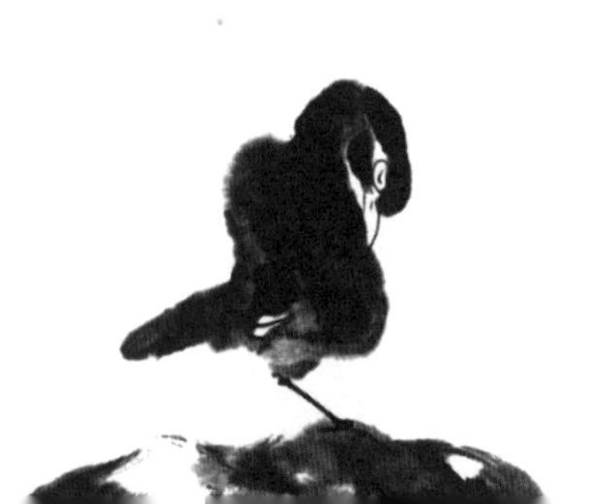

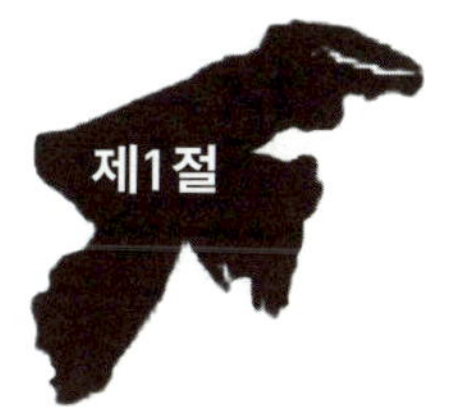

근현대 한국 문인화단의 전개

—

20세기 초, 한국화단은 조선 말기 문인화 전통의 여운 속에서 출발했지만, 곧 외세의 물결과 함께 거센 변화에 휩싸이게 된다. 특히 일제강점기(1910-1945)의 도래는 미술계 전반에 걸쳐 가치관과 교육 방식, 화풍과 양식에 이르기까지 근본적인 균열을 가져왔다.

이 시기 한국화단의 가장 큰 특징은 중국과 일본, 두 문화권 사이에서의 동요였다. 일제가 문화정책의 일환으로 조선미술전람회(선전)를 시작한(1922) 뒤로, 많은 작가들이 일본 유학을 떠났으며 그들의 화풍을 한국에 소개하였다. 그 결과 전통 문인화는 고유의 정신적 깊이를 잃고 외래 양식에 적응하는 데 급급했다.

그런 중에도 조선 말기의 유산을 계승하고자 하는 노력은 계속되었다. 그 이면에는 중국으로의 유학과 여행 또는 중국 작가의 방문 등으로 이뤄진 지속적인 회화 교류가 있었다. 대표적인 인물이 1881년 유학생으로 청에 들어간 김규진(1868-1933), 서병오(1862-1935), 안중식(1861-1919), 조석진

(1853-1920) 등이다. 이들은 청나라에 유학한 뒤로 남종화 계열의 영향 아래 놓였다.

이후 김진우(1883-1950)는 1919년 상해로 건너가 독립운동에 참여하면서 고금서화의 견문을 넓혔고, 박승무(1893-1980)는 1917년 상해 체류 중 고전 서화를 접했다. 김영기(1911-2003)는 1932년 중국에 유학하여 제백석(齊白石)에게 사사 받았다. 또한 김용진(1878-1968)과 이한복(1897-1944)은 중국 화가 방명(方洺)의 내한을 통해 직접 서화를 수업받았다.

이 시기 남산미술구락부에서는 서화 골동품 경매가 열려 중국의 오창석, 왕일정, 방락, 제백석 등의 작품이 유통되기도 했다. 또 조선미술관이나 광복을 전후하여 시작된 '미술품감상교환회' 등에서도 이들 중국 작가의 작품이 소개되었다.

이렇듯 일제강점기를 거치면서도 중국과의 서화 교류는 끊이지 않았다. 이는 예술인들의 문화적 자각을 일깨웠을 것이고, 식민지라는 불안한 사회에서 남종 문인화의 명맥을 이어가는 데 많은 도움이 되었을 것이다.

1. 해체된 규범과 새로운 흐름

1894년 갑오개혁으로 도화서(圖畵署)가 폐지된 이후 전통적인 관학 체계가 해체되었다. 더구나 일본을 통해 서양의 '미술' 개념이 유입되면서 한국화단은 본격적인 격변기를 맞았다. '서화(書畫)'가 '미술'이라는 학제 안에 편입되며 장르 개편과 더불어 교육체계의 변화를 불러온 것이다.

1911년, 윤영기(1833~1927?)가 설립한 경성서화미술원은 그 출발점으로, '미술'이라는 용어를 본격적으로 사용한 상징적인 사례였다. 경성서화미술원은 왕실과 총독부 고위 관료, 식민지 귀족층의 서화 수요를 충족시키기 위해 설립한 한국 최초의 근대적 미술 교육기관이었다. 하지만 경성서화미술원은 재정적인 어려움을 이기지 못했고 이듬해인 1912년, 이완용을 회장으로 하여 발족한 서화미술회가 미술원의 사업을 이어받았다.

교육은 서과(書科)와 화과(畵科)로 나뉘어 진행되었으나 실상은 도제식 수업에 가까웠다. 하지만 여기에서 배출된 조석진, 안중식, 이용우(1873-?), 김은호(1892-1979), 박승무, 이상범(1897-1972), 노수현(1899-1978), 최우석 등의 인재들은 뒷날 한국화단을 이끄는 중추가 되었다.

1915년, 김규진이 조직한 서화연구회(1915-1933)도 빼놓을 수 없는 교육기관이다. 3년을 수업 기한으로 회원을 받아들였던 서화연구회는 당시 서화미술회(1912-1920)와 쌍벽을 이루는 교육기관이었다.

또 1918년에는 서화미술회가 주축이 되어 서화협회(1918-1936)를 설립했다. 서화협회는 한국 최초의 근대적 작가협회로 전국적 규모의 활동을 전개했다.

지방 서화인들의 활동도 활발하여 평양의 기성서화회(1914, 윤영기·김윤보 공동 설립), 대구의 교남서화연구회(1922, 서병오 주도) 등 지방 중심의 서화 단체가 결성되었다. 특히 교남서화연구회는 강습소를 설치하고 강연회를 개최하는 등 지역 문화의 중심 역할을 충실히 수행했다.

한편 1920년대 이후, '서(書)'와 '화(畵)'의 분리가 본격화되며 '동양화'라는 개념이 정착되기 시작했다. 1922년 출범한 조선미술전람회가 화단 활동의 중심으로 부상하고, 사설 미술 교육기관인 화숙(畵塾)의 비중이 커진 것도 특기할 만한 변화였다. 전통 화법을 배우려는 학도들은 일본 유학 대신 국내 저명 화가의 문하에 들어가야만 했으며, 도제관계는 여전히 미술 교육의 주요 방식으로 유지되었다.

대표적인 화숙으로는 1933년 이상범이 자택에 개설한 청전화숙(靑田畵塾), 1936년 김은호의 제자들이 결성한 후소회(後素會), 1938년 허백련(1891-1977)이 전라도 광주에서 개설한 연진회(硏眞會) 등이 있다.

청전화숙은 1943년까지 3회의 전시를 가진 것으로 전해진다. 후소회는 김기창(1913-2001), 장우성(1912-2005), 이유태, 백윤문(1906-1978), 한유동(1913-?), 김은호(1892-1979) 등이 회원으로 활동했으며, 1943년 제6회전을 마지막으로 일제강점기의 전시 활동을 마무리하였다. 후소회의 명맥은 현대로까지 이어져 지속되었다. 허백련의 연진회 또한 현대에까지 명맥을 유지하며 호남 문인화의 중심이 되었다.

이처럼 한국 문인화는 일제 강점과 한국전쟁 등 격동의 시대를 건너면서도 전통의 맥을 이어가기 위해 제도와 교육, 자생적 조직을 통해 다양한 노력을 기울여 왔다. 그리고 이는 문인화의 현대적 전환을 위한 초석이 되었다.

2. 근현대 문인화 유파의 생성*

격변의 시대를 건너며 한국의 문인화가들은 새로운 회화의 흐름과 마주했고, 그 과정에서 선택하고 수용하며 자신의 길을 만들어 나갔다. 이러한 흐름은 크게 세 갈래로 나눠진다. 그 가운데 하나는 중국 상해에서 시작된 '신문인화(新文人畵)'였고, 또 다른 흐름은 일본으로부터 유입된 '신남화(新南

* 이 단원은 하영준님의 「한국 현대문인화의 제 경향 연구」, 김영자님의 「문인화의 현대적 표현에 관한 연구」 등을 참조하여 전개했음을 밝힌다.

畫)'였다. 또 이들과 달리 외래 화풍의 영향을 받지 않고 한국 전통 문인화의 원류를 고수한 전통 유지의 흐름이 있었다.

이들 세 유파는 각기 시대와 미감의 변화를 온몸으로 맞으면서 문인화 정신을 새로운 방식으로 풀어냈다.

1) 신문인화의 흐름 _ 민영익과 해상화풍

신문인화는 중국 상해(上海)를 기반으로 성장한 해상화파(海上畫派)를 중심으로 형성되었다. 조지겸(1829-1884), 임백년(1840-1896), 오창석(1844-1927), 제백석(1864-1957) 등이 그 중심인물이었다. 이들의 회화는 강한 필선과 선명한 구도, 상징적인 소재를 통해 시대정신을 표현했다. 일부는 서양화의 시각 요소까지 수용하며 기존 문인화와 다른 현대적 분위기를 만들어내기도 했다. 이들 중에서도 오창석은 시·서·화·각을 아우르는 문인화의 전통을 유지하면서도 새로운 조형성과 기운을 담아내, 한국 문인화가들이 선호했던 인물이다.

신문인화풍이 한국화단에 알려지는 데 가장 큰 역할을 한 인물은 민영익(閔泳翊, 1860-1914)이다. 그는 명성황후의 양오빠인 민승호가 암살되자 그의 양아들로 입적되면서 민씨 세력의 중심에 서며, 20세에 이미 이조참판에 오르는 등 출세가도를 달렸다. 하지만 갑신정변(1884) 이후 정치의 소용돌이 속에서 청나라의 미움을 사면서 권력의 중심에서 밀려난 그는 홍콩으로 거처를 옮겼다. 그의 나이 30대 초반의 일이다. 이후 상해로 거처를 옮겨 지내던 그는 을사늑약이 체결되자(1905) 귀국을 포기하고 망명의 길을 택했다.

민영익은 10대 후반(1878)에 소치 허련과 교유를 나누었을 만큼 일찍부터 서화에 능한 인물이었다. 그런 그에게 오창석을 비롯한 상해 서화가들과

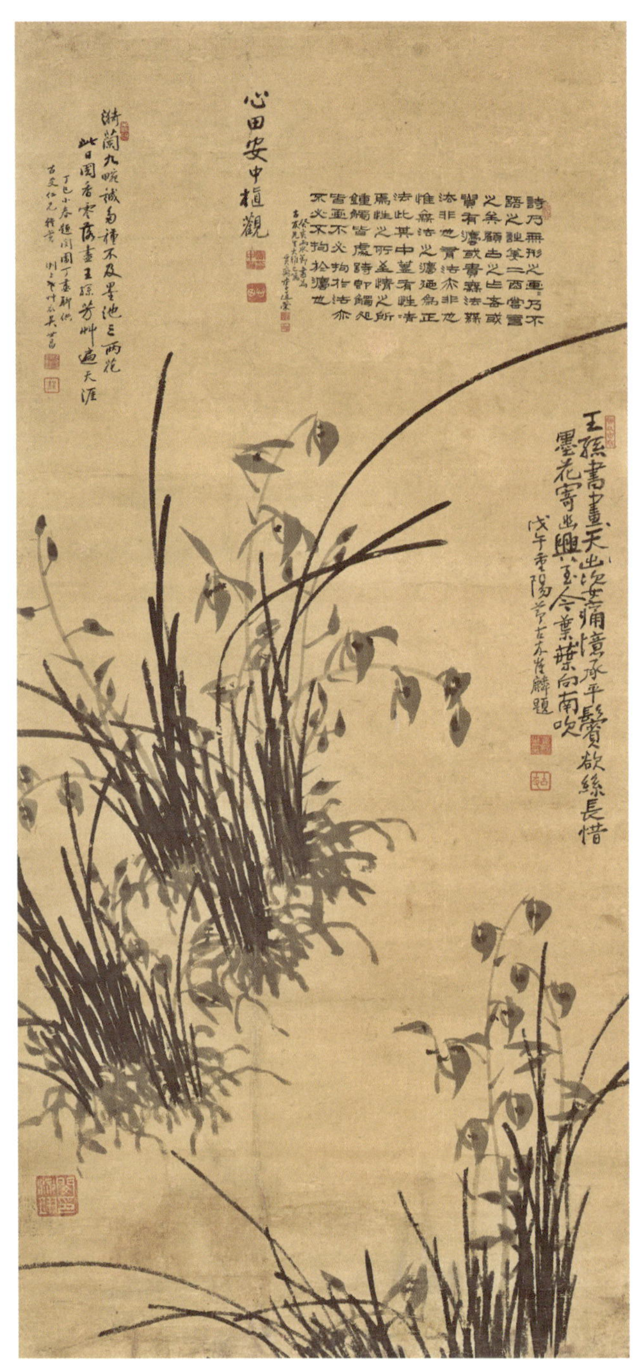

민영익, 〈노근묵란도〉,
20세기 초, 종이에 수묵,
128.5×58.4cm,
개인 소장.

의 교류는 망국의 한을 달래는 유일한 탈출구였다.

민영익은 사군자 중에서도 특히 난을 잘 그렸는데, 그의 호를 딴 '운미난(芸楣蘭)'으로 불리면서 흥선대원군 이하응의 '석파난(石坡蘭)'과 함께 쌍벽을 이뤘다. 그의 묵난을 보면, 난 잎을 곧추세워 일정한 굵기로 나아가다 갑자기 붓을 떼어 뭉툭하게 처리하곤 했는데, "마치 강철로 만든 회초리를 보는 느낌이다. 고고하고 청초한 맛은 떨어지지만 굳세고 단단하다."는 평을 받아 왔다.

이러한 특징을 가장 잘 보여주는 작품이 바로 〈노근묵란도(露根墨蘭圖)〉다. 난을 땅에서 뽑아 세워 놓은 듯 뿌리까지 드러내는 '노근란(露根蘭)'은 『개자원화보』에 수록돼 있어서 일찍부터 강세황과 김정희 등도 그린 적이 있었다. 하지만 민영익의 이 그림은 또 다른 감상을 불러일으킨다. 뿌리 내릴 땅마저 없다는 의미를 담고 있는 '노근란'으로 망국의 심정을 은유하고 있기 때문이다. 곧추선 채 뚝 끊긴 필선에는 이국땅에서 망명객으로 생을 마감한 그의 파란만장한 삶을 여과 없이 보여주는 듯하다.

민영익이 전한 신문인화풍은 그가 중국을 왕래하며 수집한 서화류와 함께 그 시대 새로운 화풍에 목말라 있던 문인화가들에게 커다란 자극을 주었다. 그가 사망한 뒤, 아들 민정식이 그의 서화 소장품을 국내로 들여오면서 그 영향력은 더욱 확산되었다.

신문인화풍은 한국화단에서 각기 다른 양상으로 계승되었다. 그와 직접적인 사승(師承) 관계를 맺지는 않았지만, 그의 작품과 소장 서화에 영향을 받은 서화가들은 이를 자신만의 방식으로 받아들이고 발전시켰다. 이들은 각각의 호를 딴 석파계(石坡系, 이하응), 석재계(石齋系, 서병오), 영운계(穎雲系, 김용진), 해강계(海岡系, 김규진) 등의 계파로 나뉘며 근현대 한국 문인화의 다양성을 이끌어갔다.

이러한 흐름은 한국 문인화가들이 시대의 흐름 속에서 전통을 재해석하고 새로운 회화 정신을 모색해 나간 귀중한 발자취로 남아 있다.

이하응과 석파난

이하응(李昰應, 1820-1898)은 난죽화를 중심으로 한 독자적인 회화 세계를 이끌어낸 인물이었다. 흥선대원군으로 더 많이 알려져 있는 그는 정치적 영향력 못지않게 문인으로서의 기질과 예술적 수련에 깊은 자취를 남긴 인물이다. 그는 문인의 교양과 서화의 전통을 아울러 익히며, 당대의 문인화가들과 구별되는 자유스러운 회화 세계를 구축했다.

이하응의 그림은 서예에서 비롯된 기운생동(氣韻生動)한 선묘와 전통 사군자의 상징적 형상을 바탕으로 구성되었다. 특히 그의 난죽화는 형식적으로는 고전적인 구도와 기법을 따르면서도 필법에서 드러나는 강건함과 농밀한 필세, 그리고 때때로 비대칭적이면서도 절제된 구성이 돋보인다는 평을 받는다. 이는 단순히 문인화의 이상을 형식적으로 답습한 것이 아니라, 시대의 무게와 개인의 기질이 함께 투사된 결과라 할 수 있다.

이하응의 서화는 '석파(石坡)'라는 그의 호에서 잘 드러나듯, 바위처럼 단단하고 절제된 품격을 유지하면서도 그 안에 자연에 대한 깊은 이해와 사유가 스며 있다. 그는 서화를 통해 자신의 정신을 표현하고자 했다. 이러한 그의 예술적 사유는 조선 말기 문인화의 정수를 고스란히 이었다.

이하응은 후학을 양성하거나 특정 화파에 관여한 적이 없다. 하지만 그의 서화는 문인화 계통의 흐름 속에서 중요한 이정표로 작용했다. 석파계라 불리는 이 계열은 양식적 전통의 계승을 의미하지 않는다. 다만 전통 문인화가 지닌 본래의 정신과 고결한 내면을 새롭게 되새기게 한 하나의 상징이라 할 수 있다.

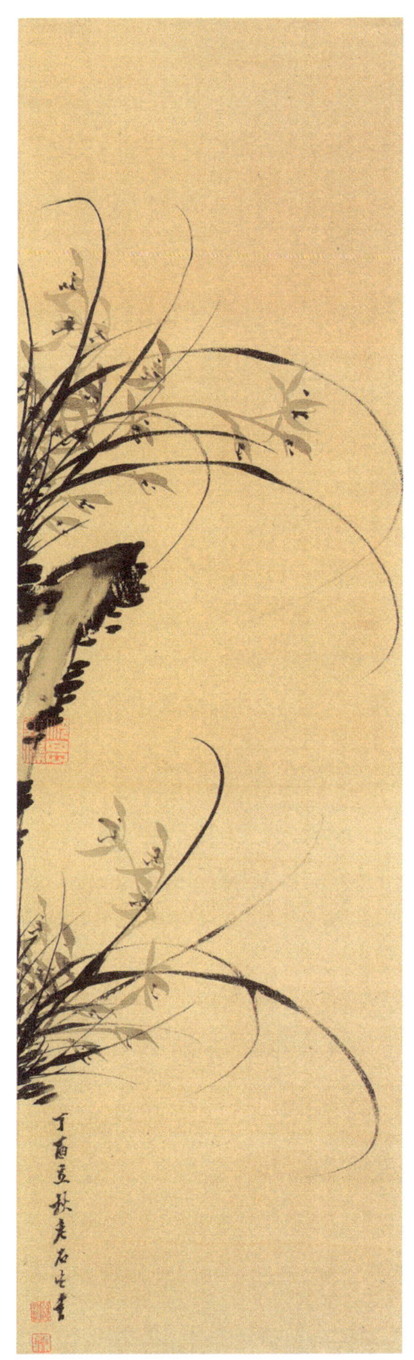

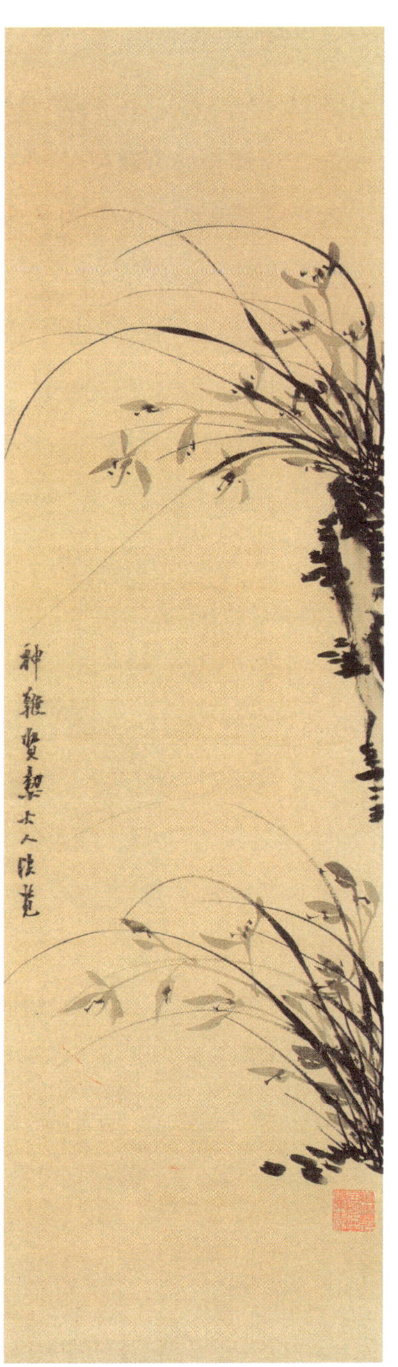

이하응, 〈묵란도〉 대련, 비단에 수묵, 32.1×116.5cm, 국립진주박물관.

서병오와 영남문인화

서병오(徐丙五, 1862-1935)는 신문인화풍이 스며드는 길목에서, 그 정신을 있는 그대로 수용하고 다시 뻗어나가게 한 인물이다. 그는 한 시대의 문기를 지닌 문인으로 묵죽에 자신의 정신을 입혔고, 이를 통해 지역 화단에 문인화의 뿌리를 내렸다.

서병오는 1901년을 전후하여 중국 상해로 건너갔다. 그곳에서 민영익을 만나 교유하게 되었고, 이 인연을 계기로 청말의 서화가인 포화·오창석 등과 교류를 가질 수 있었다. 이들과의 만남은 그에게 새로운 회화 세계를 열어 주었고, 붓을 통한 인식의 전환을 불러왔다. 그의 사군자는 전통 형식을 따르면서도 고답적이지 않으며, 강건한 필세 속에 문인 특유의 품격을 담고 있다는 평을 들었다.

그는 귀국한 이후, 대구에 정착하여 '교남(嶠南)서화연구회'를 설립하고(1922) 본격적인 문인화 교육에 나섰다. 영남지역의 문인화 집단을 조직하고자 했던 서병오는 처음부터 후진 양성과 전람회 개최에 적극적으로 나섰다. 특히 회원 전람회에는 영남지역은 물론 서울, 광주, 전주, 평양, 개성 등에서 활약하는 서화가들이 참여할 정도로 성황을 이루며 지방화단의 중심이 되었다.

그는 배효원(1898-1942), 김진만(1876-1933), 서동균(1902-1978) 등 많은 제자를 길러냈는데, 그중에서도 서동균은 교남서화연구회의 정신을 계승하여 대구를 중심으로 한 '영남문인화맥'을 확립하였다. 그의 문하에서는 도이석, 서경보, 임기순, 서근섭, 박근술, 홍순구, 송석희 등 많은 후학들이 배출되었다.

이 가운데 서병오의 아들 서근섭(1949~)은 계명대학교 서예학과에 오랫동안 재직하며 후학을 양성했다. 또 다른 제자인 박근술은 채희규, 이일구,

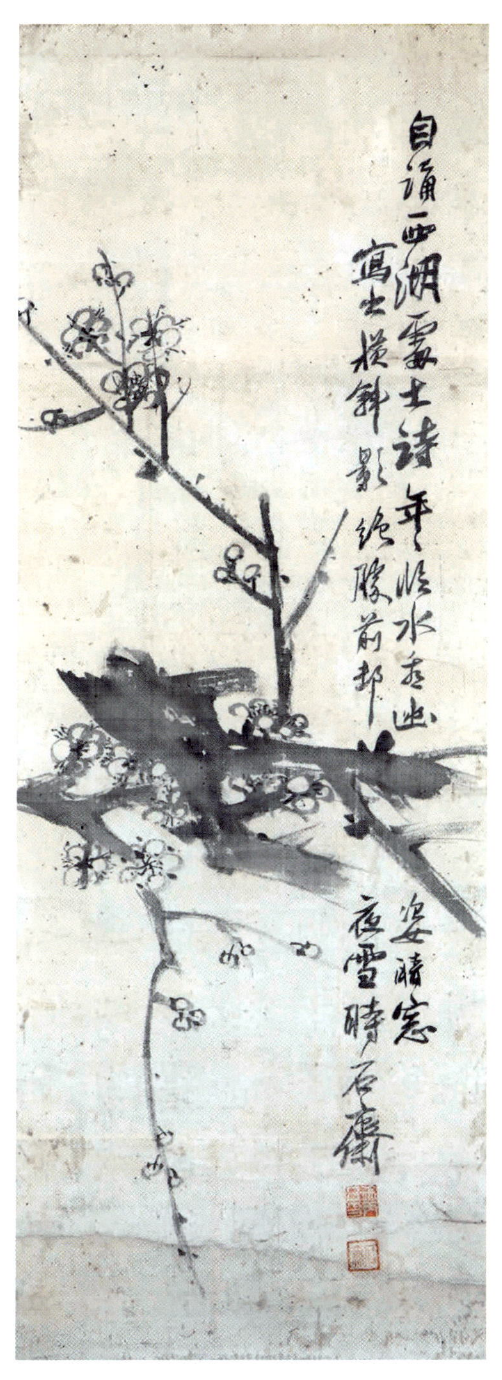

서동균, 〈묵매도〉, 비단에 수묵, 171×45.1cm, 국립중앙박물관.

이원동 등 차세대 작가들을 길러내며 이 계통의 흐름을 이었다.

서병오 계통의 작품 경향은 전반적으로 자유분방하고 대담한 운필을 특징으로 한다. 전통적 소재인 사군자와 묵죽을 중심으로 하면서도 선과 여백, 공간 활용에서 개성적인 표현이 강하게 드러난다는 평을 받았다.

김용진과 도회 문인화의 변주

김용진(金瑢鎭, 1878-1968)은 서울을 중심으로 근대 문인화의 또 다른 흐름을 이어간 인물이다. 그는 조선 말기의 세도가 김병국의 손자로 오창석의 제자인 방명(1822-1945)을 통해 오창석의 화풍을 계승했다. 1920년대 후반부터 화훼 중심의 신문인화를 구사하며 해상화파 계통의 흐름을 서울 화단에 이식시켰다.

그의 그림은 분방한 필세보다는 정제된 구성과 품격 있는 운율로 특징지어진다. 난과 국화, 대나무 같은 사군자를 비롯한 화훼를 중심으로 전통의 상징과 문인의 이상을 함께 담아내려고 노력했다. 신문인화풍을 바탕으로 하면서도 한국적 미감에 맞는 조형의 완성도를 추구했다는 평을 들었다.

서울대학교 미술학부에 재직하며 박세원, 안상철, 안동숙 등의 제자를 길러냈고, 화단 바깥에서는 금란묵회(金蘭墨會)를 통해 문인화의 외연을 확장했다. 또한 동방연서회(東方硏書會)에서는 홍석창(1941~)을 지도했는데, 홍석창은 이후 홍익대학교 동양화과에 재직하면서 조돈구, 문봉선, 노승환, 최영진, 유창근, 하영준, 박병배 등의 작가들을 길러냈다.

이 계열의 특성은 문인화 정신을 근간에 두되, 현대 회화의 조형성과 감각을 적극적으로 접목하려는 실험에서 나타난다. 이들은 형상의 해체와 추상적 구성, 소재의 확장과 재해석 등을 통해 문인화의 고전성을 새롭게 일으키려 했다.

김용진 계통은 오늘날까지도 서울 중심의 문인화 흐름을 이어가고 있다. 그들은 도회적 세련미와 전통의 품격이 공존하는 특이한 결을 보이며, 문인화가 현대의 정신으로 재창조될 수 있는 가능성을 증명하고 있다.

김규진과 제도 속의 문인화

김규진(金圭鎭, 1868~1933)은 전통과 근대가 교차하는 시대, 서실 안의 수련과 품격 있는 사유만으로는 시대의 요구에 온전히 응답할 수 없는 그 경계에서 문인화의 한 줄기를 꿋꿋하게 이어간 인물이다. 그는 일찍부터 글씨와 그림에 두루 능하여 서화에 두각을 나타냈다. 열여덟 살이 되던 해 청나라로 유학을 떠나 무려 8년 동안 서화 수련에 몰두하였다. 이때 오창석, 서신주, 오대징, 민영익 등 당대의 주요 서화가들과 교류하며 청말의 신문인화풍과 회화 사조를 직접 체득하였다.

김규진은 이러한 체험을 자신의 예술 안에만 머물게 하지 않고, 제도적 기반 위에 펼치고자 했다. 1915년, 그가 설립한 '서화연구회(書畵硏究會)'는 이렇게 시작되었다. 서화연구회는 근대적 형태의 미술 교육기관으로, 김규진은 이곳을 통해 본격적인 후학 양성과 문인화 교육에 힘을 쏟았다. 하지만 1931년 그가 교통사고를 당하면서 규모를 줄였던 서화연구회는 1933년 그의 죽음과 함께 막을 내렸다.

김규진의 예술 세계는 필력을 중심으로 형성되었다. 그는 영친왕이 왕세자 시절 글씨를 가르치기도 했는데, 청나라 유학 시절 갈고닦은 대자(大字)가 강건하고 중량감 있어서 전국의 사찰과 비문에 널리 남아 있다. 그가 즐겨 그린 묵죽(墨竹)과 묵란(墨蘭)은 문인의 정신과 붓끝의 절제가 만난 결과물로 평가받는다.

그의 문하에서는 이병직(1896-1973), 민택기(1907-1941), 이응로

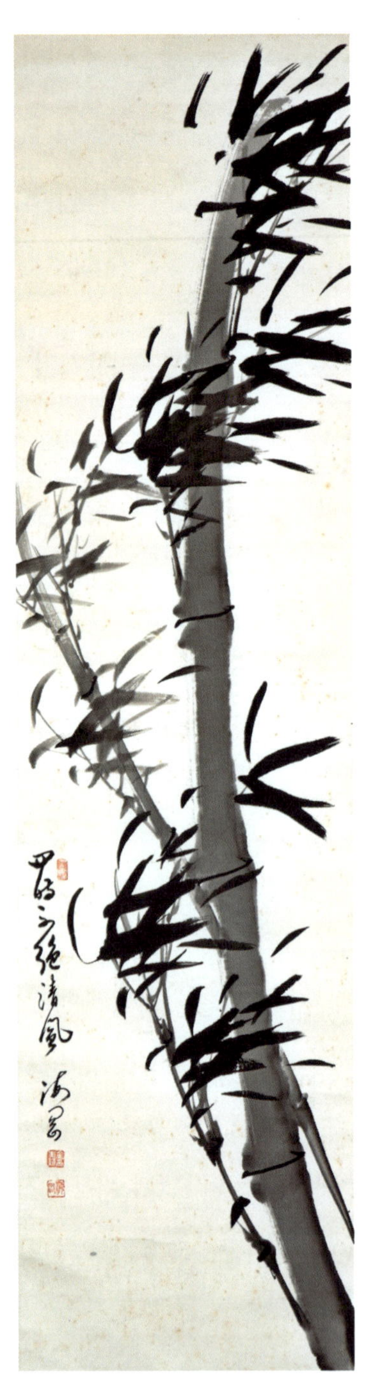

김규진, 〈묵죽도〉, 종이에 수묵, 197.2×45.1cm, 국립중앙박물관.

(1904~1989) 등이 배출되었다. 이응로는 훗날 동양화의 전통을 현대적으로 재해석하며 국제 무대에서 활약하게 되는데, 그 바탕에는 김규진에게서 받은 필법과 문인 정신의 영향이 짙게 깔려 있었다.

그의 장남인 김영기(1911-2003) 또한 제백석에게 직접 사사받은 경험을 바탕으로 홍익대학교, 이화여자대학교, 서라벌예술대학 등에서 후학을 양성했다. 해강계는 이처럼 개인적 예술에서 출발하여, 교육과 제도를 통해 문인화의 저변을 넓히고 전통을 확장한 보기 드문 계열이다.

김규진과 그의 계통은 문인화가 현대의 흐름 속에서도 살아 숨 쉴 수 있는 정신의 형식임을 증명했다. 그들의 붓은 전통의 기법을 따르되 그것에 머무르지 않았고, 그들의 문인 정신은 교육을 통해 현대 문인화로 이어졌다.

2) 신남화의 길 _ 김용준

문인의 붓이 방향을 틀던 시대, 그 흐름 가운데 하나는 중국이 아니라 바다 건너 일본에서 불어왔다. '신남화(新南畵)'라 불린 이 새로운 물결은 일본 전통의 남종화 위에 서양의 인상주의 감각을 접목한 문인화의 현대적 변형이었다. 전통을 품되 시대와 감응하려는 이 시도는 회화의 문제이자, 동시에 삶을 사유하는 방식의 전환이기도 했다.

김용준(金瑢駿, 1904-1967)은 이 흐름을 직접 접하고 한국회화의 근대적 전환점에 선 인물이다. 그는 일제강점기 동경미술학교 서양화과를 졸업하고, 광복 후 서울대학교 예술대학 미술학부 창설에 참여하여 전통 회화이론을 가르쳤다. 서양화와 동양화, 전통과 근대를 넘나들었던 그의 행보는 한국 미술계에 깊은 자취를 남겼다.

김용준은 이태준과 함께 '신문인화론(新文人畵論)'을 제창한 사상가이기도 했다. 그에게 있어서 문인화는 예술을 통해 정신을 수양하고 품격을 실현하는 삶의 태도와 직결되었다. 그림은 그 정신의 외연이며, 문인의 자격은 곧 인격의 깊이에 있다고 강조했다. 그의 사상은 당대의 젊은 작가들에게 큰 영향을 주었고 문인화에 대한 새로운 인식을 불러일으켰다.

하지만 1950년 '9.28 서울 수복' 당시 월북하면서 이후 한국 미술계와는 단절되었다. 그런 가운데 서울대학교 재직 시절 그에게서 배운 장우성(1912-2005), 박노수(1927-2013), 서세옥(1929-2023), 송영방(1936-2021) 등이 각자의 세계에서 그의 사상을 간직하고 계승했다.

특히 장우성은 김용준의 화론을 가장 오롯하게 계승한 인물로 평가받는다. 장우성의 제자 구자무(1939-2013)가 최정혜, 김구, 김주성, 강영구, 김동애, 손광식, 김병옥, 정채경 등 다수의 후학을 길러내며 이 계통의 흐름을 이었다.

이들 계통의 화풍은 문인화 정신을 근간에 두되, 현대적 조형성과 시대적 감각을 적극적으로 포용했다. 전통의 기법을 존중하면서도 수묵을 중심으로 모더니즘적 표현을 실험하는 경향도 나타난다. 이들은 회화를 사유와 품격의 결과물로 인식하며 전통 회화를 현대의 언어로 다시 말하고자 했다.

김용준 계열, 곧 신남화의 영향을 받은 이들은 중국 중심의 문인화와는 다른 길을 걸었다. 이 흐름은 한 시대의 정신과 사유를 담은 회화의 가능성을 보여주었고, 지금도 여전히 문인화의 새로운 길을 모색하는 이들에게 울림을 주고 있다.

3) 전통의 길 위에서 _ 손재형과 허백련

문인들의 붓끝이 분분히 갈라지던 시대, 그 흐름을 따라가지 않고 오히려 자신의 자리를 지킨 이들이 있었다. 화단에 새로운 바람이 일고, 회화의 흐름이 분화되는 중에도 전통 문인화의 정신과 기법을 지키는 데 천착한 것이다. 이들 전통유지파의 대표적인 인물로는 서울을 기반으로 활동한 손재형, 목포의 남농 허건 그리고 광주에서 활동한 의재 허백련을 들 수 있다.

손재형과 서울 문인화

손재형(孫在馨, 1903-1981)은 서예와 금석학, 전각, 서화 감정 등 전통 예술 전반에 깊은 식견을 지닌 인문 예술인이었다. 그의 예술적 기반은 조부 손병익(孫秉翼)에게서 배운 안진경체 해서였는데, 후에 서예의 대가들에게 전서, 초서, 예서 등을 두루 익혔다. 특히 오세창에게서 전각과 서화 감정을, 중국의 금석학자 나진옥(1866-1940)에게서 금석학과 서화를 배우면서 그의 예술 세계는 더욱 단단해졌다.

손재형의 그림은 고전과 금석의 정신으로 무장된 내면세계만큼이나 형식적으로는 사군자와 같은 전통 소재를 따르되, 기교보다는 품격과 내면의 수양을 중시하는 태도를 일관되게 유지했다는 평을 들었다. 1944년 일본으로 건너가 후지츠카(藤塚隣)를 설득하여 김정희의 〈세한도〉를 돌려받은 일로도 유명한데, 광복 직후에는 조선서화동연회(朝鮮書畫同硏會)를 조직하여 초대 회장이 되었으며, '서예'라는 말을 창안하여 서예계에 큰 영향을 끼친 인물이기도 하다.

그는 1940년대 말에는 서울대학교 미술대학에서, 1960년대 초에는 홍익대학교에 재직하며 후학을 양성하기도 했는데, 이때의 제자로 최정균(1924-2001)과 송성용(1913-1999)이 있다. 또 최정균에게 배운 정연교(1945-2018)는 최형주, 홍형표, 오수철, 정의주 등을 배출하여 서울 지역의 문인화 전통을 오늘날까지 이어가고 있다.

이 계열의 가장 큰 특징은 전통 문인화의 품격과 형식을 충실히 계승하

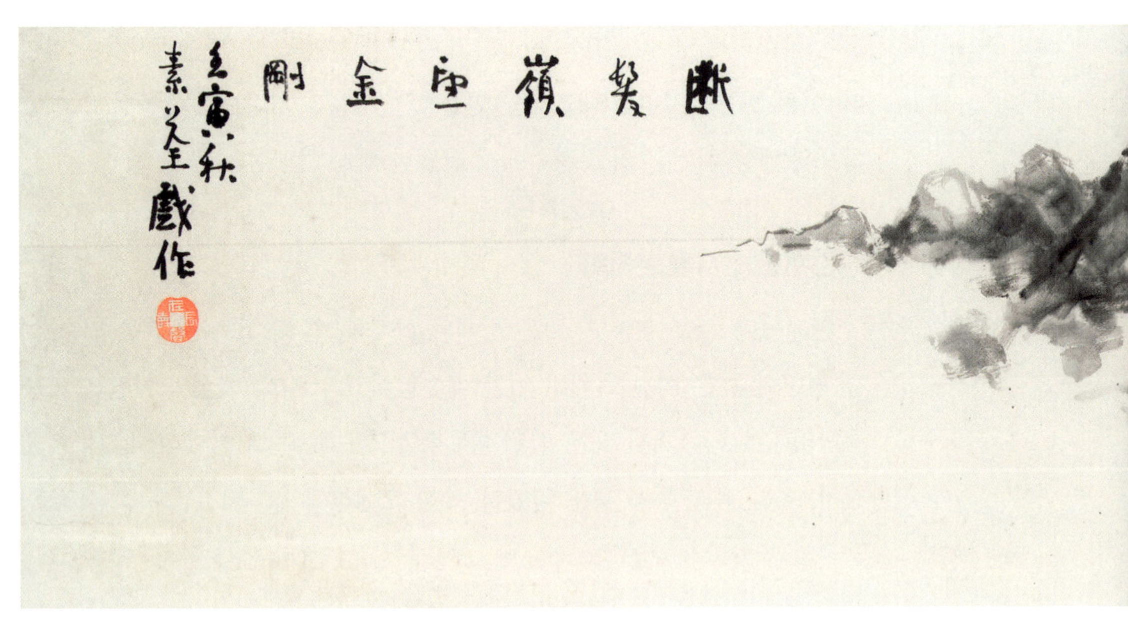

고 그림과 서예를 함께 중시한다는 점에 있다. 이들은 서(書)의 기세와 내면의 품격을 함께 아우르는 회화를 지향했다. 사군자와 같은 전통 소재를 통해 고전 문인화의 정신을 가장 온전하게 보존한 흐름이라 할 수 있다.

허백련과 연진회 _ 남도를 흔들다

전통을 지킨다는 것은 과거에 머문다는 뜻이 아니다. 오히려 더 치열하게 시대를 통찰하고 그 안에서 가장 단단한 가치를 길어 올리는 일이다. 1938년, 허백련(許百鍊, 1891-1977)이 중심이 되어 발족한 '연진회(練眞會)'의 성장과 호남 문인화단의 전개는 그렇게 전통의 가치를 재생산해 온 대표적인 사례라 할 수 있다.

연진회의 첫 시작은 광주를 기반으로 하는 서화 모임에 불과했다. 그럼에

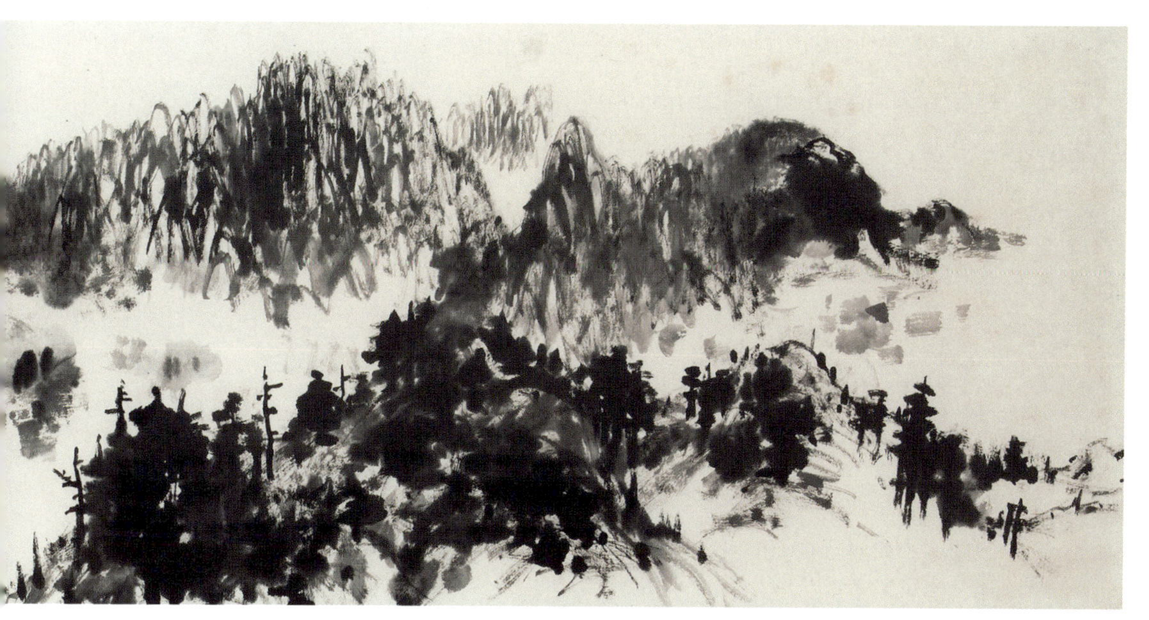

손재형, 〈단발령망금강(斷髮嶺望金剛)〉, 종이에 수묵, 33×163cm, ©광주시립미술관.

도 그들은 모임 결성과 함께 서화전을 통해 마련한 기금으로 70여 평 규모의 회관을 설립하고, 교육 공간과 기숙 시설까지 갖춘 전례 없는 형태의 서화 공간을 마련하였다. 처음부터 후진 양성이라는 뚜렷한 목표 의식을 가지고 출발한 것이다. 이는 연진회가 자생력을 갖춘 수묵채색 문인화단으로 성장하는 바탕이 되었다.

연진회가 한국 문인화단의 한 유파로 자리 잡는 데는 많은 시간이 필요하지 않았다. 비록 한국전쟁으로 인해 초기 활동은 7년 만에 중단되었지만, 그 짧은 시간 속에서도 연진회의 예술적 파장은 지역을 넘어 전국으로 퍼져나갔다.

한국전쟁 이후 연진회의 활동은 허백련과 제자들에 의해 재정비되었다. 연진회가 허백련을 정점으로 하는 전통적인 사승(師承) 관계로 형성되기 시작한 것도 이 무렵부터였다. 이때 배출된 김옥진(1927-2017), 박행보(1935-), 허의득(1924-1997), 이범재(1910-1993), 장찬홍(1944-) 등이 1960년대 이후 각종 공모전과 국전에 참여하면서, 연진회는 전국적인 영향력을 갖춘 문인화단으로서의 입지를 확고하게 다질 수 있었다.

이즈음 국전 동양화부에서 연진회 출신 화가들의 존재감은 독보적이었다. 특히 사군자 부문에서 연진회 계열이 차지하는 수상 비율은 매년 20~30%, 많게는 40%를 넘길 때도 있었다.

1960년대 후반에 잠시 활동을 멈추기도 했던 연진회는 허백련이 타계하기 직전인 1976년, 제자들을 중심으로 재결성되었다. 이범재를 회장으로 하여 '연진회미술원'을 개설한 것이다. 그리고 구철우, 박행보, 문장호, 허의득, 이상재, 남경희, 장찬홍, 박소영, 김춘, 김경애, 김재영, 박병열, 정기봉, 김정란, 강형인 등의 강사진을 갖추고 후학 양성에 더욱 박차를 가했다.

이후의 연진회는 지역 화단의 계보를 잇는 것에 그치지 않고, 한국미술협회 문인화분과의 중심 세력으로 자리 잡게 된다. 다수의 초대작가와 심사위원을 배출하며 한국 문인화단의 중추로 거듭난 것이다.

이렇듯 허백련을 중심으로 뻗어나간 연진회 계열은 지역 문인화단의 한계를 넘어, 현대 한국 문인화의 정통성을 관통하는 거대한 줄기가 되었다. 그들의 붓끝에 담긴 전통 문인화를 향한 의지는 남도의 화단을 일구었으며 나아가 한국 문인화 화단의 깊이를 더하였다.

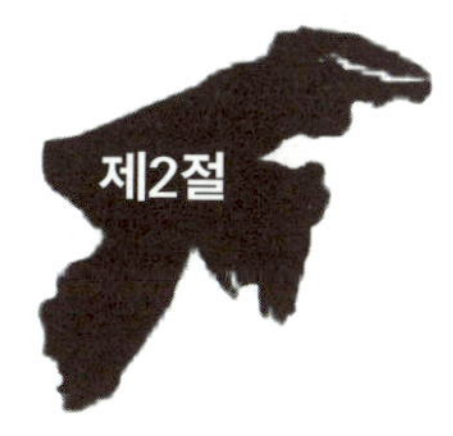

남도 문인화의 태동과 전개

예향(藝鄕)의 혼, 붓끝에 피어나다

—

조선왕조의 종말과 일제 강점, 해방과 전쟁. 수많은 격변과 혼돈의 시기 속에서도 남도의 화가들은 붓을 놓지 않았다. 때로는 감정의 사치처럼 여겨지기도 했지만 남도의 예인들에게 그것은 절박한 치유의 몸짓이었다. 고통을 딛고 묵묵히 붓을 들었던 그들의 손끝에서 남도 문인화는 그렇게 새로운 시대를 맞이했다.

서울의 중앙화단이 일본풍과 중국풍의 경계에서 정체성을 모색할 때, 목포와 광주를 중심으로 한 호남에서는 전통의 숨결이 새로운 조류를 비집고 조용히 움을 틔우고 있었다. '예향(藝鄕)'이라 불리는 이곳에 문인화의 숨결을 처음 불어 넣은 이는 소치 허련이었다.

허련은 조선 말기 진도로 낙향하여 운림산방을 중심으로 남종화의 정신을 심었다. 그의 예술은 아들 허형(1862-1938)과 손자 허건(1908-1987), 그리고 방계 후손인 허백련(1891-1977)으로 이어졌다. 이들의 손에서 남도 문인화는 하나의 유파가 되었고, 목포와 광주라는 두 개의 중심지를 축으로 양대 산맥을 형성했다.

남농 허건은 사생 중심의 현대적 문인화로 남도 문인화에 현실의 감각을 불어넣었고, 의재 허백련은 무등산 자락에서 전통 남종화의 정수를 지켜냈다. 두 사람은 함께 그림을 배우며 서로 영향을 주고받았지만 각기 다른 예술적 신념과 환경 속에서 자신만의 길을 걸었다. 그리고 이들의 예술은 남도라는 공간을 넘어 한국 미술사의 큰 줄기로 뻗어나갔다.

허건은 일제강점기 목포에 터를 잡고 1957년 '백양회(白陽會)'를 조직하며 가업의 계승과 후학 양성에 헌신했다. 그의 예술은 지역을 넘어 중앙화단에도 깊은 영향을 미쳤다. 그는 자신의 작품과 함께 허련·허형의 유작을 목포시에 기증하여 예술 도시로서의 위상 또한 높였다.

반면 광주에 정착한 허백련은 1938년 '연진회'를 설립하며 문인화 공동체를 이루었고, 무등산 자락에서 사의의 정신을 바탕으로 한 예술세계를 펼쳤다. 연진회의 유풍은 현대로까지 이어지며 남도 화단을 문인화단의 중심으로 견인해 냈다.

이처럼 남도 문인화는 특정 예술가의 이야기에 그치지 않고 계보로 이어지는 정신의 전승이라는 형태로 발전해 왔다. 그것은 한 시대의 격동을 꿰뚫은 예술적 저항이자 모색의 과정이었다. 문인화의 정신을 지키되 새로운 시대와 함께 호흡한 남도 문인화는 그렇게 현대사를 관통하며 독자적인 흐름을 형성했다.

1. 붓을 건너온 삶의 물결 _ 남농 허건

진도 땅에서 나고 자란 남농 허건(南農 許楗, 1908-1987)의 삶은 한국 근대와 현대를 잇는 예술사의 강줄기와도 같다. 그는 한 폭의 그림에도 남도의 흙과 바람, 그리고 그곳에서 살아낸 시간의 무게를 담아냈다. 그의 붓끝에는 언제나 전통의 뿌리와 변화의 숨결이 공존했다.

'남농'이라는 아호는 진도에 유배 중이던 정만조(鄭萬朝, 1858-1936)로부터 받았다. 화가는 그림으로 농사를 짓는 것과 다름없으니, 운림산방의 화맥을 이어가라는 뜻에서 지어주었다고 한다. 실로 허건의 생애는 그의 아호 그대로 '그림으로 농사를 짓는' 과정의 연속이었다. 삶은 그에게 버겁기만 했고 예술은 그가 택할 수 있는 유일한 도피처이자 구원자였다.

그의 재능이 주목받기 시작한 것은 1925년 '전국소년미술전람회'에서 2등상을 수상하면서부터였다. 하지만 부친인 미산 허형은 화가의 삶은 고단한 생활을 벗어날 수 없다며 그림 그리는 것을 반대했다. 그럼에도 그림을 놓을 수 없었던 그는 목포상업전수학교를 2년여 만에 중퇴하고 그림에 매진하기 시작했다. 이후 1930년 제9회 조선미술전람회에 입선한 이래 1944년까지 무려 14번이나 입선작을 내었다. 특히 1944년 출품작 〈목포일우(木浦一隅)〉는 '조선총독상'을 수상했다.

이렇게 화가로서는 입신했지만 고단한 생활은 전혀 나아지지 않았다. 오히려 단칸방 전셋집을 전전하며 불도 피우지 못한 냉방에서 그림에만 몰두하던 그는 1935년 젊은 나이(28세)에 골습(骨濕)과 동상에 걸리고 만다. 그리고 1944년(37세)에는 급기야 왼쪽 무릎 아래를 절단하는 불행까지 맞았다.

이 일은 그의 자존심에 깊은 상처를 남겼다. 허건은 의족을 달고 지내면서도 평생 그것을 남에게 말한 적이 없었다. 그저 "신경통이 좀 있어서…"라고 말하며, 불구라는 사실을 창작의 아픔으로 감추었다.

한편 해방 이듬해인 1946년, 허건은 목포에 '남화연구원(南畵研究院)'을 설립한다. 그림을 배우려는 제자들에게 자신이 지켜온 화맥을 전하고자 했다. 문인화 정신을 전수하고자 했던 그 마음은 이후로도 꺾이지 않았다. 그가 강조한 것은 그림을 대하는 태도였다. 붓을 잡는 마음가짐과 자신을 마주하는 끈기 - 이것이야말로 그가 지켜온 문인화의 본령이자, 삶의 방식이었다.

1957년, 고루한 기성 화단에 실망한 그는 '백양회(白陽會)'를 결성한다. 김은호, 김기창, 박래현, 조중현 등 당대의 중견 화가들과 손을 맞잡은 이 모임은 중앙 중심의 미술계를 벗어나 독자적이고 개성 있는 한국화를 모색하려는 시도였다. 남농은 이 모임을 통해 남도의 미학을 서울로 끌어올리고, 다시 지역으로 퍼뜨리는 가교역할을 자처했다.

남농 허건은 눈을 감는 순간까지도 문인화라는 붓을 놓지 않았다. 1976년 '남농상'을 제정하여 후학을 양성했으며, 1981년에는 자신을 비롯한 소치 허련과 미산 허형 등 3대의 서화를 목포시에 기증했다. 1985년에는 남농기념관을 직접 설립했고, 1987년에는 마침내 그가 평생 마음속에 품고 있던 운림산방을 진도군에 기증하여 유산으로 남겼다. 그리고 그해 11월, 80세의 나이로 조용히 눈을 감았다.

그의 그림은 화려하지 않다. 그러나 오래 들여다보면 눈에 밟히는 그리움, 그리고 사라지지 않는 고요함이 있다. 남농은 자신의 수묵화처럼 그렇게 살다 간 예인이다.

남농의 신남화에 담긴 시간들

남농의 그림은 그의 치열했던 생애와 시간의 고요한 흐름을 묻지 않아도 말해준다. 어떤 말보다 정직하고 어떤 설명보다 단단하다.

그의 초기 그림은 일본 화풍의 구도와 점묘법을 즐겨 사용했다. 그러나 해방 이후, 그의 그림은 큰 변화를 일으킨다. 그것은 단지 기법의 변화나 구도의 재배열이 아니었다. 한국전쟁을 겪으며 그는 삶의 가장 밑바닥에서 다시 그림을 붙들었다.

이전까지의 일본풍을 벗어던지고 자신의 색과 선을 찾아 나섰다. 이 땅에서 태어난 화가는 무엇을 그려야 하는가? 그 물음은 그를 남도의 실경으로 이끌었고 먹과 선의 재해석으로 이어졌다. 관념에 머물렀던 그의 그림에는 점차 목포 주변의 풍경이 더해졌고, 시대가 요구하는 시선이 화면 안으로 들어왔다.

그는 전통 남종화의 정신을 다시 꺼내 들었지만 고루한 틀에 가두지 않았다. 오히려 남도의 산천과 민중의 일상, 그 안에 깃든 정서를 끌어올렸다. 그리하여 이상적인 세계를 그리는 관념 산수를 벗어나 실제의 풍경과 생활 속의 인물을 담아내는 실경화로 나아갔다. 진경산수의 정서와 지역의 서정을 결합한 것이다.

1950년대는 그의 예술적 자의식이 급격히 확장되던 시기였다. 그는 남도의 풍경을 주된 소재로 삼았다. 일상적인 농촌의 풍경과 어촌의 소박한 모습, 그리고 우리 산하의 형상을 끊임없이 스케치했다. 자유로운 농담의 운용, 빠르고 과감한 독필과 갈필의 구사는 이러한 실경을 생동감 있게 화면 위에 옮겼다. 색채는 과감하지 않았으나 정서는 짙어졌다. 그의 붓놀림은 담백하면서도 현란했고 단순해 보이면서도 깊은 묵상의 결을 품었다. 이러한 표현은 '남도 향토화'라는 새로운 화풍의 기반이 되었다.

1953년, 그는 목포 죽동에 화실을 마련한다. 그곳에는 예술가들이 모여들었고 제자들은 붓을 배워갔다. 정겹고도 조용한 교류의 장 - 그 안에서 허건은 화가이면서 한 사람의 스승이자 예술철학자로 거듭났다. 1950년대 후반, 그는 수묵의 농담을 점차 정제시켜 나갔다. 화면의 구성에서도 여백

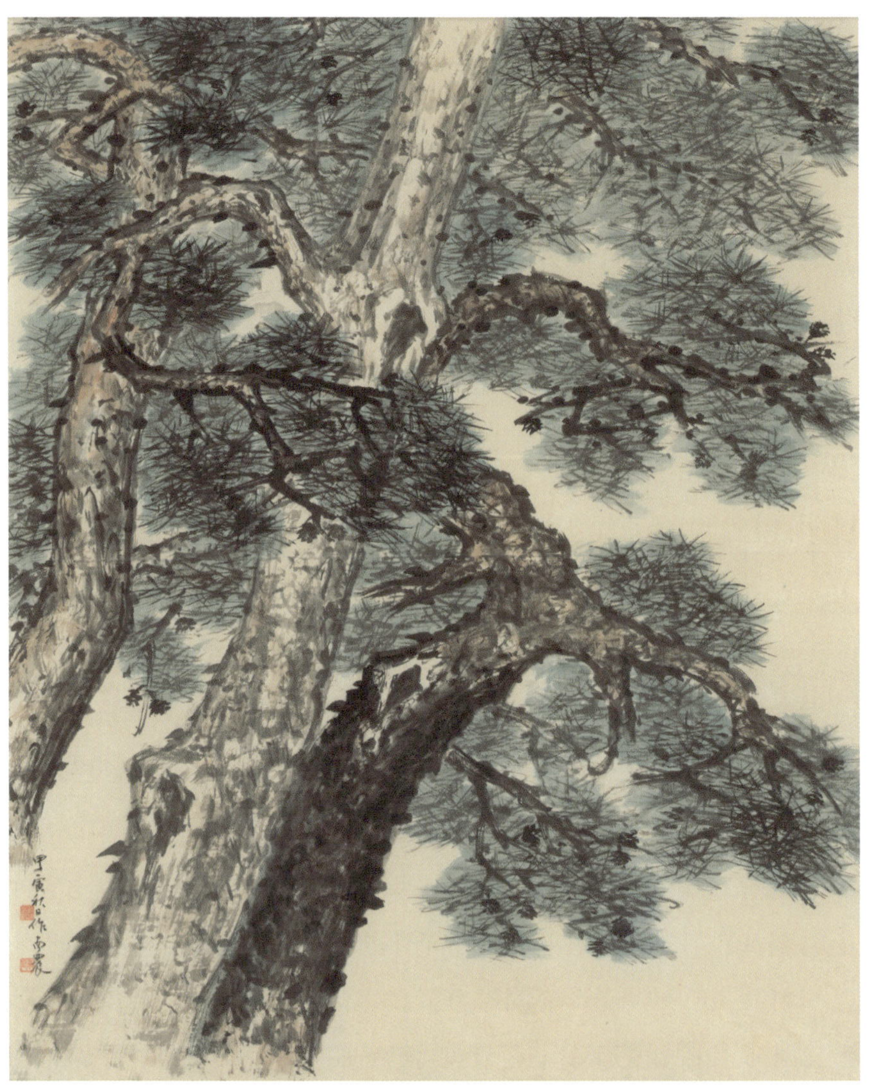

허건, 〈삼송도(三松圖)〉, 1974, 종이에 수묵담채, 130×103cm, 과천 국립현대미술관.

과 긴장을 섬세히 다루기 시작했다. 전통적인 남종화의 어법에 머물지 않고 그것을 넘어선 조형적 실험이 일어나고 있었다.

1960년대에 접어들면서 그의 화풍은 한층 깊어지고 부드러워졌다. 이 시기 남농은 현실의 산수를 통해 삶의 온기를 전하고자 했다. 특히 전통 남종화의 기법과 사상을 우리 주변의 친숙한 풍경에 녹여내면서 보다 포용적인 미감을 드러냈다. 온화한 능선과 아담한 수림, 조용히 놓인 농가 한 채는 그의 손을 거쳐 하나의 시가 되고, 정경이 되었다. 회면에는 여백이 늘어났고, 그 여백은 생각이 흐르는 공간이 되었다. 실경과 사의의 경계는 더욱 느슨해졌다. 담채는 삶의 여운처럼 연하게 배어나고, 산과 나무는 정겹고도 고집스럽게 화폭을 떠나지 않았다. 그의 그림은 점점 그 자신을 닮아갔다.

그리고 마침내 1970년대, 남농의 붓은 자신만의 문법을 완성한다. 이를 가장 잘 보여주는 작품이 〈삼송도(三松圖)〉이다. 그는 전통의 소재였던 소나무를 자신의 인생으로 겹쳐 그려냈다. 소나무는 그의 화목(畵目)일 뿐 아니라 자화상이기도 했다.

"나는 평생 해풍에 우는 소리 때문에 소나무를 그리고 있다."

혹한 속에서도 푸르름을 잃지 않는 소나무는 삶의 역풍 속에서도 꿋꿋하게 걸어온 남농 자신이었다. 화폭 속 소나무는 고단한 인생의 상징이며 그의 예술적 정체성 그 자체였다.

이후 그의 화풍은 한층 더 정제되고 단순화되었다. 붓질은 빠르되 성급하지 않았고, 채색은 담채로 절제하되 옅지 않았다. 그의 그림에서 대세를 이루는 화목은 수묵담채로 그린 산수와 소나무였다. 갈필(渴筆)과 독필(禿筆)* 의 속도감 있는 붓질과 거칠고 과감한 필묵 운용으로 섬세한 색채미와 청아

* **독필** 끝이 닳은 붓으로 거칠고 메마른 선을 표현하는 필법.

미를 드러냈다. '안온하면서도 맑고 깨끗한 기운(安穩瀟灑)'을 담고 있다고 평가받는 이 화풍을, 남농은 자신의 저서 『남종회화사』에서 '신남화(新南畵)'라 이름했다.

그가 추구한 신남화는 단순한 양식의 변화가 아니었다. 그것은 변화의 시대 앞에서 전통을 잃지 않으면서도, 지금 여기의 풍경과 감각을 품으려 했던 조심스러운 대화였다. 또한 자신의 삶을 올곧게 살아낸 사람만이 남길 수 있는 묵중한 기록이기도 하다. 남농 허건은 그렇게 붓 하나로 평생을 살아냈다.

2. 남도 정신을 일구다 _ 의재 허백련

의재 허백련(毅齋 許白鍊, 1891-1977)은 무등산 자락을 벗 삼아 한 시대의 정신을 그린 화가이자 교육자였고, 사상가였다. 진도에서 태어난 그는 소치 허련의 방계 후손으로 열한 살 무렵부터 미산 허형에게서 붓을 익혔다. 유배 중이던 정만조에게 글을 배우며 학문을 익혔고, '백련(白鍊)'이라는 이름도 그에게서 받았다. 그의 그림 수업은 이처럼 문학과 서화, 예술과 학문의 경계에서 자라났다.

스물한 살이던 1912년, 일본으로 건너가 교토 리츠메이칸대학과 도쿄 메이지대학에서 법학을 공부했지만, 그의 관심은 일찍부터 그림에 기울어 있었다. 제실(帝室)박물관을 드나들며 남종화의 고풍을 탐독하던 그는 결국 일본 남종화의 거장 고무로 스이운(小室翠雲)의 문하에 들어갔다.

허백련의 이름이 조선 화단에 각인된 것은 1922년 창설된 조선미술전람회(선전)였다. 제1회 선전에서 그가 출품한 〈추경산수(秋景山水)〉가 1등 없는

2등상을 수상한 것이다. 선전은 총독부가 주관한 유일한 공모전으로 제1부 동양화, 제2부 서양화 및 조각, 제3부 서예 등 3개 부문을 대상으로 했던, 당시의 화가들에게는 명실상부한 등용문이었다.

그러나 화가들을 위한 무대라는 화려한 조명 이면에는 상당히 정치적인 내부 상황도 얽혀 있었다. 일부 인사들은 일본에서 오는 심사위원이 부산에 도착한다는 소식을 듣고 이들을 마중 나가기도 했다. 심사위원을 둘러싼 이러한 분위기는 허백련이 제6회(1927) 출품을 끝으로 선전과 결별하는 도화선이 되었다. 더구나 선전의 심사 기준은 시간이 흐를수록 점점 일본풍 채색 산수로 기울며 전통 남종화를 시대에 뒤처진 양식으로 간주하는 경향으로 흘렀다.

허백련은 그런 유행을 좇기보다 자신의 화풍을 지키는 쪽을 택했다. 평소 "그림 그려서 부자가 될 것도 아닐 바에야 내 그림 갖길 원하는 사람에게 그냥이라도 주고 싶다."고 입버릇처럼 말하던 그는 그길로 서울 생활을 접었다.

이후 그가 정착한 곳이 광주였다. 문인화의 기반이 거의 없었던 광주에서 허백련은 문인화를 중심으로 한 예술 공동체의 필요성을 절감했고, 1938년 '연진회(練眞會)'를 설립한다. 이는 지역 문인화의 근간을 이루는 '시대의 선택'이 되었다. 연진회의 출발은 오늘날 광주가 '예향(藝鄕)'이라 불리게 되는 상징적인 전환점이다. 그의 선택과 정신은 이후 김옥진, 박행보, 허의득, 이범재, 장찬홍 등으로 이어지며 한국 문인화단에 큰 자극을 주었다. 허백련의 광주 정착을 '중앙 중심의 근대화 흐름에 대한 자율적 대안'으로 평가하며, 지역 근대미술의 가능성과 독립성을 상징하는 사건으로 언급하는 것도 이 때문이다.

하지만 허백련은 그림에만 머무르지 않았다. 그는 해방 후 광주에서 최

흥종(崔興宗) 목사와 함께 삼애사상(三愛思想) - 애천(愛天)·애토(愛土)·애족(愛族) - 을 실천에 옮기고자 했다. 1947년, 이들은 '삼애학원'이라는 이름의 농업기술학교를 세웠다. 또 차밭 '삼애다원'을 설립해 춘설차를 재배했다. 허백련은 교사로도 직접 참여하며 침식을 함께하면서 학생들을 농촌 지도자로 키웠다. 수년 동안 연진회에 무심했던 것도 이 때문이었다.

그에게 있어서 예인의 삶은 자연과 예술 속에서 홀로 은거하는 게 아니었다. 그것은 현실 속에서 뿌리내리고 꽃을 피우는 실천의 과정이었다. 그는 말년에 이르러 '홍익인간'이라는 민족 이상을 실천하며 삶을 마무리했다.

오늘날 무등산 증심사 아래 자리 잡은 의재미술관은 바로 그 삼애원이 있던 곳이며, 허백련의 예술과 사상이 만난 실천의 자리이다. 의재 허백련은 남도의 화맥을 이은 예인인 동시에 남도의 정신을 새롭게 쓴 인물이다. 그는 삶을 그리고 이상을 실천한 문인화가였다.

이상향을 그리다 _ 허백련의 작품세계

허백련의 화폭에 자주 등장하는 산과 들녘, 물이 어우러진 시골 풍경은 그가 사랑했던 남종화의 전통이자 그가 꿈꿨던 세계의 한 조각이었다. 그의 작품세계는 양식의 변주를 넘어, 남도의 정신과 그가 품었던 유토피아적 이상까지 담아내고 있다.

그의 초기작은 중국 남종화 대가들의 전형적인 양식을 충실히 따랐다. 특히 미불·미우인의 화풍을 계승한 미법산수는 허백련을 대표하는 화격이었다. 작품의 제발(題跋)에 시를 덧붙이며 전통 문인화의 계승 의지를 명확하게 드러냈다. 안개가 흐르고 구름이 감도는 그의 미법산수는 고요하고 무심한 자연을 통해 인간 존재를 투영했다.

그러나 허백련은 결코 과거에 안주하지 않았고 고법(古法)의 재현에 그치지 않았다. 그는 전통을 바탕으로 개성을 더해야 한다고 주장했고, 그 신념은 그의 작품에 그대로 반영되었다. 온화한 필묵에서 출발한 그의 화풍은 중기에 이르면 보다 대담하고 탄력 있는 운필로 변화했고, 말년에는 다시 정제되고 온유한 조형감으로 돌아와 남종화 본연의 정신을 구현하고 있다.

그는 작품의 주제로 농촌 풍경을 자주 다루었다. 광주라는 내륙 도시에 정착한 후, 그의 시선은 자연스레 들녘과 논두렁으로 향했고, 농업을 통한 국가 재건이라는 정신적 가치를 담기 시작했다. 특히 1951년 회갑 이후로 남해의 풍광과 농촌의 풍요로움을 화폭에 담아내며 중앙화단과는 확연히 다른 미감을 뚜렷하게 보여주었다.

1954년 작 〈일출이작(日出而作)〉은 이러한 경향을 보여주는 대표적인 작품이다. 새벽녘 밭을 가는 농부와 가지런히 정돈된 밭고랑, 산과 들녘이 조화를 이룬 풍요로운 세계를 그리고 있다. 실로 이상적인 농촌 풍경이 아닐 수 없다. 이렇듯 그의 작품 속에는 들판에서 일하는 농부와 소, 수확물이 가득 실린 수레, 일찍부터 연기를 피우는 초가들이 어우러져 있다. 화면 위쪽에 자리한 제시(題詩)는 그림의 주제와 일치하여 더욱 강한 의미를 부여한다.

1976년 작 〈대풍(待豊)〉도 비슷한 분위기를 자아낸다. 그의 생애 말년의 그림답게 뛰어난 기량이 돋보이는 작품이다. 전체적인 화면 구성은 〈일출이작〉과 흡사하지만 보다 세밀한 요소들이 추가되었다. 멀리 있는 산은 짙고 거칠게 묘사되었으며 산 아래로는 마을이 위치하고, 종횡으로 반듯하게 정리된 들녘이 중심을 차지하고 있다. 가까이 있는 널따란 마루 위에는 사람들이 모여 편안하게 담소를 나누고 있다. 여기에 속된 기운 없이 골기(骨氣) 가득한 제시(題詩)가 상단의 여백을 메우고 있다.

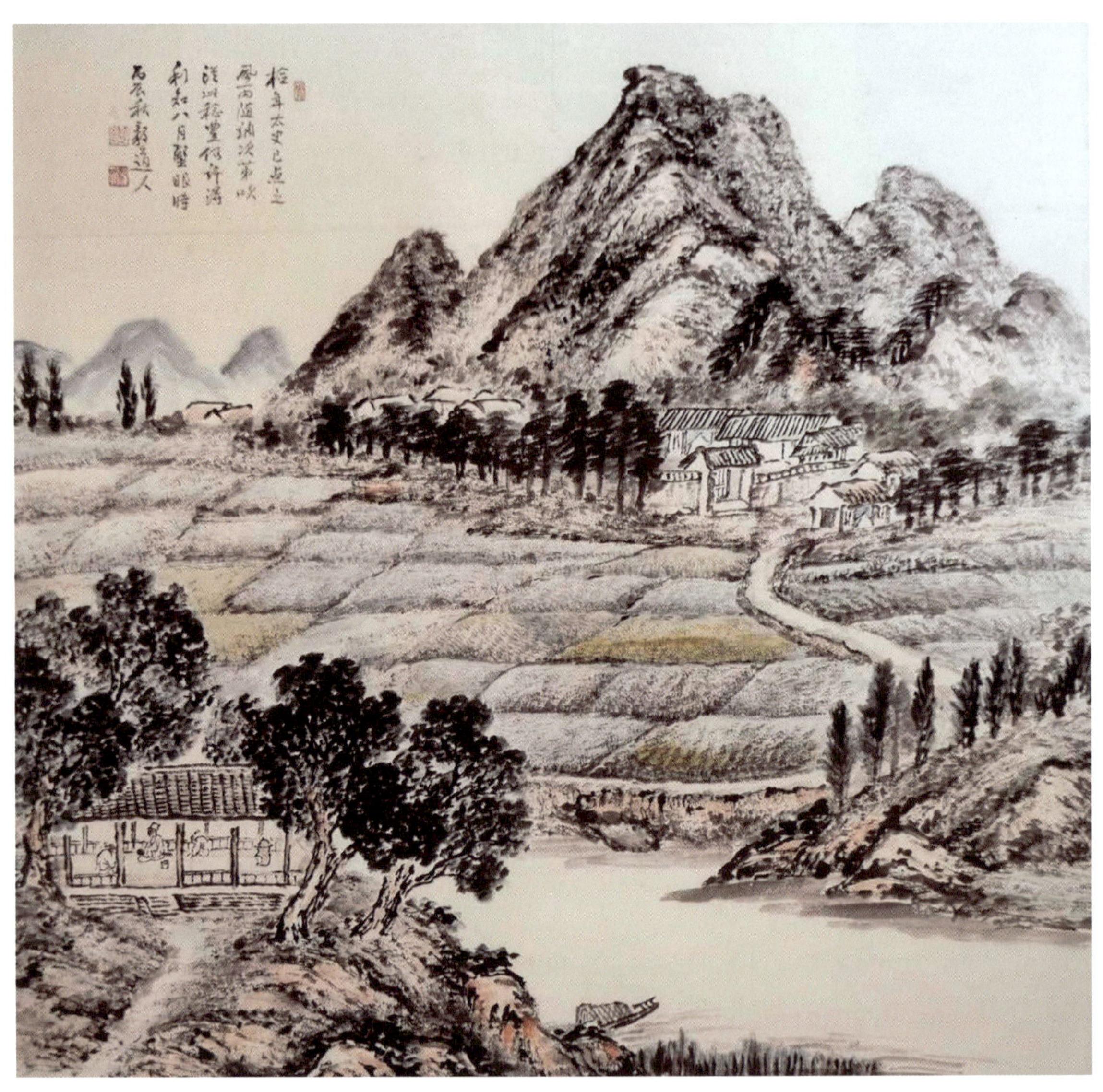

허백련, 〈대풍〉, 1976, 종이에 수묵담채, 70.5×69cm, ©의재미술관.

해를 검사한 태사가 이미 점찍었으니

비바람 순서 따라 차례로 부네.

이로부터 곡식 풍년은 언제쯤 얻으려나
잘 알겠네. 팔월 게가 잠잘 때인 것을.

〈대풍〉은 풍년을 기다리는 농부들의 마음과 그 자신이 꿈꾸었던 농촌 공동체의 이상세계를 그렇게 화폭에 담고 있다.

허백련의 산수는 정서적 목가만을 다루지 않는다. 그의 산수는 고통과 부패의 현실을 넘어 인간의 존엄과 공동체의 평온을 꿈꾸는 이상향을 추구했다. 전란과 상처로 점철된 시대를 건너며 마치 「도화원기」의 어부처럼 무릉도원을 찾아 나섰고 그것을 화폭 위에 그렸다. 그는 현실로부터 멀어지려 하지 않았다. 오히려 그 고단한 현실 위에 '이루어야 할 세계'를 덧그리면서 화가로서의 본분을 다했다.

이렇듯 허백련의 예술 세계는 남도라는 지역적 특성과 민족의 이상, 그리고 삶의 철학이 교차하는 자리에서 피어났다. 한 획 한 획마다 생명의 기운을 불어넣었던 그의 붓질은 오늘도 무등산 자락을 조용히 흐르고 있다.

3. 남도 화맥의 줄기, 연진회와 그 후

80여 년을 이어온 연진회의 역사는 허백련이 광주에 뿌린 남종화 정신이 꽃피운 산물이다. 광주화단은 오늘날까지도 '문인화'로 통칭되는 서예와 사군자의 전통을 강고하게 이어가고 있다. 이는 급변하는 현대미술계의 흐름과 대조적인 균형을 이룬다. 그 정체성과 지속력은 무엇보다도 사승(師承)의 전통에 기반한 연진회라는 조직의 존재에서 기인한다.

연진회의 2세대인 김옥진, 박행보, 허의득, 이범재, 장찬홍 등은 허백련

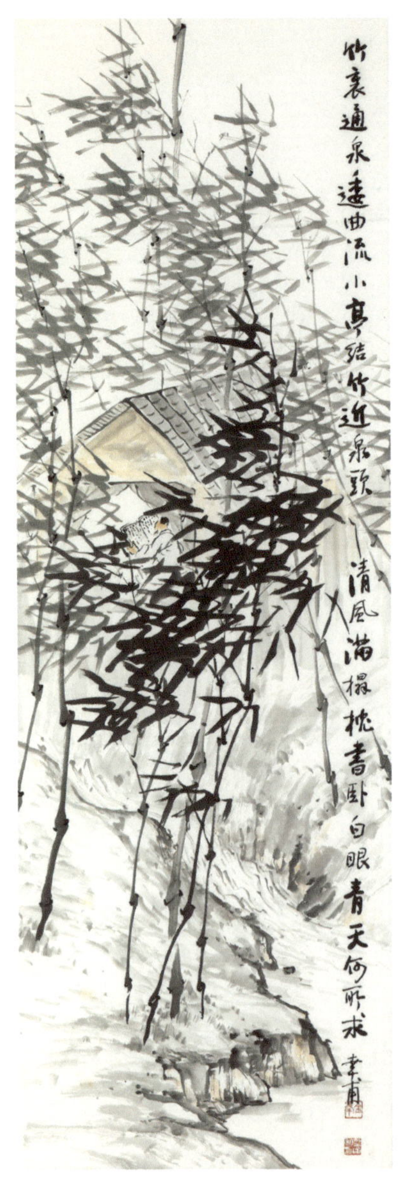

박행보, 〈죽림유거〉,
1980, 종이에 수묵담채,
157×51cm, ⓒ금봉미술관.

문하에서 각기 남도의 미학을 익혔고, 이후 제자들을 길러내며 연진회의 흐름을 공고하게 했다. 이들은 연진회 단체전에 참여하고 지역 관전의 중심

작가로 활동하면서 연진회의 내실과 광주화단의 정체성을 함께 다져왔다.

이 계열의 사승 관계를 보면 김옥진은 민이식을, 박행보는 김영삼·이상태·이부재·최창길·강종원·허임석·백준선·이병오·조창현을, 허의득은 박태후·구지회·민병희를, 이범재는 김무호를, 장찬홍은 박석규를 배출했다.

위에서 알 수 있듯 박행보(朴幸甫, 1935~)는 가장 많은 제지를 배출하며, 연진회 사승 전통의 핵심 고리로 기능한 인물이다. 국전 사군자 부문에서 특선 6회를 내리 수상했을 만큼 일찍부터 재능을 인정받은 그는 한국문인화협회를 창립하여 초대 이사장을 맡는 등 중앙화단에서도 중추적인 역할을 수행했다.

그럼에도 평생을 광주에서 보내며 남도의 산천을 담은 독창적인 수묵산수를 개발해 냈다. '금봉산수'라 일컬어지는 그의 그림은 드높은 준령 대신 낮은 산과 들판이 이어지는 호남의 지형을 묵향 깊게 표현하고 있다. 그의 산수는 늘 정제된 여백과 절제된 묘사가 어우러져 있으며 간결한 붓질만으로도 생동감을 잃지 않았다. 암갈색의 농묵* 으로 짙게 처리한 중경과 회갈색의 산 능선이 겹겹이 쌓여 화면은 안정감을 준다. 또 골짜기를 흐르는 강줄기나 나무들이 흐릿하게 배치되어 보는 이로 하여금 자연의 공간에 스며드는 듯한 인상을 준다. 2023년 미수전(米壽展)까지 연 그는 "군더더기 없이 생동감이 넘치는 함축미"를 평생 추구해 왔다고 밝히며, 예술가의 자세를 다시금 일깨워 주었다.

그의 화풍은 제자들에게도 고스란히 이어졌다. 1970년대 호남대 교수로 재직하면서도 자택에 화숙을 열어 제자들을 지도했는데, 이때의 제자들이 1980년 '취림회(翠林會)'를 결성하며 연진회의 3세대 흐름을 이어 나갔다.

---

* **농묵(濃墨)** 물을 적게 섞어 진하게 간 먹으로 짙고 강한 효과를 내는 필법.

매화와 사유의 문인화 _ 김영삼

취림회를 통해 성장한 김영삼(金永三, 1958-)은 연진회 3세대를 대표하는 중진 작가이다. 전통 문인화의 정신을 지키되 그것을 현대적 감각으로 재해석하는 노선을 걷고 있다. 그는 "문인화란 시의(詩意)가 있어야 하며, 단순한 감상이 아닌 독화(讀畵)의 대상이 되어야 한다."고 강조하며, 감각적 회화가 아닌 사유하는 회화를 지향한다.

1977년 국전 입선으로 데뷔했으며 매화와 연꽃, 대나무를 주요 화제로 삼았다. 그의 매화는 채색과 농묵의 대비 속에서 피어나는 감정을 담아내며 세월의 고통을 딛고 피어나는 존재의 미감을 전한다. 진한 먹선으로 그린 매화 가지 위에 번지는 듯한 담묵의 꽃잎은 스산한 여운을 남기며 시구와 어우러져 화면에 서정성을 더한다. 〈매화설(梅花雪)〉, 〈매화춘(梅花春)〉 등에서는 계절의 찬기와 회복의 감성이 교차되며, 보는 이로 하여금 침묵 속의 울림을 감지하게 만든다.

한편 그의 대나무 그림은 전통적인 묵죽화와는 다르게 구성과 시점에서 새로운 접근을 시도했다. 박행보가 해체적이고 속도감 있는 풍죽을 그렸다면, 김영삼은 정제된 구조와 참신한 형식을 바탕으로 한 묵죽화를 창조했다는 평을 듣는다. 절제된 여백 속에서 가늘고 곧게 뻗은 줄기와 잎은 강한 조형 감각을 보여주며, 고전과 현대 사이의 균형을 지향하는 태도를 드러낸다.

그는 또한 한글 화제를 화면에 도입하거나 비구상과 구상을 넘나드는 조형 실험을 통해 문인화의 표현 영역을 확장해 왔다. 대표작인 〈새벽매화〉(2014)에서는 수묵의 농담으로 배경을 채우고, 화면 하단에 한글 시구를 배열하여 시각과 언어, 감성과 정신의 교감을 꾀하였다. 새로운 문인화의 언어를 구축하려는 그의 지속적인 시도의 결실이라 할 수 있다.

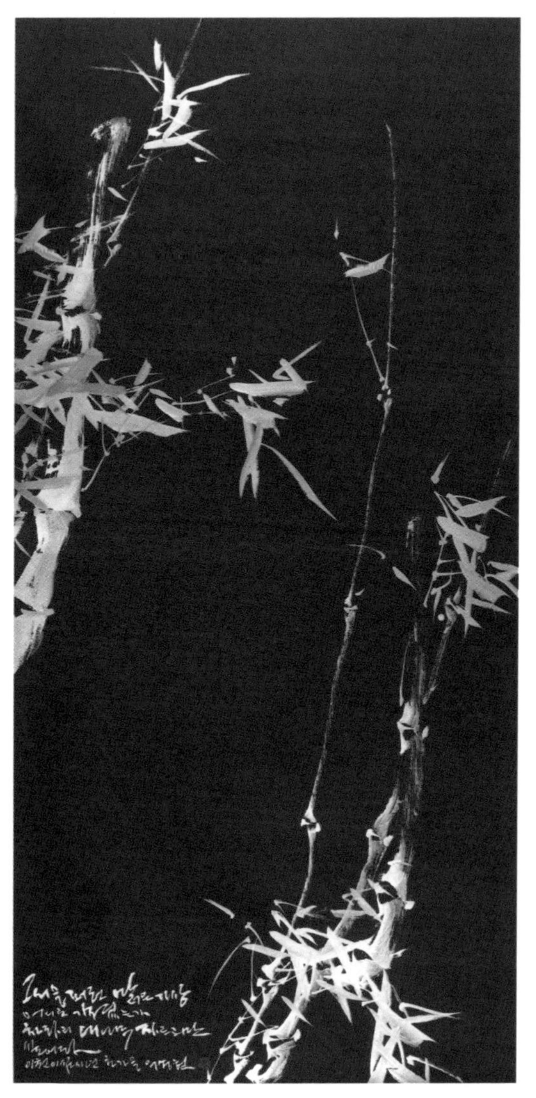

©김영삼, 〈묵죽〉, 2024, 70×135cm.

김영삼은 '우송헌먹그림집'을 통해 후학을 지도하며, 연진회라는 흐름 안에서 새로운 문인화의 경지를 개척해 가고 있다. 그의 활동은 지금도 전통의 모방에 그치지 않고, 전통을 기반으로 현대 회화를 재구성하는 방식으로 진행되고 있다.

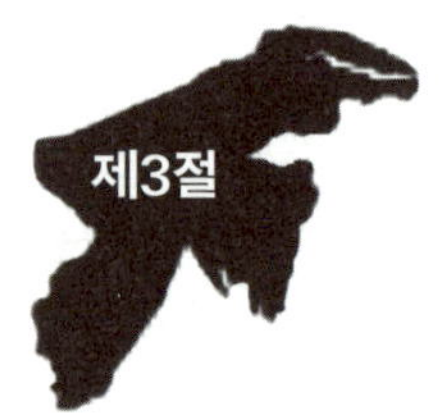

현대문인화의 흐름과 단면들

—

현대문인화는 '문인'이라는 존재 자체가 더 이상 고정된 정체성을 지니지 않는 시대에 도달했다. 문인화는 이제 특정 계층의 전유물을 벗어나 있다. 그 출발점이 되었던 '문인'이라는 정체성마저도 모호해졌다. 그러나 바로 이 모호한 경계 속에서 문인화는 새로운 가능성을 틔우고 있다.

문인화의 정의를 둘러싼 논의는 여전히 현재진행형이다. 근대 이전의 문인화가 일정한 미학과 정신, 양식적 정수를 공유하며 전개되었다면 현대에 이르러서는 그 정수가 흩어지고 해체되었다. 오히려 다채로운 해석과 실험의 장으로 나아가고 있다. 전통 문인화가 추구하던 사의(寫意)와 품격은 여전히 그 잔향을 드리우고 있으나, 그것을 지탱하던 신분 기반과 미학적 공감대는 이미 해체된 지 오래다.

이러한 전환을 두고 일부 학자들은 문인화가 역사의 흐름 속에서 유기적으로 변해온 '움직이는 형식'임에도 불구하고, 과거의 연구들이 이를 고정된 실체로 간주해 왔다고 지적한다. 문인화는 시대의 변화를 담는 그릇이어야 하며, 언제나 새롭게 구성되는 '정신의 형식'으로 이해되어야 한다는 것이다. 이와 같은 관점은 현대 문인화가 지닌 새로운 위상을 보다 넓은 시야에서 조망하도록 이끈다.

현대 한국 문인화의 양상은 크게 두 가지 방향에서 이해될 수 있다. 첫째는 '전통의 재해석'이라는 경향이다. 이는 옛 문인화의 정신과 형식을 충실히 따르되 오늘의 감각으로 다시 풀어내는 흐름이다. 이들은 여전히 화제(畵題)를 중심에 놓고 운필의 리듬과 여백의 미를 중시하며, 시·서·화의 조화를 좇는다. 그러나 이 모든 게 고전의 답습이 아니라, 현대인의 사유와 정서를 담아낸 재해석을 통해 전통의 한계를 극복하고 있다.

다른 한편에서는 '현대적 실험'의 경향이 더욱 뚜렷하게 나타난다. 이들은 서구 현대미술의 언어를 적극적으로 차용하고 매체의 다양화를 수용하며, 문인화의 전통적 규범과 형식을 과감히 해체한다. 여전히 '문인의 정신'이라는 내면성에 주목하고 있지만 그것을 표현하는 방식은 대담하게 달라졌다. 비구상적 추상화, 설치 면으로의 접근, 사진이나 디지털 기법을 차용한 혼성의 시도들은 문인화가 한 장르에 머물지 않고 사유의 태도로 확장되고 있음을 보여준다.

이러한 전통과 실험의 두 흐름은 서로 대립하는 것이 아니라, 서로를 자극하고 보완하면서 현대문인화를 더욱 풍요롭게 만들고 있다. 같은 작가의 작품 안에서도 이 두 경향이 교차하며 공존하는 경우도 많다. 따라서 하나의 작품이나 작가를 단일한 범주로 규정하는 일은 본질적으로 부정확할 수 있다. 다만 이처럼 복잡하고 다면적인 흐름 속에서도 우리는 여전히 문인화라는 이름 아래 그 연속성과 변화를 사유할 수 있다.

한국의 현대문인화는 더 이상 고요한 서재 속의 그림이 아니다. 그것은 이제 세계와 마주하며 시대를 말하고 작가 개인의 고유한 내면을 담아내고 있다. 전통은 여전히 중요한 바탕이 되지만 그것이 목적으로 작용하지 않는다. 그리하여 현대문인화는 여전히 문인의 정신을 간직하고 있되 현재를 살아가는 예술로 거듭나고 있다.

1. 기법의 재해석 _ 전통을 딛고 서는 붓끝의 감각

문인화의 기법은 시대를 관통해 전승된 사유의 틀이자 사제 간의 호흡 속에서 응축된 정신의 결이다. 전통 문인화는 일정한 구도와 필세, 그리고 화보(畵譜)라는 정형화된 규율이 있었다. 이는 오랜 수련을 통해 체득한 내면화된 언어였다.

그러나 오늘날의 문인화는 그 정형을 답습하는 데 머물지 않는다. 현대의 작가들은 전통 기법을 해체하거나 변주함으로써 새로운 시대정신과 한국인의 정서 구현을 모색한다. 전통 기법이 '모방'의 대상이 아니라, 새로운 형식을 길어 올리는 '샘'으로 작용되고 있는 것이다.

문봉선(1961-)은 이러한 흐름을 대표하는 화가 중의 한 명이다. 그의 〈매화〉와 〈강변〉은 전통 소재를 주제로 하면서도 단순한 상징이나 양식의 반복에 그치지 않는다. 우리 땅에 자생하는 식물의 생태에 주목하여 자연의 구체성을 되살리며, 이를 통해 전통적인 형식에 생동감을 부여한다. 특히 〈강변〉에서는 배경이라는 요소를 부차적인 공간이 아닌 감각적 풍경으로 재구성하여 문인화의 공간 해석에 새로운 감각을 불어넣는다.

이러한 흐름은 한 개인의 단발적 실험에 그치지 않았다. 김영삼, 강종원, 김구, 김동애, 김무호, 김병윤, 김시형, 김주성, 김준오, 박문수, 박병배, 박진현, 백범영, 백준선, 유수종, 이경자, 이일구, 장복실, 최경자, 최정혜, 최희규 등 수많은 작가들이 저마다의 방식으로 전통 기법을 해체하고 조율하며 현대적 감각을 실현하고 있다. 어떤 이는 붓의 움직임을 파격적으로 운용하고, 어떤 이는 여백의 처리에 새로운 리듬을 부여한다. 각자의 붓끝에는 전통이 흐르되 그 물결은 어느새 지금의 산천을 닮아가고 있다.

이러한 기법의 재해석은 어쩌면 문인화가 스스로에게 던진 질문에 대한 응답일지도 모른다. '이 시대의 문인화란 무엇인가?'라는 물음에 대한 탐색은 그렇게 '기법'이라는 틀을 다시 써 내려가는 손끝에서 시작되고 있다.

2. 정신의 재해석 _ 시대를 담은 의경의 변모

문인화는 글과 그림, 정신과 표현이 어우러진 사유의 결과물이다. 전통 문인화의 '정신'은 시·서·화 삼절을 바탕으로 한 작가의 수양과 자연의 합일에서 비롯되는 의경(意境)의 구현을 의미했다. 따라서 문인화는 세계를 그리되 '사유하는 방식'이기도 했다.

그러나 현대문인화는 이 정신의 틀을 그대로 계승하지 않는다. 전통적 사유의 구조를 모방하기보다 그것을 시대정신에 맞게 조율하고 해석하려는 경향을 보인다. 특히 20세기 후반 이후 산업화와 도시화, 그리고 급변하는 사회 환경 속에서 문인화는 더 이상 은일과 초탈의 사유에만 머무를 수 없었다. 대신 동시내 사회에 대한 비판의식과 현실 참여, 또는 개인적 정체성에 대한 성찰의 도구로 재정립된다.

장우성(張遇聖, 1912-2005)은 이러한 흐름을 선도한 인물 가운데 한 명이다. 그는 문인화 정신을 당대 사회의 부조리와 인간 군상의 모순을 직시하는 시선으로 전환 시켰다. 그의 동물화는 세태 풍자의 언어였고 현대사회의

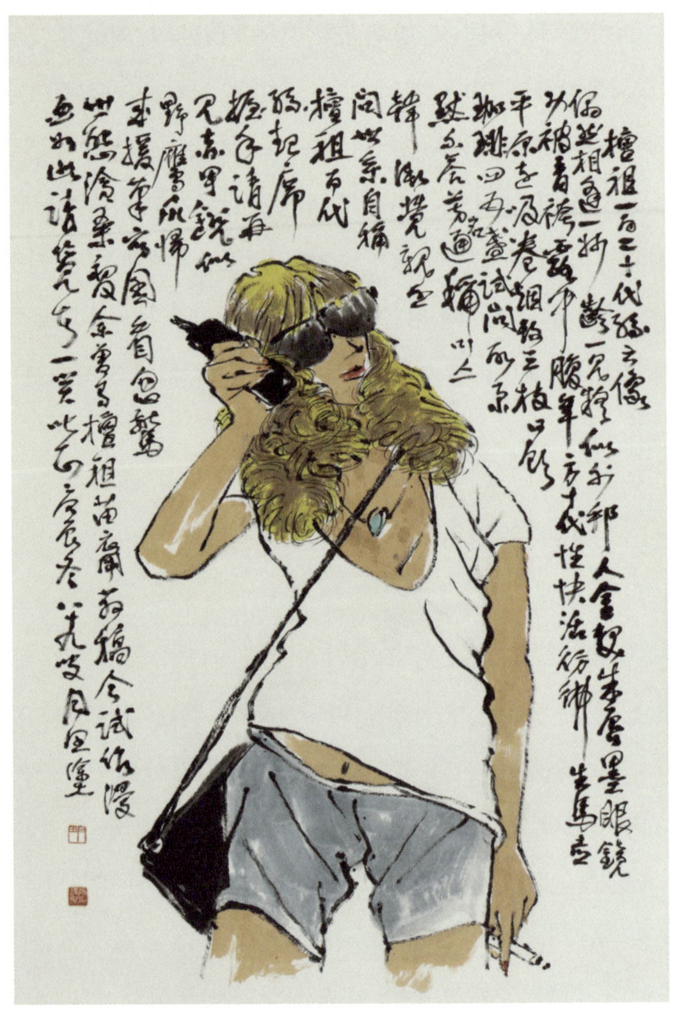

장우성, 〈단군일백이십대손(檀祖一百二十代孫之像)〉,
2000, 종이에 수묵채색, 67×45cm, ⓒ월전미술문화재단.

부조리를 고발하는 일종의 문인화적 '풍자시'였다. 사회 환경의 파괴와 인간 욕망의 폭주를 담은 〈오염지대〉는 이를 가장 잘 보여주는 작품이다.

2000년 작 〈단군일백이십대손(檀祖一百二十代孫之像)〉도 빼놓을 수 없는 작품이다. 현대 소비사회의 풍경을 문인화의 형식으로 담아낸 이 그림은 선글라스에 배꼽티, 휴대전화를 든 채 거리를 활보하는 젊은 여성을 소재로 하고 있다. 단순한 해학을 넘어 '오늘날의 단군 자손'을 통해 한국 사회의 자화상을 여과 없이 보여주는 작품이다. 이는 문인화가 산수를 통한 사유에 안주하지 않고, 현실을 살아가는 자이의 그림으로 변모하고 있음을 보여준다.

이렇듯 현대문인화의 정신은 시대의 결을 따라 움직인다. 여전히 의경은 중요하지만, 그 의경은 예전처럼 산수와 사군자의 세계에 머물지 않는다. 그것은 오히려 시대의 혼란과 도시의 소음, 인간의 모순 속에서 피어나는 새로운 사유를 요구한다.

여전히 사유의 예술이라는 문인화의 본질은 지키되 그 정신을 재해석하는 것이다. 그리고 그것은 결국 사유의 대상을 재설정하고 그것에 맞는 표현의 언어를 다시 길어 올리는 과정으로 나아가고 있다.

3. 현대회화의 언어로 다시 보다

20세기 이후, 현대회화는 급진적인 실험의 연속이었다. 미래주의와 다다이즘, 초현실주의, 추상과 행위미술 등 예술의 영역은 끝없이 탈규범의 경로를 따라 확장되어 왔다. 이 변화의 흐름은 '형식'의 실험에 그치지 않는다. 이는 그림의 '대상'과 '주체'를 다시 묻는 일이기도 했다. 이러한 사유는 한국 문인화에도 일정한 방식으로 접목되며 전통에 기반한 재해석의 실마리를 제공했다.

대상의 변화 _ 사군자를 넘어서

전통 문인화의 주제는 일정한 범주를 벗어나지 않았다. 사군자와 고사인물, 산수로 빚어낸 조용한 풍경과 정적인 사물은 문인의 사유와 수양을 반영하는 상징적 장치였다. 이러한 대상은 그림의 구성 요소라기보다 오히려 정신을 드러내는 수단이었다.

하지만 현대문인화는 그 대상을 점차 확장하고 있다. 전통적인 소재에서 출발하되 그것을 해체하고 재구성하거나, 아니면 전혀 새로운 소재를 끌어들여 현대사회의 감각과 삶의 현장을 포착하려는 시도들이 이어지고 있다. 이는 단지 형식의 변화가 아니라 문인화가 바라보는 '세계'의 확장을 의미한다.

이응로(1904-1989)는 이러한 대상의 변화를 가장 적극적으로 끌어낸 작가 중 한 명이다. 그는 현대 사회를 반영하는 다양한 이미지를 회화에 담아냈다. 특히 그가 1979년부터 작고할 때까지 집중적으로 그렸던 〈군상(群像)〉 연작은 익명의 군중을 문인화 기법의 붓질로 형상화한 작품이다. 은일의 상징으로 대변되던 전통적인 대상에서 벗어나 역사 변혁의 주체인 인간 군상을 역동적으로 그리고 있다. 〈군상〉의 제작 시기가 5·18광주민주화운동과 맞물리는 것도 〈군상〉을 다시 읽게 만드는 요소이다.

서세옥(1929-2020) 또한 '사람'을 주요한 표현 대상으로 삼았다. 전통 서예의 획을 기반으로 한 그의 〈사람〉 시리즈는 인간 형상을 추상화하면서도, 그 안에 동양적 조형의 리듬과 정신을 담아냈다. 문자와 형상, 추상과 구상의 경계를 넘나드는 이 작품은 전통 문인화의 대상 인식에 새로운 질문을 던진다.

이러한 변화는 소수의 작가에게서만 보이는 것이 아니다. 홍석창, 민병희, 박태후, 서근섭, 이상태, 조경심 등 다양한 작가들이 자연풍경, 동물, 인물, 심지어는 도시적 기호나 사회적 현상을 소재로 삼아 문인화의 대상을 넓혀가고 있다.

그럼에도 문인화는 여전히 '문인화'다. 대상을 달리하되 그것을 바라보는 시선은 여전히 고요하고, 사유 깊은 붓질로 이어지고 있다. 대상이 바뀌었다기보다 오히려 시대에 맞는 또 다른 '의경의 매개'가 되었을 뿐이다. 문인화는 그렇게 전통이라는 뿌리를 지닌 채 새로운 삶의 장면들을 조용히 받아들이고 있다.

주체의 변화 _ 감상의 거리에서 체험의 공간으로

문인화는 오랫동안 작가의 수양과 내면의 경지를 담아내는 '사유의 그림'으로 존재해 왔다. 시·서·화의 조화를 통해 드러나는 정신과 품격은 그 자체로 회화의 주체가 '문인'임을 분명히 했다. 그러나 현대문인화는 그 주체의 경계를 조금씩 허물고 있다. 작가뿐 아니라 감상자 역시 작품의 일부로 진입하는 새로운 장면들이 펼쳐지는 것이다.

이와 같은 주체의 전환을 가장 상징적으로 보여주는 작가가 조환(趙煥, 1958-)이다. 그는 전통 문인화의 대표적 소재인 사군자를 철판으로 형상화한 이른바 '철판 사군자'를 통해 회화의 평면성을 넘어 공간적 체험으로서의 문인화를 제안한다. 그의 작품은 완성된 조형물로 제시되지 않는다. 조명에 비치는 그림자가 화면 위에 나타날 때 비로소 완성된다. 감상자는 작품을 바라보는 정면에 머물지 않고 조명과 그림자의 상호작용 속에서 작품을 경험하게 된다.

그의 대표작 〈Untitled〉는 오브제 앞을 가로막는 흰 천 뒤로 그림자만이 스며든다. 그 그림자는 마치 수묵의 필획처럼 부드럽고 은은하게 퍼지며 새로운 회화의 질감을 만들어 낸다. 이때 감상자는 단지 그림만을 보는 관람

객이 아니다. 그림자의 깊이를 따라 공간 안으로 들어가며 작품의 일부가 된다. 문인화가 '해프닝'으로 확장된 이 순간, 그림의 주체는 작가와 감상자 사이를 유영한다.

이렇듯 현대문인화는 '누가 그리고, 누가 감상하는가?'에 대한 질문을 던지고 있다. 전통의 틀을 보존하거나 해체하는 차원을 넘어 회화를 둘러싼 구조 자체에 대한 성찰이 이루어지고 있는 것이다. 전통적인 문인화의 화제와 낙관, 여백의 사용과 사생의 방식, 심지어 한글 화제의 도입까지 모든 요소가 지금 이 시대의 시선과 함께 다시 조율되고 있다.

문인화는 더 이상 고정된 관념의 그림이 아니다. 현대문인화는 전통의 문턱을 딛고 지금 이 시대의 감각과 호흡을 품으려고 끊임없이 도전하고 있다. 감상자를 작품 속으로 초대하는 열린 풍경을 연출하기도 한다.

그렇게 작가와 감상자에게로 그 주체를 넓혀가고 있는 것이다.

다시, 문인화를 묻다

문인화는 긴 시간을 품은 예술이다. 그 속에는 사군자의 향기와 함께 사유의 깊이가 배어 있고, 시·서·화가 교차하는 경계 너머의 삶의 결이 스며 있다. 문인화는 오랜 세월 동안 전통을 통해 시대의 숨결을 전해왔지만, 정작 그 본질은 언제나 '지금 여기'에서 새롭게 태어나는 것이었다.

오늘날 우리는 전통을 다시 바라본다. 그것은 무엇을 지키기 위함이 아니라, 무엇을 열어갈 수 있는가를 묻는 과정이다. 기법을 다시 쓰고, 정신을 다시 새기며, 대상을 넓히고, 주체를 확장한 이 시대의 문인화는 사유의 재정립을 요구한다. 그 변화는 조용하게 진행되고 있지만 그럴수록 묵직하게 다가온다. 한 획 한 획, 침묵 속에서 피어나는 여운은 격렬한 선언보다도 더욱 깊이 가슴을 울린다.

그러나 끝내 남는 질문은 하나다.

오늘의 문인화는 과연 무엇을 그릴 것인가?

이 물음은 장르의 정의를 요구하는 게 아니다. 그것은 우리가 어떤 세계를 살고 있으며, 어떤 정신으로 이 시간을 그려갈 것인가를 묻는 일이다. 문인화는 더 이상 사군자나 산수에 머물지 않으며, 문인의 표식만을 따르지도 않는다. 오히려 그것은 이 시대를 사유하는 하나의 방식, 오늘을 바라보는 정신의 거울로 존재한다.

문기(文氣)란 화폭에 스민 묵향만을 의미하지 않는다. 그것은 고요하지만 흔들림 없는 마음, 혼탁한 시대 속에서도 자신을 잃지 않으려는 한 인간의 기품이다. 문인화란 바로 그 기품이 그림으로 나타난 순간을 가리키는 것은 아닐까?

그리하여 또다시 묻지 않을 수 없다.

21세기, 이 시대의 문인화는 무엇을 그릴 것인가.

그리고 그 붓끝에 깃든 정신은 어떤 삶의 향기를 품어야 할까.

참고 문헌

• 단행본 •

갈루 지음, 강관식 옮김, 『중국회화이론사』, 돌베개, 2010.

강관식, 『추사와 그의 시대』, 돌베개, 2002.

강행원, 『문인화론의 미학』, 서문당, 2001.

『한국문인화』, 한길아트, 2011.

곽약허, 화 역, 『도화견문지』, 시공아트, 2005.

고연희, 『조선시대 산수화-아름다운 필묵의 정신사』, 돌베개, 2014.

김대열, 『수묵화-출현과 선종의 영향』, hexagGon, 2017.

김상협, 『소치 허련』, 돌베개, 2008.

김수천 외3인, 『월전 장우성 시서화 연구』, 열화당, 2012.

김영회, 『조희룡 평전』, 동문선, 2003.

김종태, 『한국화론』, 일지사, 1998.

남농허건, 『남종회화사』, 서문당, 1994.

동기창 지음, 변영섭·안영길·박은화·조송식 옮김, 『畵眼』, 시공사, 2012.

명 법, 『선종과 송사대부의 예술정신』, 씨·아이·알, 2009.

문순태, 『의재 허백련』, 중앙일보, 1977.

박성각, 『禪 예술의 이해』, 경인문화사, 2005.

박영대, 『우리 그림 백 가지』, 현암사, 2003.

박은화, 『중국회화감상』, 예경, 2001.

린뤄시 지음, 황보경 옮김, 『선의 예술 붓의 미학』, 시그마북스, 2012.

안휘준, 『韓國繪畵史』, 일지사, 1980.

『韓國繪畵의 傳統』, 文藝出版社, 1989.

『한국회화사 연구』, 시공사, 2000.

『한국의 미술과 문화』, 시공사, 2000.

『한국회화의 이해』, 시공사, 2000.
양신 외 5인, 정형민 옮김, 『중국 회화사 삼천년』, 학고재, 1999.
오주석, 『단원 김홍도』, 열화당, 1998.
『옛 그림 읽기의 즐거움』Ⅰ·Ⅱ, 솔, 2006.
제임스 캐힐, 조선미 옮김, 『중국회화사』, 열화당, 2002.
허 유, 『화인허유』, 솔·학, 2002.
아키야마 테루카즈(秋山光和), 이성미 역, 『일본회화사』, 예경, 2004.
유홍준, 『조선시대 화론 연구』, 학고재, 2002.
『한국미술사 강의』, 눌와, 2019.
『화인열전』Ⅰ·Ⅱ, 학고재, 2000-2.
유홍준·이태호, 『유희삼매-선비의 예술과 선비취미』, 학고재, 2003.
이동주, 『우리나라의 옛그림』, 학고재, 2002.
『한국회화소사』, 범우사, 1996.
이성혜, 『조선의 화가 조희룡』, 한길아트, 2005.
이예성, 『현재 심사정 연구』, 일지사, 2000.
이태호, 『조선후기 회화의 사실정신』, 학고재, 1996.
장언원 저, 조송식 옮김, 『역대명화기(歷代名畵記) 上: 중국 옛 그림을 말하다』, 시공사, 2008.
조용진·배재영, 『동양화란 어떤 그림인가』, 열화당, 2002.
지순임, 『중국화론으로 본 회화미학』, 미술문화, 2008.
지순임·안영길·김연주, 『명·청대 회화 예술』, 아름나무, 2009.
최병식, 『동양회화미학-수묵미학의 형성과 전개』, 동문선, 2007.
최 열, 『화전』, 청년사, 2004.
최완수 외, 『진경시대』Ⅰ·Ⅱ, 돌베개, 2003.
허 균, 『옛그림을 보는 법』, 돌베개, 2013.
허버트 리드, 김윤수 옮김, 『현대회화의 역사』, 까치, 1990.
홍선표, 『조선시대회화사론』, 문예출판사, 1999.
『한국근대미술사』, 시공사, 2010.

• 논문 •

강규여, 「위진남북조시대 배불론의 두 가지 틀-격의적 배불론과 신멸론적 배불론」, 『범한철학』 제47집, 2007.

강선영, 「남농 허건의 호남화단에 미친 영향에 관한 연구」, 석사학위논문, 2018.

강　원, 「동아시아 탈근대성과 의재 허백련의 활동에 대한 상관관계 고찰」, 석사학위논문, 2007.

김권자, 「문인화에 있어서 현대성에 관한 연구」, 석사학위논문, 2005.

김대열, 「禪宗美學硏究의 초보적 탐색」, 『한국선학』, 2011.

김도영, 「南農許楗 '新南畵'의 회화심미 고찰」, 『JCCT』, 2021.

김문지, 「조선후기 회화의 남종화풍 연구」, 석사학위논문, 2006.

김수진, 「宗炳의 明佛論과 예술사상 연구」, 석사학위논문, 2018.

「육조시대 산수화론의 刑神觀 연구」, 『인문사화과학연구』 제20권 제2호, 2019.

김영자, 「문인화의 현대적 표현에 관한 연구」, 석사학위논문, 2013.

김용수, 「소치 허련에 관한 연구」, 석사학위논문, 2013.

김정호, 「소치 허련 문인화의 미학적 연구」, 석사학위논문, 2011.

김현숙, 「金瑢俊과 『文章』의 新文人畵운동 : 동양주의 미술과의 관련을 중심으로」, 박사학위논문, 2001.

김혜주, 「문인화의 현대적 변용 : 서세옥의 인간 시리즈」, 『현대미술사연구』 제7호, 1997.

도미자, 「남농 허건의 생애와 산수화」, 박사학위논문, 2012.

민병권, 「한국 현대 산수화에 표현된 준법의 변모 양상 연구」, 『기초조형학연구』 제17권 1호, 2016.

박명숙, 「한국 문인화의 현대적 고찰」, 석사학위 논문, 2007.

박정영, 「석도의 일획론과 畵敎禪 일치」, 박사학위논문, 2016.

서동진, 「조선후기의 문인화연구」, 석사학위 논문, 2004.

선주선, 「추사 김정희 불교의식과 예술관 연구」, 박사학위논문, 2001.

「추사 김정희의 실심적 불학관과 서화미학의 상관성 연구」, 『동양미술』 제28호, 2015.
손영호, 「조선후기 문인화에 나타난 선비정신에 관한 연구」, 석사학위논문, 2006.
유지현, 「의재 허백련의 남종화 연구」, 석사학위논문, 2023.
이광수, 「육조시대 산수화에 미친 불교의 영향」, 『동양예술』 제22, 2013.
이금자, 「조선시대 남종화의 유입과 발전 연구」, 석사학위논문, 2010.
이 선, 「문인화의 氣韻生動」, 석사학위논문, 2014.
이선옥, 「전통적 소재의 현대적 변용 : 월전 장우성의 사군자화」, 『한국근현대미술사학』 제26집, 2013.
이지연, 「동기창의 남북종론에 관한 안목적 사고의 이해」, 『미술과 교육』, 2021.
이찬훈, 「선종미학의 연구」, 『철학연구』 제99집, 2006.
장은영, 「조선 후기 사대부들의 회화 인식」, 『규장각』 44, 2014.
정인순, 「남종화의 전승과 금봉 박행보의 예술세계 연구」, 석사학위논문, 2021.
조송식, 「동기창(董其昌)의 회화사관 및 예술사상」, 『美學』(36), 2003.
「조선 말기 예찬(倪瓚)의 황한산수(荒寒山水) 수용과 변화」, 『미학예술학연구』 61, 2020.
「청초 석도 화어록의 일획에 대한 의미, 그 연구사적 고찰 및 특징」, 『미학』 73집, 2013.
주명생, 「思와 景으로 본 산수화의 필묵 표현 연구」, 박사학위논문, 2019.
陣리바, 「조선후기 문인의 서화인식과 비평의식 연구」, 박사학위논문, 2015.
차미애, 「恭齋 尹斗緖의 중국출판물의 수용」, 『미술사학연구』 제264호, 2009.
최병식, 「문인화의 재해석과 한국 문인화의 당대성 문제」, 『동양예술』 제29호, 2015.
최혜영, 「의재 허백련과 연진회 연구」, 석사학위논문, 2017.
최홍수, 「1920년대 근대 동양화단의 경향연구: 사경산수화를 중심으로」, 석사학위논문, 2001.
황빛나, 「일본남화원의 설립배경과 창작경향 – 산수화풍을 중심으로」, 『한국근현대미술사학』 18, 2007.

하영준,「한국 현대문인화의 제 경향 연구」,『문화와 예술연구』, 제14집, 2019.

홍선표,「고려 중기의 북송과의 회화 교류」,『미술사논단』, 2019.

「고려 초기 회화의 조명」,『미술사논단』, 2019.

「고려 후기 강남경 산수화의 대두와 이곽파화풍의 전개」,『미술사논단』, 2020.

「화문과 화제의 분류체계」,『미술사논단』, 2018.

문인화, 여백을 쓰다

지은이 서규리·신용산
펴낸이 박현숙

기 획 피뢰침
책임편집 맹한승
디자인 투에스북디자인

펴낸곳 도서출판 깊은샘
출판등록 1980년 2월 6일(제2-69)
주 소 서울특별시 용산구 원효로80길 5-15 2층
전 화 02-764-3018 팩 스 02-764-3011
이메일 kpsm80@hanmail.net

초판 1쇄 인쇄 2026년 1월 10일
초판 1쇄 발행 2026년 1월 15일
ISBN | 978-89-7416-279-5 (03600)